职场沟通技巧

主　编　王　威
副主编　王　慧　段春媚　刘　凤

北京理工大学出版社
BEIJING INSTITUTE OF TECHNOLOGY PRESS

内 容 简 介

本书按照胜任实际工作任务需要的沟通知识、沟通能力、职业素质要求，基于“项目导向、任务驱动”的教学模式，校企合作开发教材，设计教材结构和内容，融入大量企业真实案例。全书将商务沟通、职场沟通、商务演讲与礼仪等相关内容进行拆分重组，将与沟通相关的零碎知识点进行逻辑梳理，共设计了“职业小白的烦恼”“会倾听才会做事”“察言观色，看透职场”“会说话，拥有不一样的职业生涯”“文笔不好，职场结果也不会好”“会带团队，你才是职场牛人”6个模块32个任务，既可满足学生学习必需的理论知识的需要，又可提升学生的实践操作能力，使其可以尽快适应工作岗位。

本书可作为高职高专院校职场沟通课程的教学用书，也可作为职场人员进一步提升沟通与交际能力的参考用书。

图书在版编目（CIP）数据

职场沟通技巧/王威主编. ——北京：北京理工大学出版社，2023.5

ISBN 978－7－5763－2411－2

Ⅰ.①职… Ⅱ.①王… Ⅲ.①人际关系学 Ⅳ.①C912.11

中国国家版本馆CIP数据核字（2023）第094593号

出版发行 / 北京理工大学出版社有限责任公司
社　　址 / 北京市海淀区中关村南大街5号
邮　　编 / 100081
电　　话 / (010)68914775(总编室)
(010)82562903(教材售后服务热线)
(010)68944723(其他图书服务热线)
网　　址 / http://www.bitpress.com.cn
经　　销 / 全国各地新华书店
印　　刷 / 河北鑫彩博图印刷有限公司
开　　本 / 787毫米×1092毫米　1/16
印　　张 / 13
字　　数 / 313千字
版　　次 / 2023年5月第1版　2023年5月第1次印刷
定　　价 / 72.00元

责任编辑 / 李　薇
文案编辑 / 杜　枝
责任校对 / 刘亚男
责任印制 / 施胜娟

前言

职业教育教材是职业院校人才培养过程的基本载体，是职业教育教学质量的有力保障。《国家职业教育改革实施方案》（职教 20 条）对新时代职业教育教材建设提出了新的要求。职业教育教材建设的中心是教材内容，而教材能否真正满足职业教育教学需要的关键在于教材形态。教材形态是教材内容的载体和呈现方式，建设职业教育新形态教材是新时代对职业教育教材建设的基本要求。

本书深入贯彻二十大精神，立足中国特色国情和借鉴中华优秀传统，将自强不息、厚德载物、讲信修睦、亲仁善邻的中华美德融入一个个沟通故事中，融入课后的思考讨论中，坚定学生文化自信和历史自信。

通过纸介质教材和数字化资源的一体化设计，充分发挥纸介质教材体系完整、数字化资源呈现多样和服务的个性化等特点，形成相互配合、相互支撑的知识体系，从而提高教材服务教学的能力。融媒体教材既有纸质教材的优势，又充分发挥数字化资源与服务的长处，取二者各自所长又弥补各自的短处，实现了“1＋1＞2”的效果。读者可通过二维码、小程序、公众号、移动端 App、在线网站等方式获取相应的网络资源或服务。目前融媒体教材成为教材市场的主流产品之一，受到广大教师和学生的好评。

《职场沟通技巧》融媒体教材包括纸版教材和数字教材。两者结构基本一致。纸版教材每一个任务都按照职场故事、故事简析、方法解析、案例分析与思考、问题讨论六个环节展开，每个模块还有模块知识要点和拓展训练。数字教材综合利用图片、声音、动画、视频、虚拟现实（VR）、增强现实（AR）等不同方式呈现教材内容，因此具有抽象知识点的形象化展现、复杂操作步骤的过程化展示、工作情境和工作过程的虚拟现实体验、教材与学生更有效互动等方面特点。数字教材网址为：https：//www. icve. com. cn/portal _ new/courseinfo/courseinfo. html？ courseid＝olkaswrkrvcnsgh9itrza.

《职场沟通技巧》教材编写组按照胜任实际工作任务需要的沟通知识、沟通能力、职业素质要求，基于“项目导向、任务驱动”的教学模式，校企合作，开发教材，设计教材结构和内容，融入大量企业真实案例。教材将商务沟通、职场沟通、商务演讲与礼仪等相关内容进行拆分重组，设计出 6 个模块 32 个任务。这样就将与沟通相关的零碎知识点进行了逻辑梳理，既满足了学生学校学习必要的理论知识，又提升了学生的实践操作能力，可以让学生尽快适应工作岗位。

本书具体编写分工为：模块 1 由王威、刘智敏（海尔智家股份有限公司）、王丽莉（青岛国信金融控股有限公司）编写；模块 2 由王慧编写；模块 3 由王威、董玉菊编写；模块 4 由王威、段春媚编写；模块 5 由王威编写；模块 6 由王威、刘凤编写。王威负责统稿。

本书在编写过程中，参考了相关资料，在此对相关作者表示衷心的感谢。由于编者水平有限，书中难免存在疏漏之处，恳请广大读者批评指正。

编　者

- 职场沟通技巧
  - 模块1　职场小白的烦恼
    - 一、“面霸”是怎样练成的？
      - 案例1.1　我足够自信吗？
      - 案例1.2　我了解企业吗？
      - 案例1.3　我的形象合格吗？
    - 二、被人轻视的滋味不好受！
      - 案例2.1　他/她为什么不帮我
      - 案例2.2　合不上公司的拍儿
  - 模块2　会倾听才会做事
    - 一、你会“听”吗？
      - 案例1.1　倾听只用耳朵就可以做好吗？
      - 案例1.2　倾听只为了获取信息吗？
      - 案例1.3　换个角度去倾听是个办法！
    - 二、职场的弦外之音！
      - 案例　话不说透要听懂
  - 模块3　察言观色，看透职场
    - 一、职场行为背后的潜台词
      - 案例1.1　声调的秘密
      - 案例1.2　小动作，大秘密
      - 案例1.3　细微表情透真意
      - 案例1.4　你的眼神如此神秘
      - 案例1.5　字迹识人
    - 二、传递你的良好职场姿态
      - 案例2.1　会笑总不是件坏事
      - 案例2.2　得体的举止消除对立
  - 模块4　会说话，拥有不一样的职业生涯
    - 一、会说话的人情商也高
      - 案例1.1　不要吝惜对他人的赞美
      - 案例1.2　学会给人台阶下
      - 案例1.3　幽默可以化解工作中的尴尬
    - 二、职场中怎样说服对方
      - 案例2.1　辩论没有赢
      - 案例2.2　想说服他/她？先要找一致
    - 三、当众说话不用怕
      - 案例3.1　面对领导：精而简，富有低调感
      - 案例3.2　面对下属：细而专，富有激励感
      - 案例3.3　面对客户：真而诚，富有亲切感
  - 模块5　文笔不好，职场结果也不会好
    - 一、想象自己是阅读对象
      - 案例1.1　领导想看什么，就写什么
      - 案例1.2　简洁而亲切
    - 二、文字体现尊重
      - 案例　传达坏消息时要表现同情
    - 三、文字实现价值
      - 案例　文字功底好，甩人几条街
  - 模块6　会带团队，你才是职场牛人
    - 一、团队沟通：职场终极沟通术
      - 案例1.1　西游记取经团队是一个好团队吗？
      - 案例1.2　学会化解团队冲突
    - 二、诸葛亮是累死的吗？
      - 案例2.1　充分信任与授权
      - 案例2.2　团队赢才是真的赢

学习指南

目 录

绪　论

当老师的我们经常会听到，那个在学校里很乖的好孩子，毕业后一年里换了三份工作，最近又辞职了。学生时代那么优秀、有灵气的孩子，却开始向生活低头了。

你会发现，网上很多故事都是一个模式：如高考，如何从一个学渣到学霸；如何拼命考研、出国，用自己的神奇反转，甩了鄙视自己的人耳光。

如果认为这就是人生，认为自己努力对抗生活，生活一定会像在学校时一样付出必有回报，那你只会失望不已。执着于此的人，一辈子可能回忆到的最大成功就是在学校了（图 0-1）。

图 0-1　美丽沟通新世界

学校是人生的小部分，社会和职场才是人生的大部分。

那么对于初涉职场的年轻人来说，必须具备哪些能力呢？如何从一个职场小白蜕变成职场牛人，所向披靡，一览众山小呢（图 0-2）？跟着这本书，带你进入职场沟通的世界。

图 0-2　一览众山小

模块1 职场小白的烦恼

有人在网上问：什么是职场小白？有一条回复蛮有意思：职场小白是指情商低，处理问题能力弱，不会随机应变的一类职场人。在领导的眼里，职场小白等同于愚蠢。初入职场，大部分人会很青涩，但是最基本的能力还是要有的。职场小白是真的完全一片空白，大部分东西都不懂，因此很容易吃亏，容易遭人讨厌。

现如今的职场小白越来越多，让人很是头疼。现在的孩子有很多都只会学习，不会为人处世，除了会考试一无所有，他们进入职场之后，完全不懂职场的生存法则。如刚实习的时候大多数都是在打杂，一些年轻人就很勤劳，知道给自己找活干，虚心请教别人，而职场小白只知道自己做自己的事情，不会去思考如何尽快提升自己，如何在这家公司更好地发挥价值。

我们要学习如何为人处世，这比考试重要。我们以后终归是要与他人打交道的，工作最大的秘诀就是能力和人脉，我们每个人初入职场都会不适应，都会有一段空白期，如何面对它、战胜它是我们每个人都要考虑的问题。

面试屡战屡败是什么原因？刚入职场被人呼来唤去怎么办？作为职场新人总入不了领导“法眼”怎么办？本模块从职场面试技巧开始，从自我认知、分析企业和面试礼仪形象三个方面教你如何做“面霸”，并从沟通内涵入手，为你提供一份初入职场如何与人沟通的答案。

模块案例赏析

一、“面霸”是怎样练成的？

案例 1.1　我足够自信吗？

职场故事

求职面试本科生逆转研究生

大四下学期，因为考研结果还没出来，我便也“一颗红心，两手准备”地加入了浩浩荡荡的求职大军。在一次招聘会上，某一作文类杂志社招聘一名文字编辑，其优厚的待遇和广阔的发展前景吸引了我，当然也吸引了很多像我一样的求职者。费了好大的劲儿，我才挤到招聘桌前，冲那个满脸笑容的老师笑了笑，把简历递了过去，本来还想再向那个老师表现一下自己的，可后面的人太多了，我被挤出来了。

一周后，我接到了杂志社的通知：第二天上午八点半到杂志社面试。有了上次的面试教训，我在上午八点就提前到了杂志社。跟我一起参加面试的还有其他三个人，有两个是新闻专业的，其中一个还是新闻专业的研究生。

我当时有些心虚，便安慰自己：“没事的，不行就当来玩了一次，还可以长些经验呢！”

八点半，我们被叫到一个会议室，每个人领到了一份试卷，一小时后交卷！

我看了一下，都是一些排版组稿方面的基础知识，因为我考的是新闻专业的研究生，所以这些对我来说不是很难。另外，还有一些测试文字表达和编辑能力方面的试题，都不是很难，于是，在规定的时间内，我很轻松地做完了。等试卷都收上去以后，招聘老师（不久便知道他是主编）告诉我们：“你们可以回去了。我们将在十二点之前通知你们当中的两个人参加下午的第二次面试。”

我回到同学那里，跟他说起了上午面试的情况，总觉得自己希望不是很大，尤其是跟我竞争的还有一个新闻专业的研究生。同学说我希望很大，没问题。后来我们就出去逛街了。在回来的路上，我手机响了，是杂志社的，让我下午两点去面试！

下午，我提前十分钟来到了杂志社，另外一个人正是那个研究生！他见我来了，笑着和我打了个招呼，脸上一副踌躇满志的神态。我也跟他打了个招呼，心里却觉得冰凉冰凉的，我觉得自己这次来一定是陪衬的。原来的喜悦也一下子不知道跑哪去了。

两点，面试开始了。我们从主编手中各自拿到了三篇稿子，“这是学生的来稿，给你们一个小时的时间把它们修改好，标准就是你们必须确认修改后可以交给排版人员直接排版印刷。”说完这些话，主编出去了。

我先浏览了一下手中的稿子，文采还可以，只是一些地方用词不够规范，或有标点和语法错误。这太简单了！不到二十分钟，我就修改完成。再看那个研究生，也已经修改完成，正冲着我乐呢。他肯定以为这次的胜者非他莫属了，我偏偏不服输！想到这儿，我又拿起稿子看了起来。看着看着，我突然觉得这三篇稿子其实有一个共同的主题，只是侧重点有些不同，于是，我就想也许可以把它们做成一个专题。说做就做，不一会儿，我就把它们做成了一个专题，还加上了一个大标题和编者按。这时，一个小时也过去了。

主编走了进来，拿起我们修改后的稿子看了起来。过了一会儿，他对我说："你愿意在我们这里工作吗？""啊？！"我有些不敢相信自己的耳朵。那个研究生也表示不相信，问主编为什么。"你们看，"主编指着我们修改的稿子，对那个研究生说，"你修改时没有使用标准的修改符号，只是以个人习惯在上面修改，这样的稿子，排版人员是无法看懂的。"

他又指着我的稿子说："这个使用的全是标准的修改符号，不管谁来排版，都知道修改后的稿子是什么样的。另外，他并没有机械地修改，还发挥了主观能动性，把它们做成了专题，我们杂志社需要的是一个有较好策划能力和组稿能力的编辑，而不只是简单地进行文字修改。"那个研究生没有再说什么，只是点了点头。

故事简析

案例虽然是本科生的逆袭，但是从职场沟通角度适用于任何学历层次的求职者。打开职场大门的不仅是学历，还包括乐观豁达的态度（我当时有些心虚，便安慰自己："没事的，不行就当来玩了一次，还可以长些经验呢！"）、高效守时的做事风格（第二天上午八点半到杂志社面试。有了上次的面试教训，我在上午八点就提前到了杂志社）、扎实的专业技能（"这个使用的全是标准的修改符号，不管谁来排版，都知道修改后的稿子是什么样的。另外，他并没有机械地修改，还发挥了主观能动性，把它们做成了专题，我们杂志社需要的是一个有较好策划能力和组稿能力的编辑，而不只是简单地进行文字修改。"）、坚持到底的意志（他肯定以为这次的胜者非他莫属了，我偏偏不服输！）等。职场需要的是综合能力强的人！

方法解析

职场沟通的第一步是你要进入职场。进入职场前，你需要问自己：我足够了解自己吗？什么样的公司适合我？什么样的岗位适合我？当你足够了解自己时，你才能充满自信地迈出进入职场的第一步。正如《道德经》中说的"知人者智，自知者明"，意思是了解他人的人，只能算是聪明，能够了解自己的人，才算是真正的有智慧。能够做好自我介绍和说出自己的缺点是了解自己的表现。

问题 1：如何做自我介绍？

去公司面试时，你通常遇到的第一个问题是："你好，请你做一个自我介绍。"

其实在这个问题中面试官并不是只想听你说你叫什么，多大了，毕业于哪个学校哪个专业，有哪些工作经历，这些在你的简历上都清清楚楚地写着。那面试官想了解什么呢？其实其背后的潜台词是让你说说你为什么适合这个工作、为什么适合这个岗位。假如不充分地了解自己，不充分地了解应聘的岗位，你回答不好这个问题吧？我听过这样一个回答："大家好，我姓王，毕业于高职院校，累计工作年龄有着 7 年多的时间，我到贵公司来应聘，主要想应聘话务接线一类，因为我这个人比较内向一点，适合这种工作，其他的一些工作我也不是很合适……"这个回答有什么问题呢？说得好听是谦虚，说得不好听就是不够自信。

自我介绍的重点是一定要讲到位。沟通重要的不是你说了什么，重要的是对方愿意听什么，因此你一定要思考面试官想听到什么内容。他想听的自然是你为什么适合这个工作。记住，每说一句话都要有一个目的，这个目的是要回答面试官心里的问题，就是你为什么适合这个工作。例如，“我高考复读了一年”，这句要不要说，就看你这个工作需要讲什么，如果说高考复读，养成了你做事有毅力、不怕挫折的性格，而这个工作恰恰又是特别需要经常面对挫折的，要有很好的抗压能力，如销售，那这句话就一定要说。你说的每一句话一定都要让对方觉得，这就是他需要的人。当然，面对不同的岗位，有不同的自我介绍方式，因为我们每个人都有好多方面可以介绍。

问题 2：如何说自己的缺点？

有时候，在面试时公司会问到“你有什么缺点”。面试官为什么要问这个问题呢？当然他不是和我们作对，有意揭露我们的不足，他是想通过这个问题看看我们对自己的了解是不是很到位，当然，顺便也看一下你的应变力。成熟的人一个重要的特质就是对自我足够了解，知道自己的优点和缺点，这样才能产生足够的真正的自信。因此你一定要对自己有一个很精准的剖析，优点要说得和这个工作相切合，如应聘销售工作，就说优点是比较开朗外向，善于并乐于与人沟通，缺点部分怎么说呢？请详读下面的案例分析与思考。

案例分析与思考

你的缺点是什么？

面试的时候，自我介绍不怕了，项目介绍不怕了，甚至连逃不过的“你有什么要问我的”也解决了，却还不知道怎么样回答“你有什么缺点”。

“你有什么缺点吗？”

千万不要这样回答：

“我妈妈说，我最大的缺点，就是太执着，不撞南墙不回头……”

“我觉得我最大的缺点就是善良，比较容易心软……”

“我最大的缺点是太拼了，不懂得平衡工作和生活，之前熬夜加班，身体吃不消就病倒了……”

你确定这不是在变相夸自己？你夸自己不重要，重要的是，面试官觉得他的智商被藐视了。相信我，在任何时候，都不要让面试官的内心上演这些戏码。即使你前面表现得很好，这一题的回答足够“飞跃性”地拉低你整个形象的质感。

不！够！坦！诚！

接下来我们谈谈另一种。

“我最大的缺点是智商有余情商不足，不太会察言观色。”

“我比较缺乏耐心和意志力，长久地坚持对我来说不是易事，当然我在改了。”

“上一段工作很忙碌压力很大，我不太能适应，在这种高压环境的适应力上，我还要加强……”

以上种种，实诚得让人心疼。如果有最坦白奖章，我一定当场颁发，但是发完之后，我会默默在简历上画个小叉叉。没办法，自己挖的坑，活埋也要把它填完。自我暴露这种事，不易用力过猛。

以下探讨最优回答。

为什么面试官总爱问刁钻的问题？谈缺点，到底在谈什么？

首先，让我们了解一下面试官们为啥频频“宠幸”此题。这题就是一个坑，没错！连假装友好的马甲都懒得穿，缺点、自评，还是在面试官面前，这么多冲突因素聚到一起，让此题从头到脚透露着魔王的气息，我几乎每次面试都问，因为通过它能看出很多问题。

陷阱就在这里，我已经明白地告诉你了。比起蠢萌地直接入坑，或是心虚地掉头就走，我更想看的是，你如何运用智慧巧妙地避开它，继续向前。这题其实更考验你在面对困境时的应变能力和处理问题的思维技巧。

让我抽丝剥茧，为你寻找一条安全线。面试官通常考察应聘者的因素，从深往浅主要有“三观”、性格特点、思维方式、技能、知识。想象一个冰山模型，最下面的是“三观”，往上是性格特点、思维方式，这三个因素都在水面下，是先天遗传和后天环境交互影响的结果。水面上的是技能和知识，主要依赖后天的学习和训练来养成。水面下的三个因素，因为涉及遗传这个不可抗力，会更稳定，也就缺少了可塑性。这些地方出了问题，可以改，但是难度系数大，收益效率低。水面上的两个因素可塑性强，如果出了问题，改起来容易。请自动类比：一台 CPU 坏了的计算机和一台 F 键坏了的计算机，哪台让你更揪心？

说到这里，你就知道那条若有似无的安全线应该画在哪里了。在谈到自己缺点的时候，尽量避开“三观”、性格方面的缺点。思维方式作为可选项，但不是优选项。最好还是着眼于知识和技能。因为这两点改进空间大、速度快。

但是，这绝不等于你可以张口就来。如果你去面试一个交易员岗位，你说你数学不太好，金融知识薄弱。结果就是你会被淘汰。

你可能会很傻很天真地问我：说好的安全线呢？这不都是知识和技能问题吗？记住，即使是安全线内，仍然有不可逾越的雷池要避开，是不是比玩游戏还过瘾？

如何优雅地说出自己的缺点？这里有一个小技巧，接下来，我要传授八字箴言——往高处说，往远处说。请牢记！

什么意思呢？

往高处说：能力层次有高有低，请你挑一个与你目前所在层次相隔较远的能力缺陷来说。动用起你的想象力。假想有 100 名士兵，大家同一时间入伍，你如何从 100 人中脱颖而出？秘诀就是——执行力！执行力！执行力！把自己想象成领导的手（不太需要自己的脑子），把领导交代的每一件事，都百分百不打折扣地去完成，包括边边角角的细节，把自己的一亩三分地最大限度地种好。说起来容易，做起来难。能做到这一点，小排长就是你。

以上只是第一步。OK，来到第二关，现在选了 20 个小排长，大家都是干活的一把好手。继续往上，从哪里突破？这时，如果你更主动地去协同，有意识地打破原来一亩三分地的边界，更积极地承担、协助、融合，不仅包括协同战友，还包括联结上下级，大包大揽也不妨一试，显示出自己更高的革命热情。恭喜你又可以解锁一关，当上了团长。团长只有 10 个，但是大家都很强，会执行、超级主动，这时最关键的优势是什么？团长手下的人已经不少了。A 团长能干，B 团长出色，C 团长给力，D 团长……这 D 团是整个团强，团长除了自己给力，还特别会培养人，整个团队的结构得当，手下得力助手不少。一群人发出的光肯定比一个人发出的光耀眼。恭喜 D 团长凭借出色的领导力，借团队的助力通关成功，当上了将军。将军已经是万里挑一，这个层级更多需要思维和洞察力，资源是有限的，如何整合，如何排布，才能够最大限度地发挥人、财、物的效力，是将军的职责。他已经不太需要亲自去参加每日操练了，他需要的是上了线的智商和眼光，按照二八原则去寻找能够产生 80%效益的那 20%的因素。将军之上，是大元帅。为啥古代有些将军很能打仗，依然不是帅才？因为他们还少了大局观，并没有真正站在一个国家的角度为皇帝考虑。这个大局观，简单来说就是把聚合的思维再发散开，从宏观的角度，把未来的趋势、国内的环境等更宏大的变量考虑进来，用更高的视野去观全局，试图从纷杂中理出一丝确定的方向，看到其他人看不到的未来，乘上历史洪流的东风。

如果你去应聘一个基层岗位，以下例句可参考：

“我的执行力不错，通常领导交代的任务我都能完成，冲 KPI 对我不是问题。但是正因为如此，我主动深入思考就相对少了一些，更多的是在行动上。如何站到更高的格局上去看待工作，如何思考战略布局，这类深度的钻研我还需要加强。”

往远处说：术业有专攻，找一个与你本职工作间隔较远的专业能力缺陷来说。这条比较好懂，直接上例句：假如你是应聘一家证券公司的财务岗位，你可以说：这么多年，我都是在财务领域纵深发展，对行业知识、业务细节的了解和学习还不够，我自己也意识到了这一点，我已经报考了证券从业资格，其实也就是想弥补自己的不足，对我开展财务工作绝对是有好处的。

不仅要说得好，还要包装得好！

最后，谈一点包装语言的技巧。比起赤裸裸地谈不足，改成需改进的句式，更柔和。

比较以下句式：

我的不足是缺乏战略思维。我觉得在战略思维方面，还要加强学习，继续改进。

第一句的立足点是缺乏，是没有，第二句的立足点是改进和变化。明显第二句更好，巧妙把关注点从缺乏引开了。

虽然现在就业环境不好，但也千万别因为对方是应聘者你是求职者，你就觉得气势上低人一等。任何时候，比起唯唯诺诺刻意迎合的应聘者，不卑不亢的态度要好太多。你恰到好处的一点姿态，会让你显得更像一个人才。

理想地定位，再坚定地执行，久而久之，你内心的投射也会影响对方对你的印象。祝每位有梦的人，都各得其所。

问题讨论

你的缺点是什么？在面试中如何表达？假想一个岗位，进行模拟展示。

案例 1.2　我了解企业吗？

职场故事

有备而来

某集团人力资源部部长去外地招聘毕业生，一份特别的简历引起了他的注意，在这份简历的页面上，印的是该集团的大门与企业精神。原来，这位同学的理想就是走入该集团，他对企业怀有深深的热爱。部长被感动了，可当时招聘的名额已经满了，他问那位同学，“干部的岗位没有了，只有工人岗位，你来吗？”没想到，这位本科生竟答应了，进厂后不到五年，这位同学成了企业的中层干部。

“如果你成功地进入面试，一定要事先对企业有所了解。”有一年，某集团人力资源总监去西安的一所大学招聘软件工程师，一位学机械的毕业生缠着他不放，专业都不对口，怎么能来公司呢？在这位同学的争取下，他进入了面试现场，对公司的企业文化、研究成果、产品都说得一清二楚，而且对计算机、软件开发的见解独到。进公司后，这位毕业生表现得非常优秀，短短几年时间就成了单位的骨干力量。

故事简析

一个对公司很了解的应聘者，往往较容易获得面试官的认同。提前了解企业，既有助于面试成功，又可以根据公司的各个情况分析自己的发展前景。

方法解析

问题1：为什么来公司应聘？

在面试中，面试官经常问到的一个问题是："您为什么来我们公司应聘？"我们听听这位求职者的回答："听说你们薪水很不错，待遇很好，并且福利很高。"

大家觉得好不好呢？答案当然是不好，因为这个回答让面试官听起来太功利了，公司招人，在个人贡献上还是有考量的。上面的回答谈的是外在动机，通常不容易讨面试官的喜欢。因此即使你心里有这个想法，也不适合在第一时间把这样的理由当成第一个理由说出来。该怎么说呢？听听下一位求职者的回答。

"第一，我欣赏贵公司呈现的企业文化，前几天，我刚在专业期刊上看到贵公司总裁的访谈实录，他特别提到贵公司是人性化管理，我印象非常深刻，我觉得来这样的公司，对我个人是一个很大的提升。第二，我了解到贵公司未来两三年的国际化发展要拓展中东市场，我在大学里修的小语种就是阿拉伯语，我觉得我的专长也符合贵公司未来的战略发展，因此可以贡献我的一己之力。"

这个回答大家会觉得很到位，为什么呢？因为他谈的是来公司的内在动机，第一，我为什么喜欢这个公司——因为公司的企业文化；第二，为什么喜欢这个工作——因为我的专业、我的爱好。因此，和上面的外在动机——薪水高、福利好相比，内在动机要更好一些。这就像两个人要看对眼，你越清楚他要什么，他未来可能要什么，你就越能够提供他需要的东西，让他印象深刻。

问题2：通过哪些渠道了解企业信息？

你想知道企业想要什么，你事先就要做足功课。那通过哪些渠道可以了解企业信息呢？

(1) 在找到意向公司后，可以打听一下有没有认识的学长学姐在那里，问问他们企业的情况。

(2) 上网查企业资料，起码要知道它的规模、历史、部门设置等。

(3) 如果网上根本查不到，还可以在群里咨询亲戚朋友有没有了解这个企业或在该企业工作的。

(4) 可以问老师，老师带了一届届学生，有的老师和用人单位还有联系，肯定能提供有用信息。

问题3：如何回答对薪水的要求问题？

最后，你会被问到的问题是："你对薪水的要求是什么？"

如果是刚走出校园的大学生，开始找自己的第一份工作，在这个时间点上，你是没有什么谈判筹码的，因为你没有工作经验，所以比较好的回答是："这是我第一份工作，我所在乎的是，我是不是有贡献所学的地方和学习的机会。”然后谈到钱的问题，你这样说：“我觉得按照公司的安排，在合理的范围之内，我都很乐意接受。”把这个决定权交给对方，因为现在你没有任何谈判筹码。

等到你有两三年的工作经验，就不太一样了，你可以说：“谢谢您问我这个问题，我过去有三年以上的工作经验，我自己觉得在这方面也积累了一些经验，应该可以为公司提供贡献的地方是……我目前的工资大概是……我希望的工资是……”这时你就可以直接说了，因为你有过去的经验，可以展示你的价值在哪。当然还是要留一些弹性，不要讲得太死，如告诉对方什么样的范围可以接受。

问题 4：有什么问题可以问面试官吗？

面试结束前，有的面试官会问：“你有什么问题问我们？”遇到这个问题，很糟糕的答案是：“没有，我想不起来有什么问题要问你。”因为如果你这么说，面试官就会认为你不是一个很有想法和主见的人，你显然对这个公司的兴趣也没这么大。那问什么呢？最好问与工作内容相关的问题，如说：

想跟您请教一下，我想去的部门未来可能会合作的部门会有哪些；这个工作需不需要常常加班、出差，到外地出差的机会多不多，了解一下工作的状态；公司会不会提供一些培训。这些都是一些不错的问题。

比较不好的问题是：请问您一年放假几天？这个问题不适合在这个时候提。如果实在想不出什么问题，你可以谈感受：谢谢您，我觉得今天来这里面试，受益良多，我看到贵公司的压力面谈，让我知道其实我还有很多学习的地方。这也是好的回答方式。

案例分析与思考

面试前应该了解公司的哪些信息？

一般情况下，面试前需要了解公司概况、企业文化、自己应聘职位的特点、工作内容，需要应聘人员具有哪方面的素质及能力，以便在面试中朝着所了解的信息去努力。如果想更好地分析自己的发展前景，可以更多地了解公司的规模、性质、开办年月、做什么产品项目、年营业额、成长幅度、人事制度、企业文化、在行业中的排名等，了解得越多越好。除此之外，如果你能够了解公司的氛围，对你准备合适的穿着和谈吐也是十分有用的。

（1）公司规模及性质。是合资、国有还是私营，机构的规模怎样。大小机构各有其优点和缺点，要根据个人的自身实力、定位和兴趣来判断该机构是否适合自己。

（2）公司的管理制度。

（3）公司的业务范围。

（4）你所应聘部门的情况，如应聘行政助理，需要注意对方有没有什么特殊要求。

（5）人员构成。从高素质员工所占的比例可以预测以你的实力在该机构是否能得到重用和能否承担有挑战性的工作。

（6）工作性质。对于以自身发展而非报酬为主要目标的求职者来说，具有挑战性、多样性、成就感的工作具有更大的吸引力。

（7）晋升机会。该机构的晋升制度是否体现出公正、合理性。

如果埋头苦干、有才华、有成绩也很少有晋升机会，是不利于员工上进的，也表明这家机构不值得选择。只有充分地了解自己要面试的公司的情况，才能知道自己适不适合这份工作、能不能胜任，才能在以后的工作中得到发展。

（8）岗位培训。从一个机构的岗位培训政策可以判断出该机构在人力资源上的投资战略和是否注重员工素质的提高。

（9）企业文化。该公司是偏重于有创新精神的员工还是行事稳健的人，当然针对应聘岗位不同，要求可能也不同。

大企业凭借自己的实力，总是有机会在很多场合宣传自己的企业文化，应届生们可以很容易地了解。但企业的宣传词通常比较概括、简洁，单凭宣传可能无法真正了解公司。公司的文化是在公司的发展过程中形成的，因此了解公司的详细发展历程是应聘者应该做的。公司招聘新人，是它在发展过程中的一个链条。或者公司原有的业务需要扩大规模，或者公司需要开展某项新的业务等，招聘新人是为公司的进一步发展服务的，并不是公司每年有义务地来减轻大学生的就业压力。把公司招聘看成整个公司发展过程中的一步棋，求职者便更容易把公司的需求和自己的实际结合起来，判断自己是否与企业的发展目标一致。在面试的时候就能使自己思考问题的方向处在和面试人员同等的位置，提高自己求职的命中率。

通常，在几名候选人条件相似的情况下，具有与公司的文化相融的个性的求职者是最后的成功者。

问题讨论

设想你未来期望加入的企业和岗位，通过各种方法收集企业信息。结合自身的特点，考虑如何使用这些企业信息。

案例 1.3 我的形象合格吗？

职场故事

细节就是最好的介绍信

20 多年前，一位知名企业的总经理想要招聘一名助理。这对于刚刚走出校门的青年们来说是一个非常好的机会，因此一时间应征者云集。

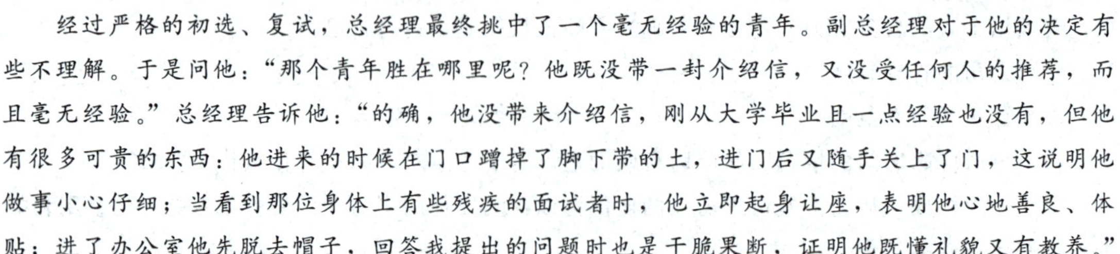

经过严格的初选、复试，总经理最终挑中了一个毫无经验的青年。副总经理对于他的决定有些不理解。于是问他：“那个青年胜在哪里呢？他既没带一封介绍信，又没受任何人的推荐，而且毫无经验。”总经理告诉他：“的确，他没带来介绍信，刚从大学毕业且一点经验也没有，但他有很多可贵的东西：他进来的时候在门口蹭掉了脚下带的土，进门后又随手关上了门，这说明他做事小心仔细；当看到那位身体上有些残疾的面试者时，他立即起身让座，表明他心地善良、体贴；进了办公室他先脱去帽子，回答我提出的问题时也是干脆果断，证明他既懂礼貌又有教养。”

总经理顿了顿，接着说：“面试之前我在地板上扔了本书，其他所有人都从书上迈了过去，而这个青年却把它捡起来并放回到了桌子上；当我和他交谈时，我发现他衣着整洁，头发梳得整整齐齐，指甲修得干干净净，在我看来这些细节就是最好的介绍信，这些修养是一个人最重要的品牌形象。”

故事简析

细节影响品质，细节体现品位，细节显示差异，细节决定成功。细节的力量就是“润物细无声”。“泰山不让土壤，故能成其大；河海不择细流，故能就其深。”要想获得成功，应当事事从小处着手。关注细节的人无疑也是能够捕捉创造力火花的人。一个不经意的细节往往能够反映出一个人最深层次的修养。

方法解析

作为初入职场的小白，我们都会对自己第一次亮相、第一次表现格外重视。对于初入职场的礼仪和形象，我们还是要有意识地进行管理。服装上的要求基本上要与工作的内容相吻合，最好是要呈现出简单、干净、专业的状态，不要穿太花哨的衣服，除非是应征创意、绘画等工作。如果戴饰品，也要小小的，起点缀作用。曾经有一个应聘者，戴了一副很大的圆耳环来面试，整个过程，面试官看到的就是两个大耳环在晃，差点儿没被催眠，自然求职效果会不好（图1-1）。

问题1：第一印象的形成时间。

大家知道第一印象多久时间会形成吗？30秒。因此虽然面试时间一般在30分钟，但实际上，前5分钟非常关键。那主宰前几分钟的因素是什么？当然主要是你的个人形象。因此千万不要忽略肢体语言所传递的信息，它能体现你是不是一个很负责、很整洁、很在乎自己的人。面试时你一定要提前10分钟或15分钟到达会场，千万不要迟到，面试迟到，面试成功的希望大概率会比较渺茫了（前面的职场故事《求职面试本科生逆转研究生》有涉及）。

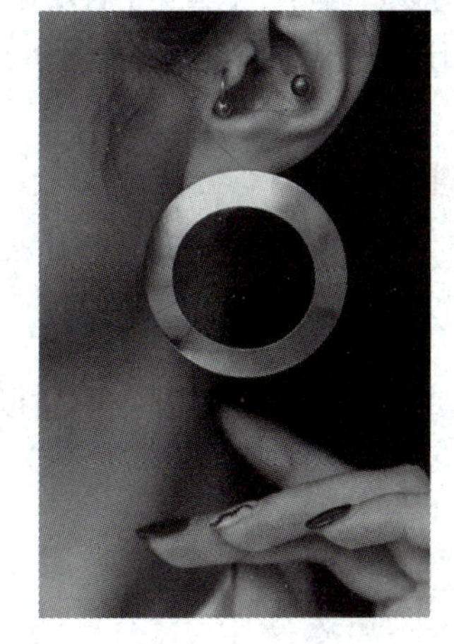

图1-1 不适合面试戴的大圆耳环

问题2：面试从什么时候开始？

面试从什么时候开始呢？面试从你走入那家企业的大门就开始了，绝不是从面试官的办公室开始的。曾经有一个例子，一个毕业于985高校的学生去一家著名的跨国公司面试。这个学生因为非常优秀，认为自己是精英，因此自恃过高。在电梯里，遇到一个穿得很休闲、很轻松的美国老先生。他就很不礼貌地说：“Hi，man.”然后问去哪个部门怎么走。老先生告诉他后，他也没说谢谢，他以为老先生是公司里的一个勤杂人员。但是，当电梯打开时，他和老先生同时下了电梯，老先生换上西装，原来是他的面试官。老先生见到他的一刹那，耸耸肩说：“我们还有必要面试吗？”

对人尊重有礼是一个人基本素养的体现，尤其是年轻人对年长者，无论年长者职位高低，从年龄角度都要表现出尊重。对一个基本素质不过关的人，公司当然说No。因此从进入公司大门开始就要谨言慎行。

问题3：面试中注意哪些动作和细节？

秘书小姐叫你，你要说谢谢。进入面试官办公室前要先敲门，等里面人说请进后，你再进，千万不要贸然开门就进去。为什么呢？因为面试官可能在处理上一个面试者的成绩，或者几个面试官在讨论刚才面试者的表现，如果你贸然开门，他会觉得这个人没有礼貌，第一印象就很差。因此你一定要听到里面的人说请进后，你再把门打开，然后再从里面轻轻把门关上，注意这个小细节，有可能面试官在观察，如果面试官伸手和你握手，你再握，面试官不伸手，你不要伸手去握。坐下来之前，如果面试官没示意拿把椅子，你最好问一下，我可以坐下来吗？等到面试官坐下来了，你再坐。

你在出门之前，一定要回头看一眼面试官。因为有的面试官会目送你出门，你的回应会给面试官留下一个完美的印象。那如果面试官不看你呢，即便如此，你看一眼，对你也没有损失。

案例分析与思考

一次失败的面试

一天，小王接到一家全国知名企业的面试通知，遭遇几次失败的小王这天想出彩，他穿了一套名牌西装，头发梳得又亮又整齐，精心打扮后出门了。面试地点在第九层，不巧的是电梯暂停服务，他一口气跑上去，满头大汗，口中念叨："电梯怎么停了？热死我了。"随即拽掉领带。小王没瞅到椅子，只好站着回答问题，说话间他感到口干舌燥，就说"我喝杯水"。拿起矿泉水瓶一饮而尽，这时他才注意到几位面试官正襟危坐，一脸严肃。面试官们问他是否同意分派到北方某个城市工作，小王很干脆地回答："不去！不喜欢那里，环境太差。"几位主考官如遭电击般一齐抬头打量他。后来，一位面试官说他的衣着不得体，小王终于发火了："我是来面试的，请你尊重人好不好……"

问题讨论

小王在面试中的问题是什么？

二、被人轻视的滋味不好受！

案例 2.1　他/她为什么不帮我

职场故事

实习生的委屈

我曾经指导学生进行毕业实习，一个学生和我说了这么一件事情。

"有一天下午我的领导 L 出去了，我们部门就剩下我一个人。因为一个很小的事情，一个市场部的经理和他的主管一起狂喷了我大约半小时，虽然的确是我们部门的失误，但是双方都有责任。我还在试用期，如果贸然吼回去对我以后不利。于是我一直憋着，除了说对不起，还流了两滴眼泪。但是让我很不解的是，为什么我的前任经理 A 在旁边听着两个大男人一起凶了我半个多小时也不帮我说一句话呢？只是在最后他们都说累了，准备收手了，A 才像刚刚听到一样抬头问：'怎么啦？我们小刘犯什么错啦？有话好好说嘛。'市场部经理估计发泄完了，也考虑到与 A 是平级，不好出言不逊，于是简短地说了句'没事没事'。然后 A 也没再说什么。

再后来，我的领导 L 回来了，我跟他大致讲了一下事情经过。L 问我，A 当时在吗？我说，在呢。L 问我，她没帮你说什么，或者和解一下？我听了抑制住心里的激动装作平静地说，到最后，他们吼累了，A 才意思一下地说了两句。L 说，她怎么这样啊，真是的，怎么着以前也是你的经理，应该帮你说点什么啊。"

我听了学生的诉说后，想了想，过了一会儿，我发给她一段长长的文字微信：

(1) 经理不是你的哥哥、姐姐，不会任何时候打心眼里为你着想，宁愿自己委屈都希望你过好。因此，你可以对你的经理或者其他什么领导像你哥哥、姐姐一样，但是千万别奢望他们会给你相同的好。

(2) 这里是职场，你的领导不会为了你去跟谁撕，特别是和他们平级的人。

(3) 别说你的领导，以后你遇到别人有这样的情况，你也别去。职场谁都不希望有事，遇到事，谁都躲得远远的，你还指望有人来救你呢？孩子。

(4) 还有，你这样是正确的。职场最讨厌的是不懂得规则的人，也最见不得把芝麻点事情搞大的人。因此，现在遇到任何委屈，忍着点，孩子。在忍着的同时自己聪明点，拼命学，让自己盖过他，让他不敢搞你。

(5) 其实有时候你要学会转个弯，虽然看似你受委屈了，但是你自己心里清楚，看客心里也清楚。虽然没有人站出来帮你，但是大家会明里暗里跟你关系好一些，远离他。如果你真能做到这样，你就偷着乐吧。

故事简析

诸位小白，因为领导不是你爸妈，一颗心在你身上，他们也有利弊衡量，也有自己的交往圈子。你把你的领导当朋友对待，你想对他们好，没事，但是别以为他们会对你像你对他们那样。

方法解析

为什么职场有一个专有名称？就是因为它的特殊化，它不再是一个简简单单的礼尚往来的地方，而是一个考虑圈层的地方（图 1-2）。这里的人只要有利益关联，就不可能有完全地敞开心扉。

图 1-2　职场圈层

我的朋友小佳说，她在辞职以后和原来一个部门的 C 相处得特别好，现在简直就是闺蜜了。为什么以前没有这种感觉？因为以前她们是在同一个职场圈子里，不说她们会不会为了一个职位竞争，首先她们都会防着对方拿自己的真心话、弱势去作为对付自己的致命利器。小佳辞职了，她们不在同一个圈子了，加上她们有很多交集，自然可以玩到一起。这时候，她没办法利用你小佳得到什么，也知道小佳没办法利用她做什么，因此可以交心。就这么简单。

案例分析与思考

教会徒弟饿死师傅

拉拉内心深处就算是对李文华的贡献并不满意，她看得出来，李文华对她的指点，更多的是顺便性质，而谈不上系统、有机的安排。她决定假借感谢之名，既是激励一下两位 peers（同级），又是为了给他们更多的压力，以索取更多的帮助。

为了区分王宏和李文华对她成长的贡献，也为了鞭策王宏，并让李斯特了解自己的进展，拉拉做了一个总结报告，用邮件发送给李斯特，同时抄送给了王宏和李文华。

拉拉利用一个简洁的表格来做这个总结报告，表格分为四项内容：受训目的、受训内容、facilitater（帮助、促进者）、效果及进程。简而言之，就是谁教会了她一些什么。

拉拉清楚，这个报告一出，肯定就得罪王宏了，可要是王宏不肯出力帮助她，甚至处处阻挠她的学习，她觉得害处就更大。

李斯特一看这个报告，就明白了两点：一是拉拉进步神速；二是王宏基本没有搭理拉拉。

他为拉拉的聪明暗自点头，也对王宏的防御感到有点好笑。同时，他觉得拉拉这份报告，在对待王宏上，有点咄咄逼人的味道了。

做老虎的去较真是狼偷懒，还是狐狸卖力，就不是会做大王的了。李斯特深谙此道，并没有具体地对手下几个经理的作为加以点评，只是笼统地表扬了大家的团队合作。

王宏有点尴尬。但是既然李斯特并没有给他压力，他便哼哼哈哈扮大舌头，胡乱赞了拉拉两句，继续装傻到底，拉拉这个报告基本白抽了王宏两鞭子，他觉得该怎么着还是怎么着。拉拉无奈，想起李斯特和她说过，7%的知识和经验是在实践中获得的，少不得只好多靠自己了。

问题讨论

拉拉为什么不面对面找李斯特说王宏不帮助她？拉拉采用了什么方式告知李斯特实情？

案例 2.2　合不上公司的拍儿

职场故事

和上司保持一致

拉拉没有从王蔷那里获得解决之道，只得自己动脑筋想法子。她指使海伦取得上海办行政报告的格式，经研究确认大致适合广州办使用后，她就直接采用上海办的格式取代了广州办原先的报告格式。这一举措果然讨得玫瑰的欢心，由于拉拉使用了她惯用的格式，使得她在查阅数据的时候方便了很多，也让她获得被追随的满足感。对拉拉来说，玫瑰自然不会挑剔一套她本人推崇的格式，因此拉拉也就规避了因为报告格式不符合玫瑰心意而挨骂的风险。

这是典型的双赢。

唯一不满的是海伦。海伦习惯了原来的格式，新格式花了她不少时间去适应，密密麻麻的表格搞得本来就不擅长数据的她晕头晕脑。海伦想，好端端的，为什么要改？不由得心里鄙夷拉拉擦鞋（广东方言，意指拍马屁）。

拉拉看出海伦腹诽自己，把海伦拉到自己座位边，问她："如果你是玫瑰，你是愿意几个办事处每个月的报告各有各的格式，还是更希望大家使用统一的格式呢?"海伦不假思索地说："那当然是统一的格式方便啦。"拉拉说："既然得统一，你是喜欢用你自己用熟了的格式呢，还是更愿意用你不熟悉的格式呢?"海伦说："肯定选自己用熟的格式啦。"拉拉继续说道："那不结了，玫瑰也会喜欢用自己熟悉的格式嘛。"海伦无话可说了，憋了半天又不服气道："我们原来的格式没有什么不好。现在这一换，要多花好多时间去熟悉表格。"拉拉憋住笑摆出循循善诱诲人不倦的架势说："那你就多努力，早日获得提升，当你更重要的时候，你的下级就会以你为主，和你建立一致性啦。谁叫现在经理是玫瑰不是你呢?"

海伦还要啰唆，拉拉让她拿出年初设立的本年度绩效考核目标，在行为方面，公司对全体员工的考核指标里有一条，叫作"建立一致性"。拉拉让海伦给自己在这方面做个记录。拉拉说："年终总结的时候，你就能以这个实例证明你在这方面的表现和贡献啦。"

海伦最怕这些 paperwork（文字功课），她对公司的核心文化向来一知半解，每年做年终总结，海伦就央求要好的同事帮她写了胡乱交功课，主管和她回顾面谈的时候，她咬死一条，拼命点头就对了。一经拉拉提醒，她觉得可不是吗，更换报告格式虽然麻烦点，换了就能搞明白啥叫"建立一致性"，又能有个实例，海伦觉得还是合算了，赶紧把这一条实例记录下来。

故事简析

与公司（上司）保持一致性，不仅是个人服从组织的表现，更能使公司运作高效。如果各个部门、每个人都用自己习惯的表达方式（包括数据呈现），相互沟通理解的成本就太高了。如果按照公司的统一要求去表达，就会节省很多沟通时间。

方法解析

我经常听到刚毕业的学生向我抱怨，说他的领导总是怪他工作不得力，哪儿都有问题。但是到底是什么问题，学生自己也不清楚。我忽然就想起了《杜拉拉升职记》里的一句话，要和领导保持高度的一致性。小说里说，要懂得如何与上司建立一致性，上司觉得重要的事情，你就得觉得重要，上司认为紧急的事情你也得认为紧急，这样你才能和上司保持一致，劲往一处使。

从工作的角度出发，急领导之所急，想领导之所想。不要以为这是低级的"拍马屁"行为，只要这些问题不涉及人事斗争，不涉及原则问题，而只是工作层面上的，那么与上司保持一致性不但会给上司留下一个积极主动的好印象，更关键的是让自己的工作也能开展得更加顺利，进而使整个公司的工作更高效。

问题：如何与上级保持一致性呢?

（1）新进入一家企业，你需要了解企业的文化、老板的风格、客户群、业务区域、公司的产品、营销模式，以及公司的决策机构和决策流程。对以上内容的理解和掌握，能让你更快地融入新的环境，在短期内的表现更显出色。尤其是要了解公司人事的考核点，在述职时按照考核点来陈述。如杜拉拉的公司一个重要的考核点就是与公司建立一致性，那积极地制作与上司工作相同的表格就是一致性的表现。告诉大家一个技巧，如果你们的班级申报优秀集体，一定要比照评选通知的要求，把你们做的工作放入每个评选点中，获评的可能性才大。

（2）在不完全了解你的上级和同事时，一定要少说多听，因为你是新人。即便你很能干，也没有人会希望一个新人在大家的面前高谈阔论，甚至指手画脚。上级也希望新人能和老员工相处融洽。近代人讲“韬光养晦”，现代人讲“低调”。

（3）观察和判断上级的关注重点在哪里，那个点要么是最能为企业营利的点，要么是最容易对企业产生影响的点，也或者是目前急需改善的点，或者是企业正想要进入的点。无论这个点是哪一类，都是上级所关心的，了解你的上级，才能和他们保持一致。

（4）在不影响结果的前提下，尽可能为企业省钱。没有一个老板会希望自己的员工浪费金钱。

（5）如果你需要以书面形式向你的上级汇报工作，要以他们喜欢的格式来编辑你的文件。如果企业有自己的LOGO，一定要在你的文件中加上去。如果企业有自己的文件格式，一定要使用原来的格式。在没有得到上级认可或授权的情况下，千万不要不打招呼就改掉原来的格式。

（6）如果你的上级对礼仪很重视，一定要注意自己的行为举止，要符合礼仪规范。对上级说话一定要用敬语，说“您”，而不是说“你”，尤其是在以文字形式进行沟通时。

（7）如果你的上级很重视环境，一定要注意保持工作环境的整洁和卫生。

（8）如果你的企业是传统企业，千万不要在上班时把自己打扮成花蝴蝶。太随性是不符合这类企业的风格的。只要不是和周围格格不入，穿上职业装上班是最合适的。它并不会花掉你多少钱。

（9）如果你的上级随和而又亲切，慈祥而又宽容。相信他们，但不要触怒他们。这个世界上所有还在办公室里上班的老板都不会喜欢员工挑战自己的心胸。

（10）不要当着众人的面与你的上级辩驳，即便他知道你是对的。给上级留面子就是给自己留面子。

（11）不要在上级发怒的时候找过去，除非有关系到企业和上级身家性命的事情发生，其他任何情况下都要帮助上级挡下，因为上级情绪不稳定时做出的决定有可能会是错的。

还有一点是非常重要的，那就是不要把你上面的做法当作拍马屁。要知道：你只是用尊重他人的做法来获得他人对你的尊重。

案例分析与思考

职场智慧：与老板保持一致

一家企业的员工李某，一直喜欢给张老板提建议，但这些建议在老板看来是有些华而不实的，就没有采纳。但这位仁兄还是经常提及这些建议，甚至企业一旦遇到一些问题时，就抱怨是老板没有采纳其建议造成的。后来老板急了，说这个公司姓张，不姓李！最后弄得不欢而散。

问题的解决方案有很多种，如营销中开店的模式，有加盟、合营、自营，没有哪种模式一定是最好的，各有利弊。构建区域经销模式也有分公司制、总经销或扁平化分销等多种模式。如果老板根据其个性或资源等因素特别偏爱某种模式，员工就无须非要建议其他的模式，而是应该努力把老板所偏爱的模式做到最好，这才是一个员工应该有的责任和态度。

对老板喜欢的事情努力去做，不喜欢的事情努力排除，这不是愚昧，不是一心奉承，而是隐含了很多哲理。老板创办一个企业，承担了很大责任，必须承担所有的风险。作为一名员工，承担的风险肯定要小得多，甚至感觉心里不爽了，想跳槽就跳槽，但老板能跳槽吗？当所有员工都可以离开时，老板还是要最后一人留下，要为所有的行为和决策埋单。

老板与员工所站的角度不同，对一件事物的判断结果自然也会有所不同。因此，我们应该与老板心往一处用，劲往一处使，才能形成很强的合力。如果自己是个老板，天天遇到一个唱对台戏的，你会怎么想？所以，不如顺其道而行之。如果老板反感虚假的行为，那么就应该将虚伪奉承之人挡在公司门外；如果老板喜欢把品牌定位到传统经典，我们就不要再去争辩西化和时尚；如果老板说向东，我们就不要向西（因为东和西本无对错之分）。

从另外一个角度来说，老板的做法代表老板的个性，而人的个性是很难改变的。胳膊是拧不过大腿的，既然拧不过，还去拧，那不是自找没趣吗？有很多想方设法改变老板做法的人，但最终很少有人成功，如果一直针锋相对，那么离开的人只是自己。

有位老板就喜欢事无巨细地干预，还号称是细节管理，结果就是越权，中层领导很不舒服。老板也爱学习、去听课，好像也悟到了放权才能做大，不断给员工说，我们公司要规范化运营，该放权就放权。可结果，一次会议上，他说自己做了很大的调整，给了副总裁 1 000 元的审批额度，这已经是放权了吧？老板的个性难改，员工一直对此耿耿于怀，也无济于事。最终这家企业还是职业经理人进进出出，企业照样是发展壮大，也并没有因此受多大影响，企业执行的还是符合老板喜好的管理方式。

当然，如果觉得实在受不了某个老板，可以选择跳槽。需要说明的是，每个企业都有各自难念的经，总是很难尽如其意。完全符合自己个性的企业必须是自己创办的企业才行，否则就要听从老板的想法，这是尊重，也算是无奈。但是，尊重的成分越高，未来的空间也就会越大。

问题讨论

谈谈对“尊重的成分越高，未来的空间也就会越大”这句话的理解。

模块知识要点

一、沟通的含义与要素

（一）沟通的含义

沟通是发送者凭借一定的渠道（也称媒体或通道），将信息发送给既定对象（接受者），并寻求反馈以达到相互理解的过程。它包括以下几层意思。

（1）沟通是信息的传递。沟通包含着信息的传递，如果信息没有传递到既定对象，则意味着沟通没有发生。也就是说，如果公司管理者没有将信息传达到员工那里，就无法形成沟通。

沟通中的信息包罗万象。在沟通过程中，我们不仅传递信息，而且表达着赞赏、不快之情，或者提出自己的意见和观点。这样沟通的信息就可分为：语言信息，包括口头信息和书面信息，两者所表达的都是一种事实或个人态度；非语言信息，是沟通者所表达的情感，包括副语言和身体语言等。在沟通过程中，发送者首先要把传递的信息“编码”成符号（文字、数字、图像、声音等），接受者则进行“解码”的过程（信息理解过程）。如果信息接受者对信息类型的理解与发送者不一致，则可能导致沟通障碍和信息失真。在许多信息误解的问题中，接受者常会对信息到底是意见、观点的叙述，还是事实的叙述混淆不清。如“小民把腿架在桌子上”和“小民在偷懒”是两人对同一现象做出的描述，没有迹象表明第二句是一个判断。但是，一个良好的沟通者会谨慎区别基于推论的信息和基于事实的信息。也许小民真的是在“偷懒”，也有可能这是他思考问题的习惯。另外，沟通双方也要完整地理解传递来的信息，既要获取事实，又要分析发送者的价值观和个人态度。只有这样才能达到有效沟通。

（2）信息不仅要被传递到，还要被充分理解。要使沟通成功，信息不仅需要被传递，还需要被理解。如果一个不懂中文的人阅读本书，那么他（她）所从事的活动就无法称为沟通。有效的沟通应该是信息经过传递后，接受者所感知到的信息与发送者发出的信息完全一致。值得注意的是，信息是一种无形的东西，在沟通过程中，沟通者之间传送的只是一些符号，而不是信息本身。传送者要把信息翻译成符号，接受者则要进行相反的翻译过程。由于每个人的“信息—符号储存系统”各不相同，常常会对同一符号（如语言词汇）存在不同的理解。例如，有一次，法国作家大仲马（Alexandre Dumas）去一家德国餐馆吃饭，他想尝尝有名的德国蘑菇，可是服务员听不懂法语，而他又不知道“蘑菇”用德语怎么说，大仲马灵机一动，在纸上画了一个蘑菇图交给服务员，服务员一看，恍然大悟，马上飞奔出去。大仲马拈须微笑，心想总算让服务员明白了自己的意思。谁知 15 分钟后，服务员气喘吁吁地跑来，却递给他一把雨伞。再有，“定额”这个词，不同的管理层有不同的含义。高层管理者常常把它理解为需要，而下级管理者则把它理解为操纵和控制，并由此产生不满。问题在于，许多管理人员并没有意识到这一点，忽视了不同成员“信息—符号储存系统”的差异，自认为自己的词汇、动作等符号能被对方还原成自己欲表达的信息，但这往往是不正确的，而且会导致不少职场沟通问题。

（3）有效的沟通并不是沟通双方达成一致意见，而是准确地理解信息的含义。许多人认为，有效沟通就是使别人接受自己的观点。实际上，你可以明确地理解对方的意思，但不一定同意对方的看法。沟通双方能否达成一致意见，对方是否接受你的观点，往往并不是沟通有效与否这个因素决定的，它还关系到双方利益是否一致、价值观念是否相似等其他关键因素。例如，在谈判过程中，如果双方存在着根本利益的冲突，即使沟通过程中不存在任何噪声（干扰），谈判双方的沟通技巧十分纯熟，而在这个过程中，即使双方都已充分了解了对方的要求和观点，往往也不能达成一致的协议。

（4）沟通是一个双向、互动的反馈和理解过程。有人认为，我们每天都与别人沟通，沟通并不是一件难事。是的，我们每天都在进行沟通，但这并不表明我们是成功的沟通者，正如我们每天都在工作，并不表明我们每天都能获得工作上的成就一样。沟通不是一个纯粹的单向活动，或许你已经告诉对方你所要表达的信息，但这并不意味着对方已经与你沟通了。沟通的目的不是行为本身，而在于结果。如果预期的结果并未产生，接受者并未对你发出的信息做出反馈或没能理解信息发送者的意思，那么也就没有形成沟通。大卫·柏乐（David Berlo）在《沟通的过程》一书中指出，当你听到有人说“我告诉过他们，但他们没有搞清楚我的意思”，你可以感觉到此人深信他要表达的意思都在字眼里面，他以为只要能够找到合适的语言来表达意思，就完成沟通了。其实“语言”本身并不具有“意思”，其中还存在着一个翻译转化的过程。如“一班足球队大败二班足球队”，传递者的意思是一班赢了，而接受者却可能认为一班输了。

（二）沟通的要素

沟通过程由发送—接受者、信息、渠道、反馈、噪声和环境六种要素组成。图 1-3 表明所有这些要素是怎样共同发挥作用的。

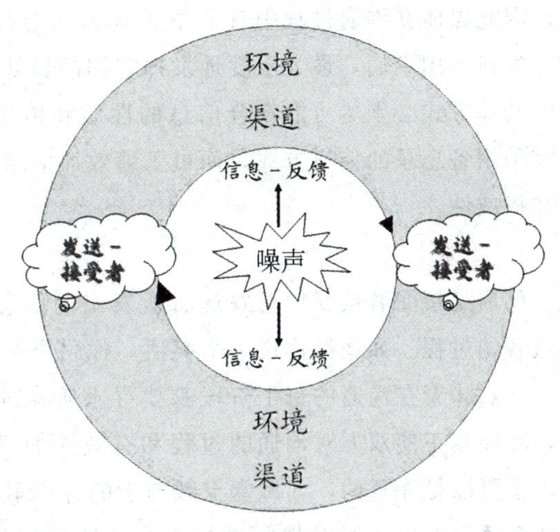

图 1-3　沟通的要素

1. 发送—接受者

因为人们有要分享的信息、思想和感情，所以人们要进行沟通。然而，这种分享不是一种单向过程，即一个人表达思想、其他人接受，然后这种过程逆向进行。在大多数沟通情景中，人们是发送—接受者，即在同一时间既发送又接受。

在职场中，沟通的双方互为沟通的发送—接受者，任何一方在沟通中都既表达自己的沟通内容，又根据对方的内容不断调整自己的沟通内容。

2. 信息

信息是由一个发送—接受者要分享的思想和情感所组成的。所有的沟通信息都是由语言符号和非语言符号两种符号组成的。

（1）语言符号。语言中每个词都是表示某一个特定事物或思想的语言符号。语言符号是被限定的和复杂的。例如，当使用“椅子”这个词时，我们认同是在谈论我们坐着的某种东西。这样，“椅子”是一个具体符号，一个代表着一件物品的符号。然而，当我们听到“椅子”这个词时，我们都可能有不同的印象。“椅子”可能是个躺椅、安乐椅、藤椅、老板椅——各种各样。

表达思想的抽象符号更为复杂。例如，想一想在我们理解诸如“家”“饥饿”及“伤害”这些词时的巨大差别。我们怎样理解这些词由我们的经验决定，因为人们的经验在一定程度上是有区别的，所以人们给这些抽象的词赋予不同的含义。

（2）非语言符号。非语言符号是我们不用词语而进行沟通的方式，如面部表情、手势、姿势、语调和外表等。与语言符号一样，我们给非语言符号都赋予特定的含义。打哈欠意味着厌烦或疲倦，皱眉表示疑惑，不看某人的眼睛可能意味着隐瞒了什么。非语言符号也会误导别人。我们不能控制绝大多数的非语言行为，而且经常发出甚至自己也不知道的信息。

3. 渠道

渠道是信息经过的路线，是信息发送者把信息发出与接受者接受和反馈信息的手段。在面对面的沟通中，渠道主要是声音和视觉，我们相互听或看。在熟悉的大众媒体中，包括电子类传播媒体，如广播、电视、音像出版物、电影、电话、传真、网络等；印刷类传播媒体，如报纸、杂志、书籍、传单等；其他传播媒体，如实物、模型、广告牌、灯箱、旗帜、邮寄信函等；另外，经常性的会议、记者招待会、演说、报告、备忘录等，都是沟通中的重要信息载体。信息发送者要经常借助这些媒体将所要发送的信息传递给接受者，因此，这些媒体就是信息经过的路线（渠道）。还有其他渠道（非语言符号），如握手（接触）、着装（视觉）、尊敬的语气（声音）等。渠道的主要任务是保证沟通的双方信息传递所经过的路线畅通。

媒体是信息传递的载体，它们构成信息传播的渠道，没有这些载体，即媒体，也就没有沟通，因此媒体在沟通过程中有着举足轻重的地位。种类繁多的媒体，各有自己的特点和适用范围，如何运用它们，最大限度地发挥它们的长处，要视具体情况而定。在日常的商务活动中，渠道的选择方式必须尽可能符合信息的性质和传递的有效性。对于十分紧急和重要的信息，显然不宜采用备忘录的传递方式，而员工绩效评估结果的公布，采用口头表达的形式，就易失其严肃性和权威性。

4. 反馈

反馈是接受者接受信息发送者所发出的信息，通过消化吸收后，将产生的反应传达给信息发送者的过程。如我给你说一个笑话，你付之一笑，这就是反馈。沟通的实质不是行为而是过程。这意味着在沟通的每个阶段都要寻求听众的支持，更重要的是给他们回应的机会。通过反馈，才能真正使双方对沟通的过程和有效性加以正确的把握。在沟通过程中，反馈可以是有意的，也可以是无意的，如课堂上教与学的过程本身就是一个沟通的过程。学生们可能用喝倒彩的方式有意反馈出他们对教师讲授内容及所采取的教学方式的不满，也可能在课堂上显得疲惫、精神不集中，这种无意间的神情与表情的流露，同样可以反馈出他们对教师所授内容及所用的教学方式不感兴趣。因此，在沟通中反馈是非常重要的一环，反馈让所有信息发送者得知对方是否接受与理解他们所发出的信息，并了解对方的感觉。他们会知道自己的听众在想什么，并且可相应地调整自己发布的信息。在沟通中参与的人越少，反馈的机会越多；参与的人越多，反馈的机会越少。

5. 噪声

噪声是沟通过程中的干扰因素，它是理解信息和准确解释信息的障碍，可以说妨碍信息沟通的任何因素都是噪声。噪声发生在发送者和接受者之间，它分成外部噪声、内部噪声和语义噪声三种形式。

（1）外部噪声。外部噪声来自环境，是影响信息传递的因素。它阻碍听到或理解信息。

（2）内部噪声。内部噪声发生在信息发送者与接受者的头脑中，影响信息的接受和理解。

（3）语义噪声。语义噪声是由人们对词语情感上的反应而引起的，它影响信息的发送。

6. 环境

沟通是在具体的环境中发生的。环境能对沟通产生重大影响，正式的环境适合正式的沟通。例如，礼堂是演讲和表演的好地方，但对于交谈就不合适；如更亲密的交谈，最好在一个较小和更舒适的房间里进行，在那里可以面对面地坐着交谈。又如，在总经理办公室与在自己的工作场所进行沟通，其差别是巨大的。任何形式的沟通，都必然受到各种环境因素的影响。具体如下：

（1）物理环境。物理环境是指沟通发生的场所。一则小道消息在嘈杂的市场听到与以电话方式告知对方的效果截然不同，前者常显示出随意性，而后者体现出私密性；在一个千人礼堂演讲与在自己办公室慷慨陈词，其气氛和沟通过程大相径庭。

（2）心理环境。心理环境是指沟通双方的情绪和态度。它包含两个方面的内涵。第一是沟通者的心情、情绪，处于兴奋、激动状态与处于悲伤、焦虑状态，沟通者的沟通意愿、沟通行为是截然不同的，后者往往沟通意愿不强烈，思维也处于抑制或混乱状态；第二是沟通者对对方的态度。如果沟通双方彼此敌视或关系淡漠，沟通则常由于偏见而出现误差，双方都会较难理解对方的思想。因此，对同一信息，在心情不同的情形下往往会反馈出不同的态度。

（3）社会环境。社会环境是指沟通双方的社会角色关系。对不同的社会角色关系，有着不同的沟通模式。上级可以拍拍你的肩头，告诉你要以厂为家，但你绝不能拍拍他们的肩头，告诫他们要公而忘私。因为对应每种社会角色关系，无论是上下级关系，还是朋友关系，人们都有一种特定的沟通方式预期，沟通只有在方式上符合这种预期，才能得到人们的接纳。但是，这种社会角色关系也往往成为沟通的障碍，如下级往往对上级投其所好，报喜不报忧等，这就要求上级能主动改变、消除这种角色预期带来的负面影响。同时，社会环境包括沟通情境中对沟通发生影响但不直接参加沟通的其他人。如领导在场与否，或竞争对手在场与否，自己的措辞、言谈举止是大不相同的。

(4) 文化环境。文化环境是指沟通者长期的文化积淀，也是沟通者较稳定的价值取向、思维方式、心理结构的总和。它们已转变为精神的核心部分而为我们所自动保持，是思考、行动的内在依据。因此，通常人们体会不到文化对沟通的影响。实际上，文化影响着每个人的沟通过程，影响着沟通的每个环节。当不同文化发生碰撞、交融时，人们往往能发现这种影响，外企的营销人员可能对此深有体会。例如，在美国等西方国家，人们重视和强调个人，沟通风格也是个体倾向的，并且直言不讳，对于组织内部的协商，美国管理者习惯于使用备忘录、布告等正式沟通渠道来表明自己的看法和观点。在日本等东方国家，人们之间的相互接触相当频繁，而且更多是非正式的，一般来说，日本管理者针对一件事情先进行大量的口头磋商，然后才以文件的形式总结已做出的决议。这些文化差异使得不同文化背景下的营销人员在协商、谈判过程中遇到不少困难。这反映了不同的社会角色及文化差异对同一信息的价值取向的不同，由此要求沟通的双方，必须站在对方的立场、尊重对方的民族习惯的前提下与其进行信息的交流，不能超越社会角色与忽视文化差异去进行沟通。

对于商务组织来说，分析沟通环境包括内部环境（文化、历史和竞争状况等）、外部环境（如潜在的消费者、客户、代理机构的状况、当地媒体或国家媒体等），在制定沟通战略前，要确保了解这些有关的环境。对于职场个体来说，要分析所在企业的企业文化、企业战略、企业员工情况和企业沟通文化等。

二、沟通障碍分析

（一）沟通者方面（信息发送者和接受者）

1. 感官

不同人的感官对同一事物可有不同的反应，不同人的感官在接触复杂的新事物时会有不同的感受。如在商店的灯光下，看一种新布料的复合颜色时就会显出差异。一个心理学家曾做过一项实验，要求两名被试者描述一个色调奇特的皮球，结果一个被试者说这个皮球是“黄绿色”，另一个被试者说是“水绿色”。因此，要避免由于感官因素带来的沟通障碍，在沟通过程中必须时刻注意了解信息发送者和接受者的生理特征，要针对不同人、不同情况、不同内容，采取必要措施，把沟通的内容搞真实。

2. 目的性

信息发送者如果对自己所要表达的信息内容没有真正了解，即不知道自己到底要向对方说些什么或表明什么，要达到什么目的，以及要达到目的还应该做些什么相关的工作等，那么沟通起来肯定要受阻，得不到好的结果，甚至更糟。因此，沟通前，信息发送者要有一个确定的目标和整体的系统考虑，观念要清楚。

3. 个性

人们的个性因素也会影响信息的沟通。例如，思维性（善于抽象思维）与艺术性的人彼此之间交流信息就可能发生障碍。解决这一问题要靠双方进一步了解并提高交流的艺术，以完成成功的沟通。

4. 价值观

价值观不同决定了人们对待事物的态度、观点和信念等的不同，进而造成知觉的选择性不同，因而往往能造成沟通中的障碍。如下级向上级反映情况，下级觉得报喜比报忧好，则会夸大成绩，缩小缺点；上级向下级传达最高层领导的指示，也往往有断章取义的现象；下级也可按照自己的想法去猜测上级指示的“言外之意”“弦外之音”等。

5. 语言系统所造成的障碍

语言是沟通的工具。人们利用语言、文字及其他符号，通过沟通渠道来进行信息沟通。一旦语言使用不当，就会造成沟通障碍。这主要表现在以下两个方面：

（1）误解。误解是由于发送者在提供信息时表达不清楚，或者是由于接受者接受失误。

（2）歪曲。歪曲是对语言符号的记忆模糊所导致的信息失真。信息表达方式不当，例如，措辞不当，词不达意，丢字少句，空话连篇，文字松散，句子结构别扭，使用方言、土语，千篇一律等，都会增加沟通双方的心理负担，影响沟通的进行。

（二）通道媒介

通道媒介选择不合适，往往造成沟通障碍。如应该采用加急挂号信件，发送者却使用一般信件的形式，结果不是误时就是可能丢失。当今，电话是传递信息的重要信道和载体，但是绝不是适用于所有的信息内容及收发者。如在销售沟通中，价格的商定、最终成交达成等环节都不适合用电话沟通，最好是面对面商谈，面对面商谈更有利于把握客户真实的想法，从而灵活地处理和应对客户的异议。因此，在选择信道、载体时，一定要以沟通成功为主体来考虑，只有这样才能做到减少障碍，使沟通畅通无阻。

（三）技术设备

技术设备失灵可以直接造成沟通障碍。如进行销售演示时，麦克风出现问题，客户无法听清楚销售人员的产品介绍，就会影响企业在招标会上的表现，影响企业的形象和产品的销售。要解决这方面的问题，可以采用三种对策。一是要根据自己的经济力量等因素，尽量选择高质量的技术设备；二是要精心保养；三是在使用前要进行充分的调试，有问题及时修理。

（四）环境

环境的好坏，对于沟通能否成功关系很大。在其他条件都一样的情况下，好的环境能促进沟通交流，差的环境能使沟通受阻。如在处理客户的抱怨时，最好不要在嘈杂的环境下，如收银台、客服台前进行，而要在一个比较安静的房间里，光线柔和，温度适宜、房间色彩淡雅，在这样的环境里，客户才能静下心来，缓解激烈的情绪，放下敌对的态度来谈问题。

三、自我沟通心理障碍克服

（一）自我沟通决定生命品质

1. 沟通从自我沟通开始

我们的生活品质在很大程度上取决于我们的沟通能力。要想与别人沟通得好，必须先学会如何与自己沟通。良好的自我沟通能力有助于我们正确认知自己，掌控自己的情绪和心态，积极的心态能够影响行动，有效的行动可以改变我们的命运。掌控自己的命运，获得成功的人生，必须从自我沟通开始。

心境掌控行为，行为决定命运，心境的掌控主要源于自我沟通能力。要学会自我沟通，就要学会尽快排解掉自己消极、负面的情绪。

2. 无用（错误）信息输入（GIGO）

“Garbage in，garbage out”，计算机用语，意为“无用（错误）信息输入；无用（错误）信息输出”，缩写为 GIGO。这是资料处理领域一个十分著名的理论，这个理论强调的是，计算机系统只能对有意义的输入资料进行处理，才能产生有意义的输出，无论计算机的能力多强，假使输入计算机中的资料是垃圾（错误的资料），则输出来的必定是没有用的资料。也就是说，假如在计算机里输入一堆乱七八糟的东西，那么结果也是乱七八糟的。人的头脑也是一样，输入的是不合理的信念、价值观和准则，输出的只能是负面的情绪和行为。

有调查表明，很多学生因为各种原因，如课业的压力、感情问题、未来的就业等，没有好的渠道去解决、排遣，产生了一些心理问题。这些心理问题都与我们的自我沟通能力有非常密切的关系。

每个人的心理都或多或少存在一些问题。人的头脑和心理就如同计算机的软件程序一样，久不升级，就会落后。因此，我们需要随时进行良好的自我沟通，清理头脑中的垃圾。

（二）掌控自己的注意力

1. 注意力决定自我沟通的品质

（1）注意力＝事实。我们的大脑每秒要处理 4 000 亿位（bit）的信息，但我们只能意识到其中的 2 000 位。我们会选择性地看东西，并以此来体验这个世界上的人、事、物。每个人每天环顾四周，看见的是自己想看见的东西，听到的是自己想听到的东西。非期望的事物，大脑会自动排除。要么干脆就不会被看见或听见，视而不见，听而不闻，完全被忽视；要么被误解为是所期望的事物，即错看或错听成所期望的事物。大脑如何选择，受各种观念、信念标准、价值观的影响，因人而异。

同一场聚会，不同的人去拍摄，会有不同的主题、不同的构思、不同的观念、不同的身份、不同的心情，造成所选取的镜头、剪辑成的片子大相径庭。其实每个人的大脑都是一台摄像机，每个人都在自己信念的指导下选镜、聚焦、拍摄，制作自己人生的话剧，因此，每个人都需要懂得掌控自己的大脑摄像机。

（2）不要重播烂片。如果你从音像店买回一部最新大片的 DVD，却发现它是一部烂片，你最多咬着牙痛苦一个半小时看完，然后你会把它束之高阁。你一定不会反反复复看它。但有些人喜欢重播自己生活中的烂片，如被拒绝、被教训、被蔑视的情节，争吵的 5 分钟，并要反复重播一星期、一个月，甚至更长时间。重播的次数越多，自己受到的负面影响越大。

人要常常想让自己有信心、有成就感、欢喜、愉快，不要老想别人的坏处，否则最后受伤害的只能是你自己。因此，要注意的是你想要的东西，而非你恐惧的、讨厌的、不想要的东西。

2. 掌控注意力的方法

注意力的掌控取决于两点：第一，你所问的问题；第二，你对事件所下的定义。

（1）正确自我问答，自我对话掌控自我人生。一个人每天从早上睁开眼睛，起床，一直到晚上睡着，平均每天要自问自答 4 000～6 000 个问题。当你在思考的时候就是在自问自答，在进行自我对话。你的自我对话能力决定了你的思维模式，导致了你产生不同的行为，造成了不同的人生结果。

生活中，很多人都不知道如何进行自我对话。他们说：我不想失败，我不想被人拒绝。我不想得癌症——他们总是告诉自己不要这个，不要那个，可是越是不要这些负面的东西，给自己头脑里输入的负面信息就越多。

一个人遇到挫折时总是问自己：我为什么这么倒霉？老天为什么对我这么不公？我为什么这么无能？我为什么老做不好这些事情？当你不断问这些问题的时候，你得到的都是会打击你的自信心和产生行为障碍的答案：我为什么这么无能？我从小就是这么无能！你问什么问题，就会得到什么答案。

思考是一个问答过程：

①问题可以立即转变你的注意力，进而转变你的心境或情绪感受。

②问好的问题有助于发掘你内在的成功资源。

③当发生不顺心的事情时，首先养成正确问问题的习惯。

养成对所发生事件的良好问话习惯，是迈向卓越人生的重要能力。会正确思考的人掌握了人生的主导权。

成功五问（每当发生不顺心的事情，你可以问自己）：

①这件事的发生对我有什么好处？

②我从这件事中学到了什么？

③我对这件事所下的定义是什么？

④我能做哪些事来让结果变得更好？

⑤我如何达成结果并享受过程？

（2）正确下定义。

①情绪与定义的关系。生活、生命的品质取决于你下定义的能力。对周遭事件的感受与情绪，源于我们对事件所下的定义。世界上任何事情都没有一定的定义，但我们常会对身边的每件事情下定义。定义下不好，就会产生负面情绪。事件与情绪本不相干，却由定义相连。

回想在过去这一段时间里，你觉得生活中发生了哪些事情？如果现在让你重播关于已经发生过的事情的 DVD，你仍然觉得它是负面的，对你有不好的影响，甚至你的情绪仍然觉得不顺畅，那就问问自己，到目前为止，你一直都为这些事情下了什么样的定义？肯定是不好的定义。

②重新定义。定义是自己下的，自己也可以修改。重新定义，是用意思相近但含义不同的新的字句，代替以往在陈述或总结中所使用的相应字句。

例如：老板骂你，感觉“不爽，人格被侮，被教训，被蔑视”，重新定义为“老板希望我更强，恨铁不成钢，有意成就我”。做生意赔钱了，可以定义为“无能”，也可以重新定义为“缴了学费”。再如：挫折→学会成长；困难→机遇；被拒绝→有更好的选择。重新定义，可以瞬间转换情绪、心境。

将重新定义聚焦于限制性判断或陈述背后的正面意图，有助于从问题框架转向结果框架。如顾客对某商品感兴趣，却说：“虽然我喜欢，但它太贵了。”售货员根据重新定义可以这样说：“你是说你认为这个标价太高，或者你关心能否负担得起？”用了两种方式重新定义“觉得它太贵”。第一种，用“标价太高”替代“太贵”。第二种，用“负担不起”替代“太贵”。两种形式都与原来的定义类似，但含义不同，重新定义后会将顾客的判断置于“反馈框架”中。

重新定义虽然是一种简单的方式，却能开启思考互动的新途径。如将“痛苦”重新标示为“不舒服”，“你有多痛苦”与“你有多不舒服”的效用不同。这种言语的更换经常不自觉地改变着人们对痛苦的感知。“不舒服”这样的字眼包含着“舒服”这一嵌入暗示，“痛苦”则没有这样正面的隐含意义。

③正面陈述。用正面字句的陈述替代负面陈述，是重新定义的常见例子。

a. 大脑不接受“不”字指令。人类的大脑有个奇怪的特点，就是不能接受含有“不”字的指令。

例如：点餐时说：“我不吃牛肉，不吃辣的东西，不要油炸的东西。”服务生只会问你：“那你想吃什么？”如果有人对你说：“你不可以想老虎，绝对不可以想老虎，大老虎不可以想，小老虎也不可以想，就算是白色的老虎也不可以想。总而言之，你不可以想老虎，不可以想老虎！”请检查一下自己，你正在想什么？你只能在想老虎！

大脑凡是收到含有“不”字的指令，总是把它删除。结果只有两点：你不想对方做的事，他偏偏做了；他不会去做你想让他做的事，因为你还没有告诉他。

基于以上的道理，这些句子没有意义：我不要紧张/你不要生气/他总是不合作/不要老是想着失败。要将它们转换成：我想放松/你先让自己平静一点/他是可以更合作的/想想如何能够成功。

利用大脑接受语言的规律，恰当地使用正面词汇，能够让我们目标明确、内心清晰，拥有力量感，因此活得更阳光、积极。

b. 用正面词汇进行正面陈述。语言显露一个人心态和思想的深层内涵，我们可以运用语言去改善别人的心态和思想，从而改变行为和结果。自我沟通时，词汇的影响力不可忽视。词汇主导人的思维模式。做事情时要懂得使用正确的词汇激励自己，把负面的情绪转换成正面的词汇。

用负面的言词做负面的陈述，就是用否定的方式说话。如“避免压力”和“变得更加轻松舒适”虽然用了完全不同的字眼，实际上是描述同一内在状态的两种方式。前一种描述的是不想要什么；后一种陈述的是想要什么。前者受制于问题框架；后者聚焦于渴求的结果。

要引发正面的陈述，需要这样提问：“如果（压力/花费/失败/浪费）是你不想要的，那么你真正想要的是什么？”或“如果能够避免或者去掉你不想要的，你会得到什么（或有何好处）？”

一旦发现了负面表述所蕴含的正面意图，并使用正面言词来陈述，批评就变成了询问，而可以选择的应对也会变得完全不同。例如：“那太贵了”可以变作“我们准备怎样支付它”；“这个想法永远不会实现”可以转化为“我打算怎么执行这个想法”；“这个计划不现实”可以重述为“我怎样让这个计划的步骤更切实、更具体？”；“这太费力了”的抱怨，可以转述为“我怎样让它更容易施行”。这些询问比负面的陈述更有建设性。

下面是一些负面陈述化为正面陈述的示例：

我害怕失败→我渴望成功；我不要再被人欺负→我要别人尊重我；我没有办法→我要试着从一个新的角度去看这个问题；这没有可能→我要找出一个突破的方法。

c. 察觉惯性词汇。词汇使用有惯性。有的人习惯使用不太好的词汇，通过这些词汇，会把本来很小的不顺心变得很不顺心。例如，朋友说了你几句，他使用的文字和语气让你感觉不舒服，你有点生气，感觉没受到重视，内心对此下了负面的定义。用错词汇会扩大负面情绪。如气死了、烦死了、恨死了、郁闷死了、饿死了、讨厌死了。本来只有7%的负面情绪，但说出来以后则是：“气死我了！”——7%的文字负面情绪+38%的语气负面情绪+55%的肢体语言负面情绪=十分生气。

在我们身边，不难听到一些类似这样的话，显示出说话人正陷于困境中：“我不要再被人欺负”“我没有办法”“这没有可能”。说负面词汇的人，在心态上容易将自己困在一个圈层中。

要察觉自己的惯性词汇，养成选择正面词汇、作正面陈述的好习惯。

3. 吸引力法则

吸引力法则是近年来流行于欧美的一种思想，意在帮助人们通过发现内心的力量实现目标。量子力学的研究表明，世上的万事万物都由能量组合而成，而能量就是一种振动频率，每样东西都有它不同的振动频率。振动频率相同的东西，会互相吸引而且引起共鸣。我们的意念、思想是有能量的，脑电波是有频率的，它们的振动会影响其他的东西。大脑就是这个世界上最强的“磁铁”，会发散出比任何东西都强的吸力，把和你的思维振动频率相同的东西吸引过来。你生活中的所有事物都是你吸引过来的，是你大脑的思维波动所吸引过来的。因此，你将会拥有你心里想得最多的事物，你的生活也将变成你心里最经常想象的样子。这就是吸引力法则。

可以这样来理解吸引力法则：无论你的注意力或能量集中在哪个方面，无论这种注意力或能量是消极的还是积极的，你都在吸引着它们成为你生活的一部分。

2006年，朗达·拜恩（Rhonda Byrne）制作的电影《秘密》（*The Secret*）让“吸引力法则”的概念风靡全球。

（三）提升自我价值

1. 自我价值不足的行为模式

自信、自爱和自尊统称为“自我价值”，是每个人建立成功快乐人生的资本。一个人的自我价值，是在其出生后的整个成长过程中凭着人生经验的累积而发展出来的。自我价值不是仅凭时间便能发展出来的，它取决于对每次人生经验所做出的总结，取决于个人内心对事物的主观判断，其基础是这个人的信念系统。一群人在同一个环境里成长，虽然有类似甚至共享的人生经验，但是因为各自的信念系统不同，对事物的主观判断也会有所不同，因而发展出来的自我价值也有高低。

自我价值不足就是自信、自爱、自尊不足。自我价值不足的人，不是刻意炫耀自己的力量，就是努力地企图减少别人的力量。他们的行为模式大致有以下三类：

（1）故意做一些事情，使人以为他的力量很大，或者找一些以为代表力量的东西企图使自己的力量分数增加。

（2）喜欢不劳而获或以小博大地增加自己的力量。

（3）做些伤害、破坏、诋毁别人的行为，以为可以把别人拉低下来，跟自己一样高。

2. 自我价值不足的深层原因

限制性信念是自我价值不足的深层原因。妨碍成长的信念有以下几种类型：

（1）使自己失去学习机会，因而不能有所提升的信念。如“他哪里会有什么好主意”“你没有资格教我”“你是什么身份，竟敢对我提意见”“这样做不会有用”。

（2）使自己留在原地，停滞不前的信念。如“在这个环境里，我们应该知足”“今天已经这么辛苦，哪有时间去想明天的事”。

（3）减少自己有更多选择的可能性，限制本人能力发挥的信念。如“我不应该那样冒险”“以我的身份，怎能随便上前跟他谈话”“做人要知足，不要妄想”。

（4）把责任交给其他的人、事、物，因而自己无能为力的信念。如“是他不对嘛，为什么要我改变”“人在江湖，身不由己”“这样的环境，我还能做些什么呢”“他们不做，我也没有办法”。

（5）把原因归结为一些不能够控制的因素，因而不能挑战或者改变的信念。如“这是天意，没有办法”“我天生就是这样，没办法”。

（6）维持自己“没有资格”身份的信念。如“我哪会那么幸运”“做到像他那样成功？你不是说笑吧”。

其中最严重的是以下三类限制性信念：

（1）无能为力。无能为力是指没有能力做到的信念，如“我不能专心”。

（2）没有可能。没有可能是指无论你能力如何，渴求的目标都不可能实现的信念，如“我这个病不会好了”。

（3）没有价值。没有价值即认为自己不配得到渴求的目标的信念，如“我的命就是这样，就应该受苦”。许多限制性信念都没有回答“如何/怎样”式问题的结果。如果一个人不知道怎样改变他的行为，就很容易建立一个信念：“这个行为无法改变。”如果一个人不知道如何完成某项任务，他也会产生这样的信念：“我没有能力完成工作。”要帮助一个人转换限制性信念，回答一系列“如何/怎样”问题就很重要。

3. 培养自我价值的方程式

先建立起自信，才能建立自爱；有了自爱，才能建立自尊。自信就是信赖自己的能力。能力带给一个人正面的价值，任何能带给自己价值的东西自己都会爱护它。对它有了爱护的心，才会尊重它的存在。

自信就是“信赖自己有足够的能力取得所追求的价值”，因此自信的基础是“能力”。“能力”的基础是“经验”，“经验”的基础是“尝试”，“尝试”的基础是“感觉”。“感觉”就是想去尝试的内心状态，也就是自信的最基本的原动力。

没有“想去尝试”的感觉，不会去做第一次的尝试，就不能有任何的经验累积，也就不能发展出做事的能力。“经验”不一定是成功的，也有可能是失败的经验。失败的经验也会带给我们知识和能力，因为成功与失败从来都不是对立的。

自信的基础是“能力”，但是能力本身不一定会产生自信。犯罪行为，问题少年的打斗，都显示出过人的能力，但同时表现出缺乏自信。能力必须经过肯定才能变成自信。

自信是成长过程中经过不断的肯定而建立起来的，或来自本人，或来自他人，最好是两者都有。若长期只有一种肯定，自信甚至会减少。

培养自我价值的第一个方程式：

感觉→尝试→经验→能力→（肯定）→自信→自爱→自尊

对于自我价值不足的人，帮助他们重新培养出自我价值的方法只有一个，便是制造机会，让他们多做点事，让他们多得到些肯定。事实上，这个方法就是反复地运用上面的方程式。

第二个培养自我价值的方程式可以弥补第一个方程式的不足：

多做→多做到→因多做到而得到肯定

因此，最能帮助一个人提升自我价值的方法是制造机会，让他多做、多做到、因多做得到而得到肯定。

拓展训练

一、选择题

1. 西装穿着的三大禁忌包括（　　）。

A. 袖口上的商标没有拆　　B. 在正式场合穿着夹克打领带

C. 正式场合穿着西装、套装时袜子出现问题　　D. 西装没有熨平

2. 关于握手的礼仪，下列描述不正确的有（　　）。

A. 先伸手者为地位低者

B. 客人到来之时，应该主人先伸手。客人离开时，客人先握手

C. 下级与上级握手，应该在上级伸手之后下级再伸手

D. 男士与女士握手，男士应该在女士伸手之后再伸手

3. 递送简历等求职应聘材料的方式是（　　）。

A. 双手或者用右手　　B. 双手

C. 右手　　D. 左手

4. 递接简历或名片时应当注意字体的（　　）。

A. 正面朝向对方　　B. 侧面朝向对方

C. 反面朝向对方

5. 要进入职场前，需要明晰的问题有（　　）。

A. 什么样的公司适合我　　B. 什么样的岗位适合我

C. 我足够了解自己吗　　D. 我足够自信吗

6. 谈来公司应聘的理由，要从内在动机谈，内在动机包括（　　）。

A. 公司的企业文化　　B. 个人爱好

C. 公司福利高　　D. 个人专长

7. 新进入一家公司，你需要了解（　　）。

A. 企业的文化、老板的风格　　B. 客户群、业务区域

C. 企业的产品、营销模式　　D. 企业的决策机构和决策流程

二、判断题

1. 在公司面试，通常第一个问题是："你好，请你做一个自我介绍。"你需要重点介绍自己的姓名、年龄、所学专业等。（　　）
2. 以书面形式向你的领导汇报工作，要以自己熟悉的格式来编辑文件，以达到最好的沟通效果。（　　）
3. 如果领导或老员工在工作上欺负你是新人，不要指望谁为你讨公道，默默努力，使自己变得更强大。（　　）

三、简答题

1. 请分析你自己的优点、缺点。
2. 以一个你未来想从事的职业为例，谈谈如果去面试，应该如何穿着？
3. 你到一家公司，你认为在一个月内应该了解公司的哪些内容？

模块2 会倾听才会做事

在职场中，倾听是最基本也是最重要的一项沟通技能。只有先学会倾听，我们才能了解到同事、领导、客户的需求，才能提出有意义的意见。学会倾听其实是一门艺术，是一个学习的过程。我们在职场中磕磕绊绊，学会倾听会成为我们在职场中游刃有余的一把利器。

在职场沟通中，听比说更重要！倾听不仅是用耳朵听的生理行为，还是要用心参与的沟通行为。本模块将会从倾听的含义、倾听的作用、倾听的意义及最为重要的倾听技巧等几个方面指导你去学习和思考。

模块案例赏析

一、你会“听”吗？

案例 1.1　倾听只用耳朵就可以做好吗？

职场故事

世界最伟大的推销员

乔·吉拉德（Joe Girard）被誉为当今世界最伟大的推销员，连续 12 年平均每天销售 6 辆车，这一记录至今无人能突破（图 2-1）。

乔·吉拉德说：“有两种力量比较伟大，一是倾听，二是微笑。”其中有一件事让他终生难忘。在一次推销中，乔·吉拉德与客户洽谈顺利，就要签约成交时，对方却突然变了卦——快进笼子的鸟飞走了。

当天晚上，按照客户留下的地址，乔·吉拉德找上门去求教。

客户见他满脸真诚，就实话实说：“你的失败是由于你自始至终没有听我讲的话。就在我准备签约前，我提到我的独生子即将上大学，而且提到他的运动成绩和他将来的抱负。我是以他为荣的，但是你当时却没有任何反应，而且转过头去用手机和别人打电话，我一恼就改变主意了！”

《哈佛商业评论》说：“听，其实是我们有待开发的潜能。”

人物生涯

- 9 岁：擦鞋、送报
- 16 岁：辍学，成为一名锅炉工
- 22 岁：成为建筑师
- 35 岁：破产，负责高达 6 万美元
- 38 岁：打破汽车销售吉尼斯世界纪录

图 2-1　乔·吉拉德

故事简析

倾听是一种情感活动。倾听虽然以听到声音为前提，但更重要的是我们对声音必须有所反应，必须有主动参与的过程。在这个过程中，我们必须思考、接受、理解，并做出必要的反馈。同时倾听的对象，不仅局限于声音，还包含理解别人的语言、手势和面部表情等。乔·吉拉德没有认真捕捉客户表达的信息，没有倾听。客户因为感觉不到他的尊重而放弃与他的合作。

方法解析

问题 1：“倾听”和“听”是一回事吗？

管理者每天花费大量时间用于宣讲自己的观点和决策的同时，投入更多的时间用于倾听其他人的看法和意见。美国宾夕法尼亚大学的尼古拉斯（Nicolas）教授和施特费斯（Steves）教授

认为，一般人每天有70%的时间用于某种形式的沟通，而在人们用于沟通的所有时间中，40%用于倾听，35%用于交谈，16%用于阅读，9%用于书写（图 2-2）。

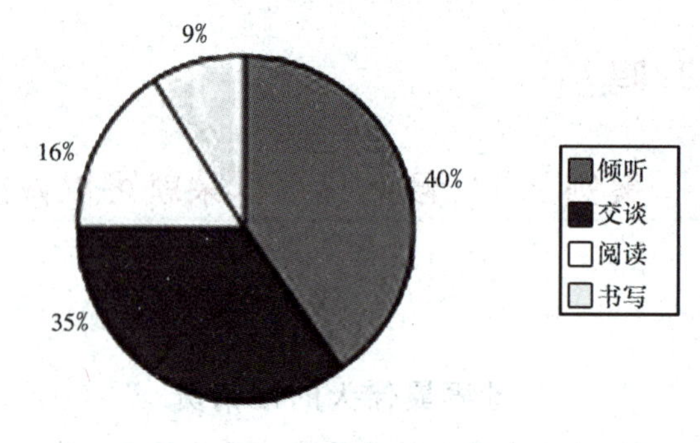

图 2-2　沟通行为比例

调查发现，倾听在沟通中占的比重是最大的，达到了40%。因此，人们花费在倾听上的时间应该远超其他沟通行为。研究发现，我们一分钟能说200多个单词，但是可以听500多个单词。

倾听如此重要，可大家都会倾听吗？“倾听”只用耳朵就可以做好吗？“倾”和“听”是一样的概念吗？

很多人可能会说，“倾”和“听”不是一样的嘛，都是用耳朵去听，难道二者之间有很大的区别吗？

在沟通中，“倾”与“听”是两个互相联系而又有区别的概念。听是人对声音的生理反应，是人的本能，具有被动的特征。只要你的听觉器官是完整的，你就能听，你就不得不听——有时被噪声干扰得心烦意乱，想不听还不行，你得关窗户，堵住耳朵；要想成为善于学习的人，有人特意到闹市去看书，通过后天的努力，提高抗干扰的能力和专注的能力。

依据这种理解，我们可以看出，并不是所有听觉完整的人都会倾听。例如，下面一些类型的人就是不会倾听的人。一种人，他用迟钝的目光看着你，一心一意地在想着自己接下来该说什么，他对你所说的话一点也没有听进去，还在你讲话的过程中不断地打断你，说些与你刚才说的没有联系的话。另一种人，他先前对你说：“如果有任何问题的话，可随时找我帮忙解决。”当你真的去找他时，他却把所有的时间都用在谈论他自己的问题上。一种人抱怨每次讲座，在讲座开始5分钟后就不听了，虽说没有睡觉，却总是在抱怨没意思和浪费时间。还有一种人，在某个发言人刚说完坐下时，就对坐在他旁边的人说：“这个人对他自己所说的话其实并不懂，我不能容忍这种装腔作势的人!”这几种人都必须通过学习才能掌握倾听的技巧，学会倾听。

问题 2：什么是倾听呢？

国际倾听协会是这样定义的：倾听是接受口头及非语言信息、确定其含义和对此做出反应的过程。

倾听必须以听为基础，但它是一种特殊形态的听。首先，它是人主动参与的听，人必须对声音有所反应，或者更详细地说，在这个过程中人必须思考、接受、理解，并做出必要的反馈。其次，它必须是有视觉器官参与的听。没有视觉的参与，闭上眼睛的听，只有耳朵的听不能称为倾听。在倾听的过程中，必须理解别人在语言之外的手势、面部表情，特别是眼神和感情的表达方式，简而言之，就是非语言信息。

在倾听的过程中，我们不仅要听到对方所说的话语，同样不能忽视不同的重音、声调、音量、停顿等因素。如说话人适当的停顿，会给听话人一种谨慎、仔细的印象；过多的停顿会给人一种急躁不安、缺乏自信或不可靠的感觉。说话的音量不同也会让人区分说话者愤怒、吃惊、轻视或怀疑等不同的态度。

除了耳朵听到的，视觉接受到的信息也属于倾听的内容。我们说的话往往由于不同的说话方式而具有不同的意义。举个例子，当你听见你的女友对你说："讨厌"，如果她的神色娇羞，语调柔和，你应当欣喜若狂，切不可像个傻瓜一样低头走开，她其实正在向你撒娇；但如果她横眉冷目，语调漠然，你应该当真，切不可像个傻瓜一样没有反应，她其实是对你生气了，你应该好好哄哄她。

通过以上讲解，我们来回答刚才的问题，很明显，倾和听是不同的概念，倾听不仅需要耳朵，还需要视觉器官的参与。倾听不同于听，它不是人的本能，只有通过后天的学习才能获得。

案例分析与思考

迟到的倾听

在一家大食品公司，许玲负责的部门支持销售部的工作，包括客户的信用评估、账款的收回、销售费用的审核支付、促销活动的控制等。虽无具体销售指标的压力，但工作难度是很大的。第一，一方面做到严格控制，另一方面要提供大力支持。二者发生矛盾时，合理的度是很难掌握的。第二，当销量不好时，销售部会找出种种借口来指责他们支持不力，以推脱责任，例如：信用评估太程序化，致使一些大订单消失；销售费用审核及支付的流程太烦琐，导致费用支付不及时，影响了与客户的关系；促销活动的控制缺乏灵活性，增加了促销活动的难度。第三，初始投诉发生时，领导还会为许玲的部署解释，但多数的投诉却使老板只能把许玲管理的部门当替罪羊，解雇当事的员工，以示公平、公正，以表明他们改变部门工作状况的决心。

许玲的部门来了一位应届的大学毕业生张林，他给许玲留下了聪明、诚实、积极、进取的良好印象。许玲对他寄予厚望：希望他能缓解销售部之间的紧张关系，能给她所管理的部门带来新的活力，增强团队的凝聚力。

许玲改变了对新成员的培训方法。以往团队有新成员加入时，许玲会给两周的适应期。在此期间，给他们看一些与工作相关的资料，并且抽出一定的时间与他们交流，让他们在正式工作前对工作环境、工作内容、工作职责、工作流程有一个大概的了解，以便较快熟悉业务。但这种培训方法表现出了不理想的效果。因为两周纸上谈兵的学习并不能完全适应复杂的工作状况，与新人合作的同事会认为他们不善于学习和适应能力差而不愿与之合作，以致使员工不能通过试用期，只好重新招人，开始新一轮的培训。

鉴于这个原因，以及工作上急需人手，许玲这次只用半天时间让张林了解公司的有关制度、工作职责、工作流程，就安排他上岗。此外再加上承诺：工作上遇到任何问题都可以随时来找她，她一定会给予必要的帮助。许玲认为这种新的培训方式可以让张林更容易发现问题，提高适应能力，可以降低同事对张林的要求，更乐于帮助和谅解他。

但许玲忽视了这种放任培训方法可能会带来的不良后果。许玲没有想到张林产生了不被关心、不受重视、被遗弃的感觉；没有想到他不愿意把这种感受告诉仅仅比他大一岁且作为女性的她；没有想到他出于自尊，宁愿尽量自己去想办法、找答案。许玲只看到张林出色的学习和适应能力，以及工作被同事一致认同。许玲对这平静表面留下的危机根本看不到，没有产生要去倾听他的想法。

在张林熟悉工作之后，许玲又给他设计了一个新的学习机会，把其他人的业务转交给他，以表示对他能力的认可和信任。但想不到张林产生了许玲偏袒其他同事和其他同事欺负他的感觉。她只以为他会更开心、更努力地工作。但没有想到在做出这种非常安排之前或之后，应与他进行正式或非正式的沟通，她没想到她又犯了一次错误。

此后，在非正式场合，许玲和张林之间也有过一些交流。如下班了，同事都收拾好东西走人了，他还在加班。许玲去问原因，他开玩笑地说："因为你偏心，把工作都交给我，我来不及，只好加班了。"许玲也开玩笑地说："那是因为你还没上手，效率太低。"例如，午间休息时，他抱怨工作太多，其他同事都太舒服了。许玲只是开玩笑地说："你是男生，不要老是抱怨。团队里都是女孩，你要多担待一些。"其他人也都帮着这样进行不合理的解释，张林也就不辩解了。由于是非正式场合，而且人在工作不顺利时也会经常抱怨，许玲并没有认真对待这些抱怨，也忽视了这些抱怨后面的潜台词。没有与张林做更深的交流，这让他很失望。不善于倾听使许玲又犯下了一次错误。

张林顺利地通过了试用期的考核，成了一名正式员工，他认为许玲应对他前一段的工作做一个评价，提出对他今后的期望，了解他对自己职业的设计，帮助他展望在公司里的发展前景，在他们之间做一次深入地沟通。可是许玲再次忽略了他，再次失去了沟通的良机。

就在许玲对团队的工作效率和人员稳定感到高兴时，张林提出要离职。许玲感到惊讶万分。他们终于做了一次深入地沟通，许玲做了一次真正的倾听，才了解到他以上的那些想法。许玲为自己的过失做了检讨。可是为时已晚，他已决心去另一家公司。许玲为自己的团队失去了一名优秀的成员感到遗憾，并为自己的所作所为感到懊悔。

问题讨论

(1) 许玲错过了几次与张林的沟通？每次不能去倾听或未能形成有效倾听的原因是什么？

(2) 一些人认为自己很开朗，与下属的关系也很融洽，非正式沟通非常流畅。因此，认为下属有问题会主动来与自己沟通，自己无须与下属主动沟通。你认为这种想法对吗？为什么？

(3) 一种观点认为，应当重视非正式沟通中的信息——在非正式场合，下属能抛开心理压力，畅所欲言，不怕说错，相信容易得到谅解，因此非正式沟通中传递的信息有时会更真实地表达他们的想法。另一种观点认为，不应当重视非正式沟通中的信息——它产生于非正式场合和随意的表达方式之中。你认为哪种观点是对的，为什么？

(4) 为什么说平静的环境对管理者提出了更高的要求？在平静的环境中管理人员应该怎么做？

案例 1.2 倾听只为了获取信息吗？

职场故事

电话公司"调解员"

有一家电话公司应付过一个咒骂接线生的顾客。他咒骂、发狂，还恫吓要拆毁电话，他拒绝支付某种他认为不合理的费用，他写信给报社，还向管理部门申诉，并使电话公司遭遇数起诉讼。

后来，公司中的一位富有技巧的“调解员”被派去访问这位暴戾的顾客。这位“调解员”静静地听着，并对其表示同情，让这位好争论的老先生发泄他的满腹牢骚。

“他喋喋不休地说着，我静听了差不多三小时，”这位“调解员”叙述道，“之后我再到他那里，继续听他发牢骚，我访问他四次，在第四次访问完毕以前，我已成为他正在创办的一个组织的会员，他称之为‘电话用户保障会’。”

“我现在仍是该组织的会员。有意思的是，就我所知，除某先生以外，我是世上仅有的会员了。”“在这几次访问中，我静听，并且同情他所说的任何一点。我从未像电话公司其他人那样同他谈话，他的态度几乎变得友善了。我要见他的事，在第一次访问时，没有提到，在第二、第三次也没有提到，但在第四次，我结束了这一案件，使所有的账都付清了，并使他在与电话公司为难的经过中，第一次撤销他向管理部门的申诉。”

故事简析

一个挑剔的人，甚至激烈的批评者，也会在一个忍耐、同情的静听者面前软化降服。无疑，故事中某先生自认为正义而战，保障公众权利，不受无情的剥削，但实际上他要的是尊重感。由此可见，当你遇到麻烦时，有时候你需要做的就是成为一个善于倾听的人，鼓励别人谈论他们自己的观点。

方法解析

问题 1：倾听只是为了获取信息吗？

答案肯定是否定的，倾听的确可使你获取重要信息，拥有你需要的全部信息，但这不是倾听的全部作用，这仅仅是倾听的主要作用之一。通过倾听，我们可以了解对方要传达的消息，感受对方的感情，能够适时和恰当地提出问题，澄清不明之处，或是启发对方提供完整的资料。为了解决问题，尽可能多地获取相关信息是十分必要的。

有人会问，现如今在信息发达的自媒体时代，我们可以通过报刊、文献及上网等途径获得信息，有必要认真倾听吗？当然有必要啊，因为倾听可以使你获得最新信息。一个随时都在认真倾听别人讲话的人，可在闲谈之中成为一个信息的富翁，因此我们常说：“听君一席话，胜读十年书。”

问题 2：倾听有哪些积极作用？

(1) 倾听对他人是一种鼓励，当我们心情不好的时候，总是习惯找自己的好友倾诉一番自己的苦恼，在这个过程中，哪怕对方什么都不说，只是认真听你倾诉，你也会感到心理安慰，内心受到鼓励。

(2) 倾听通常能改善人们的关系。倾听的时候，你将更好地理解对方，而你对他人的讲话感兴趣会使他们感到愉快。这样，你们的关系会改善。认真倾听还是给人留下良好印象的有效方式之一。

(3) 倾听能锻炼自身的能力和掩盖自身的弱点。俗话说，“沉默是金”“言多必失”，沉默可以帮助我们掩盖若干弱点。如果你对别人所谈的问题一无所知，或未曾考虑，倾听就可以掩盖你的无知及你的准备不充分，这样你就获得了一个喘息的机会。

(4) 倾听可以调动人的积极性。善于倾听的人总是能及时发现他人的长处，提高对方的自信心和自尊心，加深彼此的感情，激发对方的工作热情。

(5) 倾听可使人善言和更有利地说服对方。只有善听才能善言，只有善听才能更好地说服别人，你能从他人的讲话中发现他们的出发点和弱点，发现是什么让他们坚持己见，从而找到说服对方的契机。

(6) 倾听有助于解决问题。积极倾听可以使管理者做出正确决策，尤其对于缺乏经验的管理者，倾听可以减少错误。日本的松下幸之助在创业之初，公司只有 3 人，因为注意征询意见，随时改进产品，确立发展目标，才使松下电器达到今日的规模。仔细倾听也能为对方解决问题，例如，当你遇到一个在两份工作上难以做出选择的朋友时，你只需在他进行利弊分析的陈述中静静地倾听，偶尔在关键的地方予以启示就会起到画龙点睛的作用。也许你什么意见也没提供，但他会觉得你给了他宝贵的意见，帮助他完成了艰难的选择。因为他什么都已想到了，他所需要的只是你的倾听。

案例分析与思考

认真倾听对手讲话

有一次，大卫·奥格威（Darid Ogilvy）去拜访一位年事较高的美籍俄国人亚历山大·柯诺夫（Alexander Konoff），他靠生产拉链赚了钱。在领着奥格威参观了他在奈瓦克的工厂之后，柯诺夫让奥格威搭乘他的凯迪拉克轿车回纽约。奥格威注意到，柯诺夫手里拿着一本《新共和》，这种杂志在当时只有很少的订户，于是他发问道："您是民主党还是共和党？""我是社会主义者。我曾积极参加俄国革命。"

听得出来，柯诺夫对自己过去的经历颇为自豪。

"那您认不认识克伦斯基（Kerensky）？"奥格威又问。

"不是那次革命，"柯诺夫轻蔑地说："是 1904 年的革命。在我还是孩子的时候，我要赤着脚在雪地里走 5 英里（1 英里≈1.61 千米）去一家卷烟厂干活。我的真名是卡冈诺维奇（Kaganovich），联邦调查局以为我是政治局里的那个卡冈诺维奇的兄弟。他们搞错了。"他大笑起来，过了一会儿，又接着说："我刚来美国的时候，在匹兹堡当机械工，每小时挣 50 美分。我的妻子是绣花工人，她每周能绣出 14 美元的活，可是从来没有得到过工钱。"

这位颇为自豪的百万富翁接下去又告诉奥格威，在列宁（Lenin）和托洛斯基（Trotsky）被流放期间，他和他们过往甚密。奥格威只是静静地听着，结果他得到了这个客户。

问题讨论

奥格威是如何赢得客户的？

案例 1.3　换个角度去倾听是个办法！

职场故事

小张的困境

小张来公司有 6 年了，前 4 年的业绩一直不错，但近 2 年由于市场、人员等原因有所下滑，她的压力前所未有地大，因为她自己是个要求颇高的人，很不愿意面对这样的境况。

市场原因她能接受，也采取了较多的方法去应对，但人员问题比较严重，人是她一手提拔的，但似乎并不能很好地胜任工作。

针对团队，她也进行了各种尝试，都没有明显效果。最后求助她的领导，可领导由于业绩的事情又没了好脸色，每次不待她说完，就扔过来一句话："反正人是你挑的，你自己就要承担后果。"

她得不到任何的实际帮助，业绩的压力又逼得人喘不过气来，于是想到了离职。

公司的大领导从小张领导那里得知这个消息后，找她谈了一次话。

正是这次谈话，让她打消了离职的念头，着手整顿团队，业绩终于又有了起色。

原因在哪儿呢？当有人猜测是不是因为涨工资的缘故时，她淡淡地笑着说道："因为领导认认真真地听完了我想说的所有的话，并在关键点上给了建议。至于涨工资，那是真没有。"

虽然有人表示不信，但她都不再解释，只专注做好自己的工作，并在处理员工关系时，更多地运用了倾听的方式！

故事简析

现在的职场中，大家都很忙，难得能够静下心来认真地倾听一个人说完所有的话；更多的时候，甚至在别人才说了一半时，就不耐烦地打断对方的话，然后急于表达自己的观点。小张的经历就告诉我们，正确地运用倾听技巧可以在职场中解决很多棘手的问题。

方法解析

问题 1：增进倾听技巧的 10 个方法。

良好的倾听在任何形式的沟通过程中都是一个非常重要的环节。倾听如此重要，那么如何才能成为一个良好的倾听者呢？其实最简单的部分也许就是专心。下面几个技巧都有助于专心，会为我们成为良好的倾听者提供很大的帮助。

1. 准备好去"听"

倾听，不是一种被动的技巧，而需要积极付出努力。沟通是双向的过程，所以我们跟述说者一样负有责任。"准备好"也就意味着建立正确的态度，愿意去维持注意力，增加警觉性和理解力，并且拥有相关的背景知识。事前做一些准备工作，让自己有个基础和头绪。

2. 感兴趣

对所讲的内容是否感兴趣，听者有一半的责任。注意找出信息中与你个人、工作或志趣相关的地方。任何消息在任何时间都有可能对你有意义。这时可以自问："哪些内容对我有用？我可以如何利用我自己或向他人学到的东西来提供更好的服务、提升士气、更有效率？"

另外，表现出感兴趣的样子也是非常重要的，毕竟没有人愿意对着"一堵墙"说话。换位思考一下，想想自己会有什么感觉？

3. 心胸开阔

"心胸开阔"的真正含义就是能清楚地知道自己有哪些偏见。不要因为这些信息与你的信念、态度、理念和价值观有冲突就感到被威胁或侮辱。也不要立刻就排斥这些信息。"心胸开阔"也意味着我们不会在意说话者的外表和表达方式。如果你知道自己有哪些成见，就更容易控制这些成见所带来的影响。不要急着下结论，这样做可能会因此错过听到真相的机会。

4. 听出重点

学会接受事件的全部信息，从中听出重点，试着去区分事实与原则、理念与案例、证据与理由。听出重点的能力，取决于辨认信息结构、过度语言与重复部分的能力。重点内容可能会出现在开头、中间或者结尾，所以要时时留意。如果说话者给出概况或总结，这部分内容就需要专心听。

5. 批判性倾听

对说话者提出的假设与理由带着中立而批判的态度，仔细衡量各种证据的价值与主题背后的逻辑基础。

6. 避免分心

人的注意力是会不断起伏变化的，经验告诉我们，分心其实是很容易的事情。因此我们必须要刻意去集中精力，专心听述说者讲话。

7. 做笔记

好记性不如烂笔头，如果所说的事情很重要，最好把重点内容简单地记录下来，以免事后忘记。不过记笔记可能会让你分心，所以这方面有必要灵活一点，也可以专心听完，之后再整理笔记。

8. 协助说话者

表现出对于谈话感兴趣对说话者是一种帮助。对说话者做出适度的“反应”也是对说话者的帮助。这些“倾听者的反应”就是用非常简短的回答或动作，让说话者感到你的确在用心听，而且对当前的话题有兴趣，希望其继续说下去。听者的这些反应通常适合在说话者停顿时出现，一定要安静而简短，注意避免打乱说话者的思路。

9. 对说话者进行回应

所谓的“回应”就是上一条所讲的“倾听者的反应”。在沟通的过程中，这种做法非常有价值。这样的响应能够让说话者感受到你真的在倾听他的讲话。同时，你也可以借此确认自己是否真的听懂对方的含义了。

10. 不插嘴

当好一个倾听者最难的地方就是克制自己想要不时插嘴的冲动。即使对方暂时停顿了，也并不代表他已经说完了，所以一定要有一点耐心。

以上十条技巧可以帮助我们增进倾听的效果，让我们成为一个优秀的倾听者，以完成一个良好的过程。良好的倾听能够鼓励对方将整个事件的全部信息讲完，可以让我们得到一套完整的信息并从中找出重点。这有助于我们彻底地理解对方，增进沟通各方的关系，为寻找合适的问题解决方案打下良好的基础。

（来源：简书链接：https：//www.jianshu.com/p/2277416fe217）

问题 2：应该如何进行有效的情感移入式倾听？

情感移入式倾听是指一个人理解另一个人说话的真实意图以及所带的情感，并将他的理解反馈给说话人。情感移入式倾听的目的在于理解对方，站在对方的角度理解他的思维模式和感受。情感移入式倾听要的不只是听语言，还要听到对方的语调和声音，观察他的表情和肢体语言，体会他的感受和情绪，它的本质是心与心的交流。有下面七个技巧点。

1. 不做任何判断

不试图解决问题。有时人们需要的是同理心而不是建议。暂时放弃自己的意见，专注于对方的观点和情感。这并不意味你需要同意对方说的一切，只是让他们知道你关心他们的感受。

2. 耐心等待

不要害怕沉默。有时对方会跟你说“我跟男友处得不好，我感觉很糟，但不太确定如何说明。”这时她需要的是安静的陪伴和耐心等候。

3. 表明“你在仔细听”

运用支持性的肢体语言，如眼神接触、点头等，明确表达你的注意力正集中在这段谈话上。

4. 重申并解释对方的话

进行同理心的倾听没有脚本可供演练，只能根据当下的情况和时刻做出回应。保持那种无自我判断和尊重的精神，如果一时不知道怎么回应，先重复并解释对方的话。

“你感觉很糟，是因为他最近态度冷淡吗?”

“不确定怎么说的话，先举个例子呢?”

5. 给予同理回馈

当你引导对方讲出一些细节，接着可使用这个技巧。

“他这么做，难怪你会伤心。”“这段时间你应该很辛苦。”这会鼓励对方告诉你更多讯息。但如果你说：“我不太懂你的心态。”“听起来还好啊，没有很严重。”这段对话就难以延续。

6. 同理非“怜悯”

提供同理，但不要怜悯。“我觉得你很可怜。”这种话代表你没有站在他同样的角度去体会他的感受，只会让对方感觉更糟。

7. 适度追问

“他还做了什么让你不开心的事吗?”

“你们现在还是冷战中?”

虽然你不必急着给予建议，但可以适度追问看对方是否还有其他困扰。能够掌握这些技巧的人，你会发现他们其实在整段对话中的发言量不多，因为真正疗愈人心的安慰与鼓励的话绝对是重质不重量。

案例分析与思考

奥斯特曼的会议

联合制造公司总经理奥斯特曼对随时把本公司经济上的问题告诉雇员们的重要性非常了解。她每月向所有雇员发出一封定名为“来自总经理部”的信。她在出现重要情况时还随时召集各部门的负责人开会，让他们感到自己确实是管理部门的成员，并参与了重大决策的制定。

现在，她看到，由于市场价格不断跌落，公司正进入一个困难时期。她适时召开了各部门负责人会议。在会议上她做了全面的讲话。

“首先，我们需要具有积极思想的人、通力合作的人。我们需要使生产最优化，在考虑降低成本时，不能对任何一个方面有所疏忽。为了实现降低成本的应急计划，我从公司外聘请了一个高级生产经理。”

“我们要做的第二件事是最大限度地提高产品质量。质量就是一切。每部机器都必须由本部门的监督员按计划进行定期检验，只有经过监督员盖章批准后，机器才能开始运转，投入生产。在质量问题上，再小的事情也不能忽视。”

“在我的清单上列的值得认真考虑的第三个问题是增强我们推销员的力量。顾客是我们这个企业的生命线，尽管他们有时不对，我们还是要态度和气地、灵活地对待他们。我们的推销员必须学会做生意，使得每次推销都有成效。公司对推销的报酬办法是非常公正的。”

“最后，我要谈谈相互配合的问题。这对我们来说，比其他任何问题都更加重要。要做到这一点，非齐心不可。领导就是配合，配合就是为同一目标共同努力。你们是管理部门的代表，是领导人，我们的目标你们是知道的。现在让我们一起努力工作，并快速地把我们的这项复杂的事情搞好吧！要记住我们是一个愉快的‘大家庭’。”

她发表完意见以后，以严厉的目光向在座的人们扫视了一下，似乎是在看是否有人敢讲什么。没有一个人说话，因为他们都知道，发表任何意见都会被她看成持有不同的意见。

奥斯特曼结束了她的讲话，参加会议的人都站了起来，静立在各自的椅子旁边。奥斯特曼收起文件，离开会议室朝她的办公室走去。

来源：《商务沟通》P30　黄漫宇　编著

问题讨论

奥斯特曼存在哪些沟通问题，应如何改进？

二、职场的弦外之音！

案例　话不说透要听懂

职场故事

女客户的特别要求

一家仓储服务公司的经理陪同一位有意向的客户参观公司的仓储库房。这位客户即将有一大批设备要暂存，她对该公司的存储设施感到满意。就在经理觉得大功告成之时，女客户突然说：“我们要求将货物按不同生产日期分别堆放。”经理有些惊愕，因为无论按技术要求，还是取货便利，都是按货物型号种类储存更好。但他随即回答：“好的，我们会努力给客户提供一切便利。”女客户满意地点点头说：“那就这么定了。非常感谢你们的理解，我已经联系过五个别的仓储公司，可它们无一例外地想劝说我们按货物型号分类，说这样可节省不少空间和时间。”

故事简析

与客户沟通重要的不是你口若悬河的天分，而是洗耳恭听的本领。要鼓励、欢迎顾客投诉，顾客的抱怨经常是反败为胜的良机，处理顾客的抱怨常常是与顾客建立了更深一层的关系。对待顾客要有的放矢，对顾客了如指掌，随机应变留心顾客的真正需求——从倾听中发现、唤起以至创造顾客对产品和服务的需要，以实现成功的销售。

方法解析

在离开学校之后，大多数人都会进入职场，我们会与形形色色的人打交道，这些人中肯定包括我们的客户和上级。众所周知，在职场上，这两类人与我们的工作业绩和职业晋升息息相关。

问题 1：面对客户，如何倾听？

倾听是对客户最好的恭维。美国汽车销售员乔·吉拉德被大家称为世界上最伟大的销售员，他成功的秘诀之一就是倾听。他说过，世界上有两种力量非常伟大，一是倾听，二是微笑。销售员对客户倾听得越久，客户越是愿意接近他们。相反，如果销售员喋喋不休，那么就会引起客户的反感，他们的业绩总是平平。这是因为，倾听能够让客户感到自己受到了尊敬，可以说倾听是对客户最好的恭维。当你耐心倾听客户说话时，客户自然会喜欢你、信任你，那么你获得成功的机会就会更大了。

当你感觉到客户要说什么时，应该凑上前去表现出认真且耐心倾听的样子，在听的过程中，注意力要集中，千万不要东张西望。你回答问题时，表情也要自然，双目始终注视着客户，因为这种眼神的对视接触能够向客户传达这样的信号：我们在真诚、仔细地听你讲话呢！当然，在与客户交谈时，你要尽可能不被客户牵着鼻子走，而是要把话题的主动权掌握在自己手里，要努力从倾听中发现、唤起以至创造客户对产品和服务的需要，从而实现成功的销售。

问题 2：在与上级打交道时，我们又该注意什么？有哪些倾听技巧呢？

如果你想得到上级的赏识，甚至能对他施加影响，仅仅在他说话时保持沉默是做不到的，你必须学会做一个“积极的倾听者”。首先要表现得让上级觉得你在认真听；然后要敏锐地听出其弦外之音；最后还要对他的话做出简洁、及时、切中精华的回应。

举个例子，如果你的上级对你说：“老吴呀，电信局又在催我们交电话费了。张秘书又去了市政府，你看……”虽然上级并没直接要求你去电信局交电话费，但从他的话语中不难看出，他的弦外之音是想让你替张秘书去交电话费。因此，在与上级打交道时，听出上级的“话外音”是十分重要的。

乔治·E. 伯克利（George E. Berkeley）在《怎样管理你的上级》一书中介绍了如何有效倾听上级谈话的妙方，总结起来大致有以下几条。

（1）要克服下属常有的“不安全感”。不要热衷于从上级的话语里判断对自己是肯定还是否定，不要急于为自己辩护或证明自己的价值，应冷静地抓住上级谈话中真正的意图。

（2）集中精力用眼神与你的上级交流，能够用简短的一两句话或一两个词复述他的谈话内容，让他相信你已经听懂，不需要他费事地重复。

（3）在倾听上级讲话时，能够简短、及时地记录一些关键词，因为这样既可迫使你认真听，又可表示你很重视他的信息，尤其要注意上级的一些细节，如专门用语、语气、身体语言等改变所透露出的暗藏信息。在上级与他人交谈时，或者在非正式场合随意聊天时，你也应该积极倾听，捕捉其中有意义的信息。

（4）要注意分辨上级真正的命令和一时快语。上级，尤其是脾气暴躁的上级，常常会发布一些气头上的命令，事后甚至自己也后悔了。因此，为了上级，也为了自己，在特殊的场合，即使对一些明确的命令，你最好也别去执行。

案例分析与思考

倾听在电话沟通中的重要性

"是王天力先生吗?"

"请讲。"

"我叫张敏，是健力体育用品公司的。我们公司刚开发了一种手套，你可能有兴趣看看。与市面上的手套相比，这批货有不少优点。质量小，因此容易装运。包装也更吸引人。我们提供新的上市优惠价，能给你省一大笔钱，另外还有一些优惠条件。听说你们的手套销量很大，是吗?"

"是的，在我们经营的运动用品中，手套是主要品种。但我们已经有供应商了。他们送货上门，可以 90 天付款，货出现问题也都能处理。你的手套，就说六号吧，一般多少钱?"

问题讨论

假如你是张敏，接下来怎么说?

模块知识要点

莎士比亚（Shakespeare）说："最完美的说话艺术不仅是一味地说，还要善于倾听他人的内在声音。"马克·吐温（Mark Twain）有句名言："给予人适当的颂扬，同时更要聆听别人说话而不加任何辩解。"卡内基（Carnegie）也有类似的见解："商业会谈并没有特别秘诀，最重要的是学会如何倾听对方的说话。"

善听者，可以掌握他人的心声，促进情感的交流与互动，同时也意味着对他人的尊重。

像任何技能一样，倾听必须学和练。在对毕业生工作中需要什么沟通技能进行问卷调查时，他们回答说倾听是获得成功的最重要的技能。当问到在大学中什么沟通技能应该教而没有教时，倾听排在第一位。

倾听是一种技巧，这种技巧可以通过了解它怎样发挥作用来改进。

一、倾听概述

（一）什么是倾听

国际倾听协会这样定义：倾听是接受口头及非语言信息、确定其含义和对此做出反应的过程。从繁体字听的构字上（图 2-3），我们也能看出倾听的含义：耳朵接受口头信息，眼睛（十目）接受非语言信息，全心（一心）的参与确定含义。

图 2-3 听的繁体字

对我们大多数人来说，倾听是从我们听到别人讲话声音开始的，但倾听与听有什么区别呢？一般学者认为："听"是人体感觉器官接受到的声音；换而言之，"听"是人的感觉器官对声音的生理反应。只要耳朵听到谈话，我们就在听别人。想想你在电影中听到的外语对话，你就会明白，听到并不意味着理解。

倾听虽然以听到声音为前提，但更重要的是我们对声音必须有所反应。必须是主动参与的过程，在这个过程中，人必须思考、接受、理解，并做出必要的反馈。同时，倾听的对象不仅局限于声音，还包含理解别人的语言、手势和面部表情等。在此过程中，我们决不能闭上眼睛只听别人说话的声音，而是要注意别人的眼神及感情表达方式。

（二）倾听的作用

有一位领导参加人际沟通和口才训练，本想训练口才，说服下属。结果直到学到倾听技巧课程后才醒悟：他之所以不受欢迎，不是他说得不好，而是他说得太多。他总想别人应该认识他，理解他，肯定他的才干，却顾不上去理解别人、承认别人。后来他感慨万分地说："我感到'倾听'真是有用，它给我的帮助太大了，它既使我赢得了人缘，又使我赢得了更多的业务和金钱。"难怪松下幸之助把自己的全部经营秘诀归结为一句话："首先细心倾听他人的意见。"

他的体会是个别例子吗？不是。如果你愿意，也能够做到专心倾听别人讲话，那么，你将会受益匪浅，不信你试试看。以下便是倾听可能给你带来的收获。

1. 倾听可以使他人感受到被尊重和被欣赏

根据人性特点，我们都知道，人们往往对自己的事情更感兴趣，对自己的问题更关注，更喜欢自我表现。一旦有人专心倾听他们谈论自己时，就会感到自己被重视。当今许多学生，由于倾听对象很少，他们往往沉迷于网络游戏。其实弱势群体更需要得到他人尊重。因此，老师要多听学生倾诉，家长要多听孩子倾诉，领导要多听员工倾诉。当然，你能倾听别人讲话，别人也将以热情和感激来回报你的真诚。

2. 倾听能真实地了解他人，增加沟通的效力

人们都喜欢自己说，而不喜欢听别人说，常常是在没有完全了解别人的情况下，对别人盲目判断，这样便造成人际沟通的障碍、困难，甚至冲突和矛盾。

3. 倾听可以解除他人的压力，帮助他人厘清思绪

这就是我们遇到困难的时候所需要的。心理学家已经证实：倾听能减轻心理压力。当人有了心理负担和问题的时候，找一个合适的倾听者是最好的解脱办法之一。你帮助了别人，解除了人家的困境，当你需要的时候，别人就会随时感恩报德。

4. 倾听是解决冲突、矛盾，处理抱怨的最好方法

一个牢骚满腹，甚至最不容易对付的人，在一个有耐心、有同情心的倾听者面前都常常会软化而通情达理。

5. 倾听可以取他人之长补己之短

学习他人的长处使自己聪明，同时摆脱过于自我的状态，成为一个谦虚、受欢迎的人。

每个人都有他的长处和特色，倾听将使我们能取人之长，补己之短，同时防备别人的错误在自己身上出现。郭沫若说："能师大众者，敢作万夫雄。"

当你把注意力集中到倾听、理解对方的时候，你便会很容易地摆脱掉人们比较讨厌的"自我"的纠缠。这样你便会成为一个倍受欢迎的谦虚的人。

6. 少说多听，还可以保守自己必要的秘密

如果你说话过多，有可能会把自己不想说出去的秘密泄露出去。这对很多人来说，将会带来不良后果。做生意谈判时，有经验的生意人常常先把自己的情况藏起来，注意倾听对方的讲话，在了解了对方的情况后，才把自己的牌打出去。

（三）好的和差的倾听者的特性

倾听方面的研究者迈克尔·普尔迪对900名年龄在17～70岁的研究对象进行了调查，该调查显示了好的和差的倾听者的特性。

1. 好的倾听者

（1）适当地使用目光接触。

（2）对讲话者的语言和非语言行为保持注意与警觉。

（3）容忍并且不打断（等待讲话者讲完）。

（4）使用语言和非语言表达来表示回应。

（5）用不带威胁的语气来提问。

（6）解释、重申和概述讲话者所说的内容。

（7）提供建设性（语言和非语言）的反馈。

（8）移情（起理解讲话者的作用）。

（9）显示出对讲话者外貌的兴趣。

（10）展示关心的态度，并愿意倾听。

（11）不批评、不判断。

（12）敞开心扉。

2. 差的倾听者

（1）打断讲话者（不耐烦）。

（2）不保持目光接触（眼睛迷离）。

（3）心烦意乱（坐立不安），不注意讲话者。

（4）对讲话者不感兴趣（不关心、做白日梦）。

（5）很少给讲话者反馈或根本没有（语言和非语言）反馈。

（6）改变主题。

（7）做判断。

（8）思想封闭。

（9）谈论太多。

（10）自己抢先。

（11）给不必要的忠告。

（12）忙得顾不上听。

可见，倾听是一种修养，是一种美德。要想别人成为自己的听众，自己应首先学会倾听，敞开自己的心扉，接纳别人的伤心，给予最温暖的慰藉。同时，应有最起码保守他人秘密的道德，不要把别人的知心话当作与他人闲聊时的谈资，否则，你就会伤害一个人的自尊，失去一份弥足珍贵的情感。

（四）为什么我们存在倾听问题？

倾听是困难的，有许多原因使你分散注意力。有时我们不能倾听是因为我们处于一种极度焦虑的状态。如果老师告诉学生考试内容很难，那么学生们很可能会感到忧虑，这将干扰学生们的听课状况。例如，一位学生上一门为了毕业必须上的数学课，每次遇到不明白的问题时，他就停止听课，最终他远远落在别人的后面，他不再去上课了。

还有人们经常认为听是毫不费力的事，他们的态度可能是“我不需做任何事情，只需背靠后坐着听”或“如果不是考试内容我就不需要听”。没有兴趣的倾听是无效的，课堂里不是所有的课程都有趣，也不是所有的教师都同样有趣。有些教师知识渊博，只是不太有趣，因而不太受欢迎。

研究表明，在多种影响有效倾听的障碍中，有 6 种要素是非常突出的（表 2-1），我们必须克服它们。

表 2-1　有效倾听的要素和障碍

要素	障碍
懒惰	如果科目复杂或困难就不听； 如果要花太多时间也不听
思想封闭	拒绝保持一种宽松和协调的环境； 拒绝涉及讲话者的观点并从中受益
固执己见	公开或不公开地表示与讲话者意见不一致或与讲话者争辩； 当讲话者的观点与自己不同时，变得情绪化或激动
不真诚	倾听时避免目光接触； 只注意讲话者的谈话内容而不注意讲话者的感情
厌倦	对讲话者的主题缺乏兴趣； 对讲话者不耐烦； 倾听时做白日梦或用某事搪塞
疏忽	注意讲话者的怪癖或表达，而不是信息； 被办公设备、电话、其他谈话等噪声弄得心烦意乱

因此按照所听的内容，我们需要不同的倾听技巧。下面将介绍倾听的过程、种类及改进倾听技巧的方式。

二、倾听过程

（一）预言

在沟通的相互作用的性质中，倾听起一定的作用。根据我们对将要与之沟通的人以往的经验，我们对他们可能如何反应进行预言。例如，如果你拿一份超过时限的作业送给老师，根据以往的经验，你知道老师会很不高兴，并且你可能必须听他数落你作为一名学生不按时交作业的缺点。你也知道最好的策略是去听，而不是辩解。

（二）接受信息

在任何一天中，我们都要接受比我们所需要或能处理的更多的信息，包括广告、某人在楼道里的叫喊、老师的讲课、与朋友的交谈等。我们听到了许多这样的信息，但没有倾听所有信息。

我们听到声音，如词语和这些词语被说出的方式。但在倾听时，我们做出更多的反应。似乎听是一种涉及听觉系统不同部分的生理过程，而倾听是涉及对他人全部反应的更加复杂的知觉过程，包括口头语言及非语言沟通。

因此，接受信息不只包含听，信息有多种形式，来自各种渠道。在倾听时，我们剔除掉了无关的信息，这使我们进入倾听过程的下一步骤——把注意力集中在我们认为重要或有趣的内容上。

（三）注意

我们能把注意力集中到某种特定的刺激物上。例如，傍晚在宿舍楼里，你会听到各种声音，包括学生相互之间的叫喊声、音乐声、乒乒乓乓的关门声。然而，当激光唱盘放到你喜欢的歌曲时，你就会全神贯注，这些歌曲消除了周围所有其他的声音。

虽然我们能按照某种特殊的方式集中注意力，但注意力集中的范围是有限的。大多数人一分钟能听 600 个词，然而，即使讲话快的人一分钟也只能讲 100 到 150 个词。在听与说的间隙里，很少有人能对信息完全集中注意力超过 20 秒。幸运的是，我们又能很快地重新把注意力集中在相应的信息上。

注意力是多么容易分散。研究发现，注意力的范围是与厌烦紧密相连的。这样，上课时容易厌烦的学生就必须在集中注意力上做出特别的努力。

（四）赋予含义

当我们决定注意某种信息时，下一个步骤就是为它赋予含义。这包含吸收信息——使它成为我们的知识和经验的组成部分。为了赋予含义，我们必须决定信息中的内容与什么相关和它怎样与我们已经知道的内容相联系。这样，赋予含义的过程基本上是一种选择材料和设法把它与我们的经验联系起来的过程。在此过程中，我们也进行估价。我们用所拥有的个人信念对说话者所说的内容进行衡量，对说话者的动机进行质疑，想知道漏掉了什么，并对其中的观点的确切性进行质疑。不仅要明白说了什么，还要考虑怎么说的。像对说话者表达的词语一样，我们对他们的腔调、手势和面部表情也赋予相应的含义。

（五）记忆

记忆也是一个决定什么重要和什么不重要的选择过程。作为学生，没有谁能复述出老师讲课的全部内容，但笔记帮助你记住要点。有些学生把太多的注意力放在记笔记上，企图记下老师所说的所有内容，而不是记录要点，如果你也试图记很多的笔记，就可能干扰你听课，这样你就忙于记笔记而没有注意含义。不要记你听不懂的东西，因为以后再看时，你还是不懂。当你不理解某人所说的内容时，如果可能，停下来弄清楚。

（六）评价

例如，在开始讨论倾听过程时，你可以预计如果拿一份超过规定时间的作业交给老师会出现什么情况。虽然老师收下了你的作业，但从老师的反应你知道自己最好别再出现晚交作业的情况，你从这次经验中预言老师将真的生气和不接收作业，你评价了这次经历。评价是一种对所发生的事情的估价。

三、倾听技巧

倾听是获取信息的重要方式之一。报刊、文献资料是了解信息的重要途径，但受时效限制，而倾听可以得到最新信息。从交谈中可以获得很有价值的消息，有时常常是说话人一时的灵感，而自己又没意识到，对听者来说却有启发。实际上就某事的评论、玩笑、交换意见、交流信息、各地的需求消息，都是最快的消息，这些消息不积极主动倾听是不可能抓住的。因此有人说，一个随时都在认真倾听他人讲话的人，在与别人的闲谈中就可能成为一个信息的富翁。俗话说得好："听君一席话，胜读十年书。"

（一）主动倾听

大学生在课堂中大部分时间都花在听上，并且这种倾听主要是为了获取信息。即便有效倾听至关重要，还是有些人不能做到注意倾听。怎样才能做到有效倾听呢?

把注意力集中在他人所说内容的最好方式是做一个好的主动倾听者。当你对重要的观点在头脑中进行勾画，并考虑提出问题或对提出的观点进行质疑时，你是一个主动倾听者。即便你可能什么也没说，但你在思想上与正在说话的人融合到一起了。学生特别需要成为主动倾听者，因为这样的倾听者一般比被动倾听者学习效果更好。被动倾听者记忆但不评价所听到的内容，仅仅把老师所讲的内容尽可能多地记下来，考试是不会考好的。

在人际沟通中，主动倾听包含去找出某人所说的话在文字和情感上的意思，也包含用身体前倾、点头、微笑和皱眉这样的非语言暗示，以及用"啊""哈""嗯""我明白了"这样的声音暗示来显示自己的兴趣。可以通过提问或评论对方所说的内容，进行充分反馈。

主动倾听是一种投入的方式，一旦投入，就可能产生兴趣。在上课时，如果使用主动倾听，你可能会惊奇地发现，时间过得真快。

下面介绍几种积极倾听者的方式。

1. 识别中心思想

在听演讲或听课时，首先应该注意听并识别中心思想——贯穿于整个内容的基本思想，其次是听主要观点——加强中心思想的观点，最后是听支持性材料——为主要观点提供的依据。设法在头脑中形成框架，并能把讲话者的观点与自己的经验联系起来，寻找相似点和区别，这些都有助于你对话题内容的理解。

2. 偶尔的提问

在倾听时，你可能问自己一些问题。如果自己不能回答，向说话者提出来是重要的。即使是对问题有自己的回答，你可能还是要问，以便通过说话者的回答来检验自己的理解，或澄清问题。

"我可能没有听懂，你能否再讲具体一点?"

"还有哪些需要考虑的方面呢?"

"你能详细说明你刚才所讲的是什么意思吗?"

请注意，这些问题都是要求对方提供信息而问的，而不是对谈话人所讲的内容进行评论或评价。讲话者总希望和你交流，希望被人理解。你不妨改变说法，重复一遍你没有听得太清楚的词句，以证实自己的理解是否正确。如果给自己多留一些对听到的信息进行"消化"的时间，就能慢慢地适应讲话人的讲话方式，这样就会理解得更多一些。

3. 及时反馈

积极主动聆听的最后一个环节是用自己的语言复述对讲话人所表达的思想与感情的理解，适时用简短的语言如“对”“是的”等或点头、微笑、手势、体态等做出反应，表示理解或共鸣。给讲话人以反馈，从而完成聆听的全过程，并告诉他信息已被听到并理解了，这对说话人会有极大的鼓舞。

反馈的方式有以下三种。

(1) 逐字逐句地重复讲话人的话。

甲：昨天晚上计算机坏了。

乙：哦，计算机昨天晚上坏了！

(2) 重复讲话人的话，只是把“我”改成“你”。

甲：我正在另找一份工作。

乙：你正在另找一份工作。

(3) 用自己的语言解释讲话人的意思。

甲：我不喜欢我的老板，再说，那个工作也很烦人。

乙：你对你的工作不太满意。

我们也可以用确定性的语言提问或陈述自己对信息的理解和判断，并对以后可能出现的情况做出预测。

（二）批判式倾听

批判式倾听需要获取信息式倾听的所有构成要素。在批判式倾听中，听者还应该对所听到的内容进行评价和质疑。这些质疑可以在听者的头脑中进行，或者可以直接向说话者表达。

当他人劝说我们做某事或相信某事时，批判式倾听是极其重要的。例如，产品广告每天都承诺它将给我们的生活带来浪漫、惊奇和成功，不用什么天赋就可以对这种信息进行批判。

1. 确定说话者的动机

在批判式倾听中，我们首先要做的是弄清楚对方的动机。对于广告，这是很容易的。对于政治竞选活动中的候选人，动机就更复杂一些，他们显然是想要当选，但问题是他们为什么这样想？他们追求金钱或权力吗？他们要带来一些社会变化吗？他们想要按事物的规律来办事吗？

当我们处于被动劝说的情境之中时，质问劝说者的动机是一种正常和恰当的反应。例如，当某人介绍一个演讲者时，常常有很长时间的介绍。这是使听众相信演讲者是值得听的。在公众演讲中，我们常通过研究演讲者的背景去审视演讲者的动机。一些人在公共场合做很长时间的自我介绍，那就是为了建立可信度或信任度。

2. 质疑和提问

对观点进行质疑及质问观点的合法性。讲话者从哪里得到的信息？他的来源可信吗？如果你有与他所说的内容相反的信息，记下来，以便在以后进行提问。对观点进行质疑和质问其合理性是区分事实与观点的能力。在一天的课程中，我们听到的更多的是观点而不是事实。虽然所有的事实都同样是真实的，但我们更有可能信任过去曾经是正确的、权威的或可信度高的观点。因此作为听者，区分事实和观点是重要的。

3. 承认自己的偏见

你的价值观、信仰、理解方法、期望和推测都会导致先入为主的判断，从而成为妨碍你倾听对方讲话的“有色眼镜”。有时存在着我们不愿意听到的信息，因为这些信息与我们自己的态度和信念相矛盾。如果你对数学老师讲课没兴趣，你就不愿意上这门课，即使去了，也不会专心听课，或许会趴在座位上睡觉。

如果你头脑中冒出这样的念头："他怎么又说了一遍!"或"你还能指望他说什么?"，那说明你已经有了偏见。此时，你应该克服自己的偏见，考虑如何运用讲话人所提供的信息。如果讲话人的表达缺乏条理，所用言词及性别、文化差异等就可能增加你聆听的难度。讲话人的非语言信号和语调也会成为影响交流的潜在因素。即使如此，你也要继续听下去，并尽量控制住自己的反应。此时，你的任务是领会讲话人的观点。

（三）情感移入式倾听

当我们与朋友和家人进行人际沟通时，我们是在进行获取信息式倾听和批判式倾听。在亲密的情况下，我们也在进行另外一种倾听——情感移入式倾听，即承认和识别说话者的情感。

1. 为了情感而倾听

我们经常被要求或希望为了情感而倾听，并且我们经常要与他人分享自己的情感。我们都经常会心烦意乱或高兴，并且如果我们与另外的某人分享这些情感，这将使我们展露自己。分享自己的情感也帮助我们去妥善地处理问题。倾听他人的情感是给予情感支持的一种方式，并且这种能力造就了与他人之间的亲密关系。

许多人对他人的信息有习惯性反应。但当你进行情感移入式倾听时，必须暂时忘掉自我意识，使自己沉浸在对方的讲话之中。只有这样，才能进入对方的情感之中。

2. 否定式倾听反应

假设你的朋友近几天里一直感到很忧郁，你问她出了什么事，她说老板这阵子对她非常挑剔，她在工作中的处境非常艰难。下面是一些你可能的反应方式。

（1）否定情感。如果你回答："你不应该有那样的感觉，每个人都知道与他相处是多么困难。"你是把重点放到老板的个性上，而不是你的朋友的感受上。当情感非常强烈时，我们希望它们被承认。不希望它们被搁置到一边而牵扯其他一些次要内容。

（2）对比。如果在你生活的某个期间也有过一个糟糕的老板，这可能勾起你讲述这个老板及你如何处理这个问题的故事。然而，这种反应对你的朋友是没有帮助的。她的老板使她感觉非常糟糕，她对她老板的感觉应该是你们交谈的中心。

（3）给予指导。"到别处去，找一份新的工作，你的老板永远不会变好。"这是具体和明确的忠告。然而，当人们有麻烦时，需要让他们找到自己的解决办法。你要做的不是给予指导，而是按照你的朋友能自己解决相应问题的一种方式去倾听。注意，男人对处理问题比倾听这些问题更感兴趣。

（4）防守性的反应。当你回答"你不应该那样想"时，你的朋友更生气地说："你总是告诉我不应该怎样想。"然后，你说："好，我只是想帮助你。如果你不想让我帮助，就这样说!"这种回答就是防守性反应，是我们认为在受到批评时常常做出的反应。然而，这样的反应会改变整个谈话的性质。

上面所有这些反应都是软弱无力的，没有哪一种是非常有帮助的。因为它们不涉及感情这个层次上的问题，他们都同朋友的感情脱离开了。那么我们应该怎样在感情上做出反应呢?

3. 利用情感移入式倾听

为了感情而倾听的最好方式是利用情感移入式倾听——你设法从他人的观点来理解他们的

感受，并把这些感情反馈回去。作为听者，你所要做的是把自己的情感放到一边，投入对方的情感中。为了做到这一点，你需要识别情感，让说话者告诉你发生了什么，然后鼓励他们去找出问题的解决办法。

（1）识别情感。首先，你需要倾听这个人谈话内容的真正含义。例如，某个朋友走过来说："我要把我的老板杀了！"他显然不是在说他真要杀他的老板。当然你在进行情感移入式倾听时，首先需要识别说话者当前的感受是什么。在这个例子中，假定说话者非常愤怒是合理的。如果你的反应是："小伙子，你听起来真的发疯了。"那么，你给了朋友向你倾诉的机会。

（2）倾听叙述。情感移入式倾听的另一部分是去倾听这个人必须说的内容。在整个叙述进行时，没有必要做出任何特别具体的反应。这时只需倾听对方，你可以通过集中注意力和同情的表情来表示你对此的兴趣。

让我们回到你的朋友和她与老板的问题上。发生了什么事情使她这样生气？她解释说老板许诺这周给她加薪，但结果是她没得到加薪，而来到这里时间比她短得多的人却得到了加薪。

在你的朋友叙述完后，她不是那么过于气恼了，但仍然相当心烦意乱。当你听时，你发现了气愤之外的其他一些情感。她感到被欺骗了，因为老板告诉了她会得到加薪；她也感到丢脸，因为她的同事们知道一个在她之后雇用的雇员得到了加薪，而她却没得到。通常人们不只产生一种情感，他们有各式各样的情感。

如果你能让你的朋友讲完整个故事，不做评判而是给予支持，问题的全部就可能被展现出来。做到这一点的一种方法是通过释义，即用你自己的语言重新描述对方的思想和情感。如果你的朋友说："我要去老板的办公室辞职。"一种恰当的释义式反应是："听起来你继续在那里工作是太烦恼了。"这种反应不仅帮助识别情感，也帮助发现你是否在准确地听和表明你是否在关注对方。释义式反应成为他人谈论内容的镜子。

（3）让对方找到解决问题的方法。有时仅仅倾听他人的情感并让他们解释使他们心烦的事情在很大程度上能解决问题。我们经常听到某人说："因为讲给你听了，我就感觉好多了。"人们经常要吐露自己的情感。而一旦他们这样做了，就会感觉更好。这就叫"一吐为快"吧。

但有时仅仅倾听是不够的，你的朋友有一个问题且需要帮助。在这种情况下，最好的方式通常是相信对方有能力去找出解决问题的办法。这并不意味着你忽视这个问题。情感移入式倾听包括帮助他人找出解决问题的方法。

情感移入式倾听最后一个步骤是给予他人找到解决问题办法的机会。在你朋友的例子中，你不要说："你应该辞职！"让她自己决定她要做什么。如果在这种情景中情感平息下来了，问一些具有广泛性和一般性的问题可能是恰当的，如"现在你该做些什么呢？"问一些可能使对方想出以前没想到的解决方法，这也是必要的，比如"你认为如果与老板谈谈，他会改变主意吗？"或者"你认为老板犯了一个错误吗？"

有一点要记住，你不一定要解决他人的问题。如果你设法去解决他人向你诉说的每一个问题，你就给自己加上了一个沉重的负担。受问题烦扰的人要自己解决，这种态度也有助于他人增强处理问题的能力。例如，如果父母设法去解决孩子面临的所有问题，孩子将不能学会如何过独立的生活。

设法把精力集中在情感和情感移入式倾听上，而不是解决问题的方法上，你会惊奇地发现这种方法是多么有效。要记住的是，在涉及强烈的情感时，人们常常只是需要一种回声壁。和对方在一起并不时地说“哦”“啊”“我明白了”就足够了，更多的安慰往往就是通过被倾听而得到的。

（四）享乐式倾听

我们打开电视或音响，向后靠着尽量放松地去听。如果喜欢，记住它不成问题。我们经常能逼真地背诵一段录音中的歌曲旋律或电影中的一段对话。然而，当老师要你去欣赏复杂的内容时，你会觉得很难。有的老师会放一个著名演员朗读的喜剧《哈姆雷特》的一段录音，希望你既能理解这段录音又能从中得到享受。作为学生，你或许对充满乐趣地倾听更感兴趣。

享乐式倾听的目的就是给自己带来乐趣，通过运用所有其他的倾听技巧，我们能学会享受复杂的内容。音乐欣赏课就是利用这些技巧的一个好例子。多数人都喜爱音乐，因此假设我们会喜爱在这样一堂课中听到的一些音乐是合理的。然而，除了享受音乐，你能识别主题吗？曲子节奏是什么？你是否同意演奏者理解曲子的方式？因为音乐涉及感情，所以要求我们听出曲子的情感。它是严肃音乐还是轻音乐？它使听者产生怎样的感觉？在要求为了享乐而倾听之外，音乐教师希望增加你在音乐中感受到的乐趣，因为对音乐的理解越多，就越能欣赏和品味更为复杂的音乐形式。

这样，享乐式倾听成为一种比仅仅背靠后坐着和让声音灌入耳朵更复杂的过程。即使在我们享受它时，复杂的内容还是包含更多的倾听技巧。

在听戏剧时，也能用同样的技巧。为了获得信息而倾听：这个戏剧是什么内容的？情节是什么样的？批判式倾听：场景变换合适吗？人物可信吗？情感式倾听：人物的命运会怎样？她是怎样与其他人物联系到一起的？如果我们能把听到的内容和自己的经验联系起来，倾听通常更加充满乐趣。有时会觉得“我们也是这样的感受”。

你会发现设法去享受更复杂的信息是值得的。然而，要记住享乐式倾听可以要求像任何其他倾听情景中所要求的一样复杂的技巧，唯一的区别是在报偿上。还有什么能比在倾听中享受更好呢？

四、对员工的倾听

（一）通过倾听获得下属尊重

用认真倾听来显示自己的个人魅力，获得下属尊重，从而诚实地了解下属传达的信息是倾听员工的第一要点。

管理者要认识到：对管理者而言，做个好听众，比做个好演说家更难；认真倾听是必须掌握而且能够掌握的沟通技能。为此，应当掌握美国著名管理学家斯蒂芬·罗宾斯（Stephen Robbins）提出的四个方法。

1. 专注

要精力集中地听下属讲话，打消分散注意力的念头，积极概括所听到的信息，并留意需要反馈的信息。

2. 移情

要把自己放到下属的位置，努力理解下属表达的含义，而不是自己想要理解的意思，对信息的认知要符合下属的本意。

3. 接受

要客观耐心地倾听下属讲话，不要即刻做出判断，应该在听完后才考虑是否接受对方。

4. 要有对完整性负责的意愿

少摆架子，让下属吐露真情；有诚意，倾听下属情感。只有这样，才能获得真实完整的信息。

为此，你应注意以下一些细节：如与下属交流目光，适当做一些点头及手势动作；放松，不时使用“哦”“嗯”等语气词；穿插简短的插话和提问；找出下属没有清楚表达出来的意思；不要急于下结论。

（二）克服与下属的倾听障碍的要点

1. 打消畏缩情绪

例如，可以告诉下属：我只听你的意见，没有记住你是谁。有时反过来需要平静下属的激烈情绪。例如，可以告诉下属：“小伙子，别那么激动，事情总会有解决的办法。”

2. 克服主观障碍

主观障碍主要有以自我为中心、个人偏见、先入为主。

3. 善于提出问题

弄清楚问题和解决问题的前提是必须善于提出问题，以便引导下属说清楚全部问题，引导其换个角度想，自我解决问题或找出关键，便于领导出面解决问题。

（1）要提出引导性问题、引起下属思考的问题、与下属意见紧密联系的问题。不要提出表达自己不同观点的问题。

（2）要多用一般疑问句，少用反问句。

（3）提问要在下属的话告一段落时，要事先征询：“对不起，我提个问题好吗？”要尽量使用商量的语气。

拓展训练

一、选择题

1. 倾听的作用有（　　）。

   A. 倾听对他人是一种鼓励

   B. 倾听能改善人们的关系

   C. 倾听能锻炼自身能力和掩盖自身的弱点

   D. 倾听有助于解决问题

2. （　　）倾听是为了获取信息，也是职场中主要的倾听方式。

   A. 主动　　B. 情感移入式

   C. 批判式　　D. 享乐式

3. 好的倾听者的表现是（　　）。

   A. 适当地使用目光接触　　B. 移情

   C. 不打断　　D. 改变主题

4. 情感移入式倾听要（　　）。

A. 识别情感　　B. 倾听叙述

C. 让对方找到解决问题的方法　　D. 给予指导

5. 否定式倾听反应是错误的，下列属于否定式倾听反应的是（　　）。

A. 否定情感　　B. 对比

C. 给予指导　　D. 防守性的反应

6. 主动倾听中，反馈的方式有（　　）。

A. 质疑和提问

B. 逐字逐句地重复讲话人的话

C. 重复讲话人的话，只是把“我”改成“你”

D. 用自己的语言解释讲话人的意思

7. 倾听者的障碍主要来自（　　）。

A. 思想封闭　　B. 固执己见　　C. 不真诚　　D. 疏忽

二、判断题

1. 倾听是接受口头信息的过程。（　　）

2. 倾听是解决冲突、化解矛盾、处理抱怨的最好方法。（　　）

3. 一个同事向你倾诉领导的种种问题，你对同事说：“现在找他（领导）谈谈，他一定会改变主意。”（　　）

三、简答题

1. 积极的倾听表现有哪些？

2. 假如你的一个同学不清楚毕业后是先就业还是创业，当倾听完他的想法后，你如何与他沟通？

3. 举一个你生活、学习中遇到的弦外之音的例子。

模块3

察言观色，看透职场

在职场中，人们所得到的信息并不都是通过语言来传递的，很多都是通过非语言的方式得来的。人在职场，要善于观察。在职场中分析他人的性格，当然不会靠问（你问人家，人家也不会告诉你自己真实的性格和想法），你可以根据辅助语言、动作、表情、眼神、服饰、空间距离、笔迹、举止等进行判断，为你的职场行为提供依据，你也可以通过得体的举止向对方传达你要表达的信息。

在职场中，解读非语言是一项非常重要的沟通技能。如果你想增加自己成功的机会，就得注意自己的非语言沟通，同时，也要学会解读对方的非语言。本模块就帮助你提升非语言沟通能力。

模块案例赏析

一、职场行为背后的潜台词

案例1.1　声调的秘密

职场故事

演讲培训师的建议

一位培训讲师说：在我训练学员演讲的时候，我发现特别多没有经验的演讲者，在练习演讲的时候，容易出现语速过快的现象。他们在演讲时，总是有种“逃跑”的心态，大脑中杏仁核被激活，心跳加速，语速自然也快了上去，总想赶紧讲完、赶紧逃跑。这个时候，我会建议他们深呼吸，甚至刻意让他们在舞台上多站一会儿，感受舞台，感受“被盯住”的感觉。慢慢地，他们发现舞台并不可怕，对舞台接纳了，没有了“战斗”的状态，心跳平缓，语速也平和了下来。

故事简析

你的语速和你的紧张程度成正比，激动的时候说话容易语速变快。

方法解析

问题1：什么是辅助语言？

辅助语言包括说话的速度（快慢）、音调（高低）、音量（响度）和音质（悦耳或令人不舒服）。当这些因素中任何一个或全部被加到词语中时，它们能修正词语的含义。如我对孩子说“快去打扫你的房间”这句话，在不同的情境下，因为音调变了，意思完全不同。第一次，我用温和的声音说：“小明，快去打扫你的房间。”2个小时后，我从外面回来，发现房间仍然保持原样，我就会大声严厉地说：“小明，快去打扫你的房间。”听到这种口气，孩子就会赶紧行动起来。研究表明，沟通中39%的含义受声音暗示的影响。一句话的含义往往不仅受词语本身的影响，还与它的表达方式，就是我们通常说的“弦外之音”有重要的关系。要让对方感受到内容到底是什么，就必须用辅助语言了。身处职场，我们既要对同事和客户的辅助语言保持警觉，又要使用好自己的辅助语言。

问题2：你的语速在表达什么？

说话快的人被认为更有能力、更可靠、更聪明。但是，他们也会被认为没有说话慢的人诚实和值得信赖。年轻人因为经验少，沉不住气，说话速度会不经意加快，让人感觉“嘴上没毛，办事不牢”。因此，作为年轻人的你，在与领导汇报工作或与客户洽谈时，是不是应该适当放慢语速呢？

问题3：你的声调在表达什么？

说话的音调高、声音响亮而有节奏感，往往被视为更有能力、更有威信和更有吸引力，用低音、无变化的语调说话的人则似乎是胆气不足，可能被认为没把握或害羞，令人不愉快。在职场中，我们在正常的语境条件下，应该声音洪亮，抑扬顿挫，富有感染力，才能给人留下深刻的印象。

问题 4：如何运用辅助语言进行表达？

使用辅助语言，还要看沟通的对象。如果对方年龄较大，我们要放慢速度，声音提高，因为对方可能听力不太好；如果对方是年轻人，我们可以稍稍加快速度，音量适中，如果速度过慢，可能让对方觉得你反应慢、不机灵。

再回到前面小明的例子，语调的变化，可以使字面上相同的一句话具有完全不同的含义。如一些简单的口头语："真好""真棒"，当音调较低、语气肯定时，表示由衷的赞赏；当音调升高、语气抑扬时，就完全变成了刻薄的讥讽和幸灾乐祸。还如年轻人常说的"我爱你"，两个声调表达完全相反的意思。

辅助语言的一个相关方面是声音的补白，在现实生活中，你会使用许多声音补白，让其他人知道你还在说，如面对面和对方交流时，即使你一直在听对方讲，没有什么可以说的，你也不是默不作声，而是用"嗯""啊"等进行反馈，显示你与对方共情。尤其在接听电话时，如果长时间不发声，对方可能以为你不在线了，所以会常常用"是的""好""对"等表示你在听。尽管你自己也可能不确切地知道自己想要说什么。不能算作词的"嗯""啊""是的""好""对"及"你知道""像""无论如何"这样的短语，都表明了暂时的停顿。尽管它们后边通常需要跟着词语，但是在这种情况下，它们是没有意义的。

案例分析与思考

两位导游的对话

小王问小杨："人家都说沉默是金，你说，沉默真的是金吗？"

小杨说："不一定。那次我和小白一起在西安带团，我们向客人推荐贵妃宴。介绍完了，问客人吃不吃的时候，20 多位客人都一声不吭，沉默！我一看苗头不对就溜了。小白看在地陪的面子上，又去问客人吃不吃。结果呀，被客人骂了一顿。客人说：'让我们掏钱的事，你们怎么这么积极！'你看，沉默是什么？"

小王说："照这么说，沉默有时不是金，而是暴风雨来临前的宁静啊！可是，如果客人把话说出来你就一定能明白他的意思吗？"

小杨说："那要看客人怎么说。例如，他对你说'你真好'，你知道这是什么意思吗？如果他把重音放在'你'字上，我想他是真的说我好。如果他把重音放在'好'字上，那就不好说了，可真可假。如果他把重音放在'真'字上，而且把声音拖长，那就基本上可以肯定他是在讽刺我。"

小王说："我也注意到了，客人要强调什么的时候，是会用重音来强调的。例如，你问他要不要增加某一个景点，他如果明确表态，就会在说'我们不去'的时候，把'不'字说得重一点，或者干脆一字一顿地回答。"

小杨说："是啊，恐怕有时候客人哼一声、出口长气，你都要想想那是什么意思！"

小王："这哼哼声到底是什么意思呢？"

小杨说："那就要看具体情况了。例如，客人走着走着，突然哎哟一声，你又看到他一个踉跄，那大概是把脚扭了。如果客人在哎哟的同时，还拍着脑门，那多半是忽然想起了什么或是发现自己遗忘了什么。"

小王问道："如果客人出一口长气呢？"

小杨说："那也得具体分析，那次登上长城，远眺北国，风光无限，我就听到一位老华侨长出了一口气，再看他那一脸的自豪。那意思肯定是：'啊，祖国真美啊！'不过也有相反的。去年股市大跌，我团里的一位上海客人不停地长吁短叹。后来一问，果然他投在股市的资金已经损失了将近一半。"

小王感慨道："看来要当一个好导游，要善于通过观、听、悟，来把握客人的各种心理啊！"

问题讨论

案例中两位导游讨论的是非语言沟通中的什么技巧？谈谈你从中所受的启发。

案例 1.2　小动作，大秘密

职场故事

罗斯福与造车工

据说，当罗斯福（Roosevelt）总统的专用轿车被送到白宫时，造车工人也被介绍给总统。当总统兴高采烈地与前来参观的人寒暄之际，这位生性腼腆的工人一直默默地站在一旁。最后，他们要离去时，罗斯福找到这位造车工人，叫出了他的名字，和他亲切握手、热情致谢。当然那位工人非常感动。这件事成为罗斯福的美谈。

故事简析

谈话时，谈话的内容固然很重要，然而在谈话时注意表示出对对方的关心，也是促进感情交流的方法之一。罗斯福总统叫出这位工人名字的同时，通过兴高采烈的表情、亲切的握手、热情的致谢，打动了那位工人。这些非语言信息传递了非常丰富的内容，这正是无声胜有声。

方法解析

问题 1：从哪些小动作或姿势可看出一个人的性情？

如站的姿势。双腿并拢站立的人，往往比较严谨、可靠、脚踏实地而且忠厚老实；两腿分开，脚尖略向外偏的站姿（图 3-1），表现出站立者果断、任性、富有进取心、不装腔作势；双腿稍分开，一脚稍后，两足平置地面（图 3-2），则体现出站立者有真心，是个积极进取、极富冒险精神的人。

图 3-1　两脚分开，脚尖外偏

图 3-2　两脚一前一后

站立时一脚直立，另一脚弯置其后，以脚尖触地（图 3-3），则说明站立者情绪非常不稳定，变化多端，喜欢不断的刺激与挑战。

如坐的姿势。坐时跷起一条腿（图 3-4）的人相当自信，任何人和问题或烦恼都不能使之困扰，信心形之于外。

图 3-3　两脚交叉

图 3-4　坐时跷腿

坐时双腿并拢，双脚平放在地上的人则表现出坦率、开放和诚实的特征，具有洁癖和守时的习惯，喜欢有规律的生活，按照时间表行事会觉得比较自在。

坐时双腿前伸，双脚在踝部叉起，则反映出坐者希望成为中心人物，比较保守，凡事希望求稳；坐时两膝并拢，两脚分开约大半尺（1 尺≈0.33 米），则说明坐者对周围事物非常敏感、观察细致，深谙人情世故，能体贴别人，也能原谅别人，多愁善感。

坐下后摸嘴巴的人情绪不安，猜疑比较重；摸膝盖者往往以为将有好事临身，自负之心颇高；摸下巴者，则是为某种事而烦恼；坐下来后就不断抓头发的人，性子较急，喜欢速战速决，情意不一，容易见异思迁；坐下来后喜欢自下而上摸额的人，能言善辩，说服力强。

如走的姿势。走路大步，步子有弹力及摆动手臂（图3-5），显示一个人的自信、快乐、友善及富有真心。

图3-5 走路大步自信

拖着脚走路的人，通常不快乐或内心苦闷；如一天刚上班，还没有看到你的同事，但是听到他在外面走路特别慢，且沉重，按理说，刚上班的时候是精力最充沛的时候，说明他很可能遭遇到什么事情，接下来沟通时就要注意自己的语言了。

握手时，掌心向下显得傲慢，似乎处于高人一等的地位，表现出一种支配欲和驾驭感。很显然，下级对上级、晚辈对长辈、销售对客户使用这一手势是失礼的。

掌心向上的手势，常表示谦虚、诚实、屈从，不带有威胁性，这是开放的姿势。掌心向下的手势，常表示控制、压抑、压制，带有强制性。伸出并敞开双掌，常表示坦白、诚恳、言行一致。

爱掰手指节的人，习惯将手指掰得咯咯响，这类人精力较旺盛，并善于与人交谈，且爱钻牛角尖。他们对事业和工作环境比较挑剔，如果是喜爱干的事情，他们会不计任何代价而努力地去干。

喜欢耸肩摊手的人，耸肩摊手动作是表示自己无所谓，他们比较热心和诚恳，并且富有想象力，会享受生活并寻求最大幸福感，在他们的生活中总是充满和睦和舒畅。

问题2：职场中点头有什么作用？

点头虽然简单，但意义重大，点头是职场沟通一种非常有力的说服工具，只要用好点头这一说服工具，你在职场里可以获得好印象哦！

点头有以下两大关键性作用。

（1）给自己和对方带来正面积极的感受。我们不难发现，在生活中，如果感到积极向上的话语时，就会做出点头的姿势；如果感觉消极负面，仍然刻意点头，你就会变得积极。人在积极态度下会点头，点头又会引起积极态度。

除此之外，点头还具有“传染性”，我对你点头，你可能也会对我点头，你对我点头，我自然而然也会跟着对你点头。即使有时不同意对方所说的话，也会不自觉地点头，这说明点头有传染性，点头是达成共识、求得合作的有效工具，点头次数多了，心理距离近了，自然就容易沟通了。

（2）使谈话保持顺畅。在职场沟通中，难免会出现冷场等尴尬情形，也可能有人故意保持沉默，在对方不说话保持沉默时，你也可以保持沉默，只需不时点一下头，第一次点头，第二次点头，第三次点头，当你点到第四次头的时候，对方坐不住了，他会开口说话，他一开口说话，你的沟通就出现了转机。

案例分析与思考

姿势与动作

1. 模仿对方的姿势——镜子连环效果

在心理学中，两个以上的人做同一个姿势叫作“镜子连环”。例如，当一个人把胳膊抱在胸前，另一个人也把胳膊抱在胸前；一个人靠在墙上，另一个人也跟着靠到墙上。这种对一个姿势的模仿动作，就好像从镜子里照出来的一样，所以被称作“镜子连环”。

如果你想博取对方的好感，“镜子连环”是一个有效的商务战术。也就是说，如果你想给对方留下良好的印象，不妨去模仿对方的姿势。模仿对方的姿势，不仅能引起对方强烈的共鸣，还能获得对方的信任，是一个很奇妙的战术。

不断练习“镜子连环”，就能学会非常自然地去模仿对方的姿势，最终可以在无意识中做到这一点。如果能活用“镜子连环”这个技巧，在商业谈判中，说服对方的概率就能提高到50%，在推销商品时，引起对方兴趣的机会就会增加两倍。

2. 通过大幅度的动作吸引对方的注意力

有些推销员有时候会运用一种类似表演的手法来吸引观众。例如，在说明中夹杂着稍微夸张的姿势和手势，把事前藏在演讲台中的样品突然拿出来，让观众大吃一惊。

我们也应该学习这种推销方法。推销会并不只是一个介绍商品的场合，还是一个展现自我、推销自我的表演场所。你应该避免被别人批评说：“商品倒是不错，可是推销的人有点……”应该努力争取让别人称赞说：“商品虽然一般，但是推销员很热情。”

推销时有一条非常有效的法则，就是“夸张表现”。也就是说，动作要稍微夸张一点。也许你会觉得非常不好意思，但是这样做能够使听众不仅注意到商品，还能注意到你。

很多心理学实验都证明，人们的注意力会被“活动的事物”吸引。这种倾向从婴儿身上就可以观察到。有报告指出，在同时看到骨碌骨碌转动的玩具和静止的玩具时，婴儿会长时间注视转动的玩具。

此原理在商业广告中也得到了广泛应用。如某商场在门口设置了一个和真人一样大小的玩具——大猩猩。让它给顾客盖一个入场纪念的图章。因为这个猩猩会活动，非常有趣，所以连大人都想让它给自己盖纪念章。

以高超的演讲技艺闻名的美国前总统约翰·肯尼迪（John Kennedy）能够在演讲中成功地运用动作来吸引人们的目光。他能够巧妙地运用手势，表达他想表达的事情，还会用左手扣击右手的动作，来表现他的气势。

手势有以下几种用法，请大家熟记于心并加以运用。

（1）手臂和手掌从上往下压的动作，表现“有力”“权威性”。

（2）手臂和手掌从下往上抬的动作，表现“温和”“友善”。

（3）手臂向两边伸展开，手掌向上抬的动作，表现“接受”“赞同”。

（4）当谈判的对方怎么都不肯让步，或想让优柔寡断的对手做出决定时，使用手臂和手掌从上往下压的手势非常有效；想向对方展示你温和的一面时，不妨试一下手臂和手掌从下往上抬的动作。

问题讨论

上述文字中讲到了哪些动作，它们分别表达什么含义？

案例 1.3　细微表情透真意

职场故事

“傲慢”的部长

某大型企业的一位部长被下属评价为“总是不开心”“给人感觉很傲慢”“特别容易生气”。他对此非常震惊，因为他的本意并非如此。

好在他虚心接受了大家的评价，找出了他自己潜意识里的不良习惯。

他发现自己总是坐满整张椅子，大多数情况下下巴微抬，极像在蔑视下属。此外，由于他眼神不太好，看文件时总是眉头紧锁、神情紧张。

他平时总是以这副表情示人，难怪会被误认为总是不开心、傲慢、易怒。

故事简析

在职场沟通中，面部表情、肢体语言甚至会大过沟通的内容。有时，一个无意识的表情，都可能会给对方带来极大的误解。体察对方的心情或想要与对方进行交流时，我们首先会通过表情推测对方现在处于什么状况。反过来说，也有很多人时刻关注着你的表情，并以此推测你是一个什么样的人、现在处于什么状态、内心到底是怎么想的。因此，如果你在不自知的情况下，通过表情向他人传递了错误的信息，那就糟糕了，就如同这个故事中的部长。

方法解析

《别对我说谎》让微表情真正被大众知晓，然而微表情不仅是神话，更是可以被我们利用的科学知识。微表情这个定义出现在1969年，因为一个偶然的机会，《别对我说谎》中的主人公莱曼博士的原型，世界知名的心理学专家、微表情的主要研究专家埃克曼（Ekman）和弗里森（Friesen）受一位精神病学家的委托，对一段抑郁症患者用撒谎掩盖其自杀意图的录像进行检测。然而，埃克曼和弗里森起初并未从这段视频中发现该患者有任何异常表现，在录像中该患者显得很乐观，笑得很多，表面上没有表现出任何企图自杀的迹象。但当对该录像进行慢速播放并逐帧进行检查时，他们发现在回答医生提出的关于未来计划的问题时，该患者出现了一个强烈的痛苦表情，这个表情持续时间仅为1/12秒，两人称之为微表情。

问题1：什么是微表情？

微表情是指在时间上呈现特别短暂的表情，持续时间为1/25～1/2秒，泄露性地表达了人们压抑或试图隐藏的真实情绪，已有研究发现的微表情都在主要基本情绪范畴，如高兴、悲伤、愤怒、厌恶、恐惧、惊讶等，尚未发现超出基本表情的微表情。微表情属于应激反应，自然发生，不能被人控制和隐瞒，因而也无法伪造。埃克曼认为，面部表情是人类共有的。如果你愤怒，无论你是非洲人还是亚洲人，你脸上都会显出上述六种同样的表情。下面介绍几种表情。

高兴：嘴角翘起，面颊上抬起皱，眼睛尾部会形成“鱼尾纹”。如果大家都在为你取得的成绩而高兴鼓掌时，有一个人只是长大嘴巴做高兴状，那你就要小心了，这仅仅是一个假笑（图3-6）。

伤心：眯眼，眉毛收敛，嘴角下拉，下巴抬起或收紧。当你的同事脸上出现这种表情时，你能做的就是陪伴，给他鼓励安慰（图3-7）。

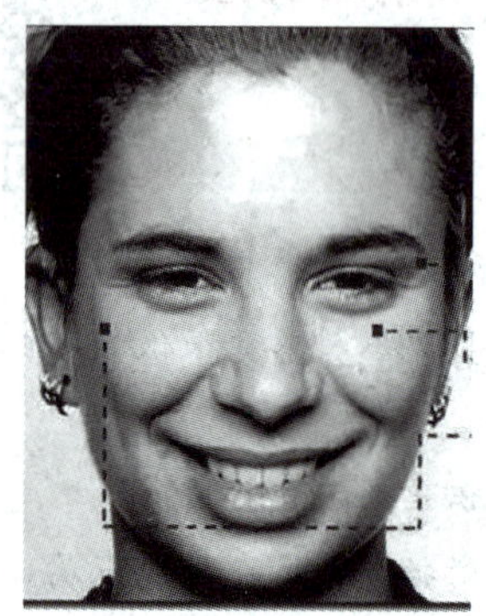

图3-6 高兴

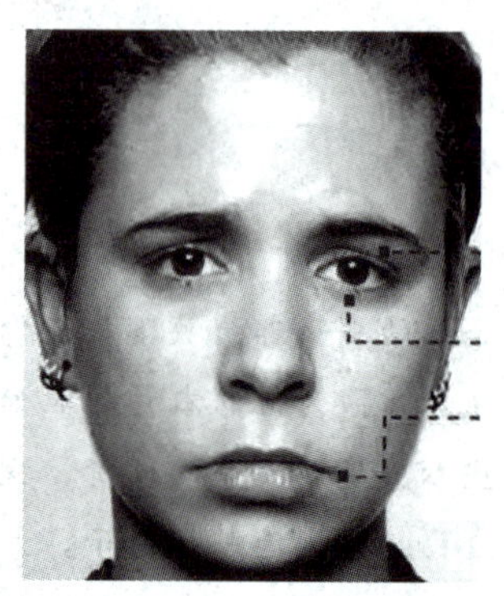

图3-7 伤心

害怕：眼睛张开，嘴唇微微张开，水平靠近两耳，眉毛上扬紧缩，眼皮上扬收缩，鼻孔张大。当对方脸上出现这种表情时，你要多想想，对方到底在害怕什么（图3-8）？

惊讶：下颚下垂，嘴唇和嘴巴放松，眼睛张大，眼睑和眉毛微抬（该表情持续时间不足1秒），面试时HR如果对你表示惊讶，谈薪酬的时候可以适当提高你的预期（图3-9）。

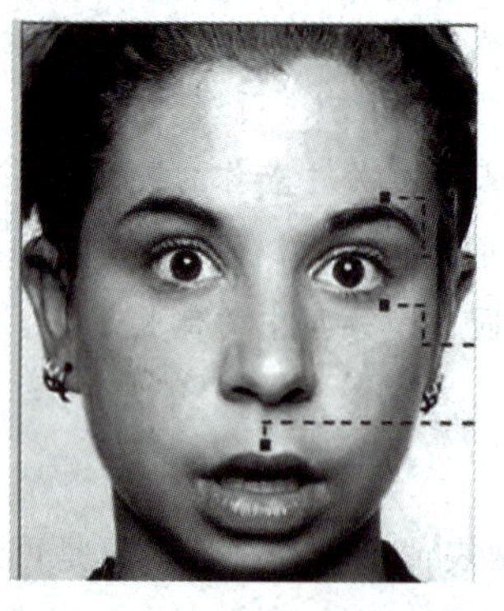

图3-8 害怕

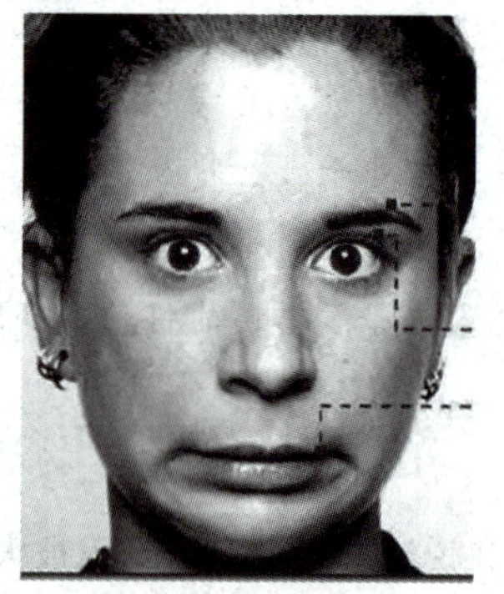

图3-9 惊讶

愤怒：眉毛下垂且收拢，前额紧皱，眼睛怒视，嘴唇闭锁。面对愤怒的老板，你要更加努力了（图3-10）。

厌恶：嗤鼻，上嘴唇上抬，眉毛下垂，眯眼。当一个人对另外一个人做出这种表情时，他们的关系真没有想象中的那么好（图 3-11）。

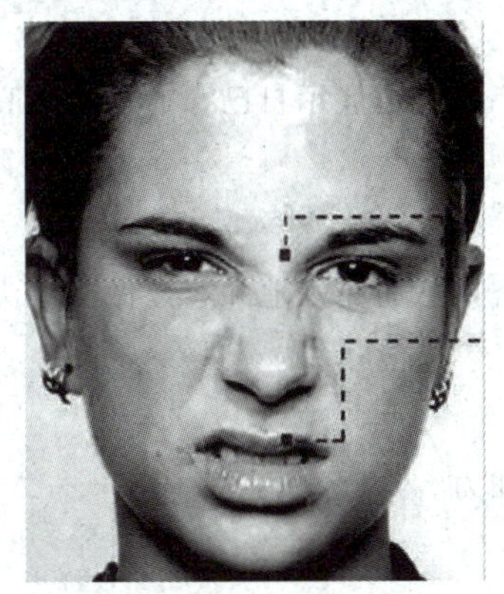

图 3-10　愤怒

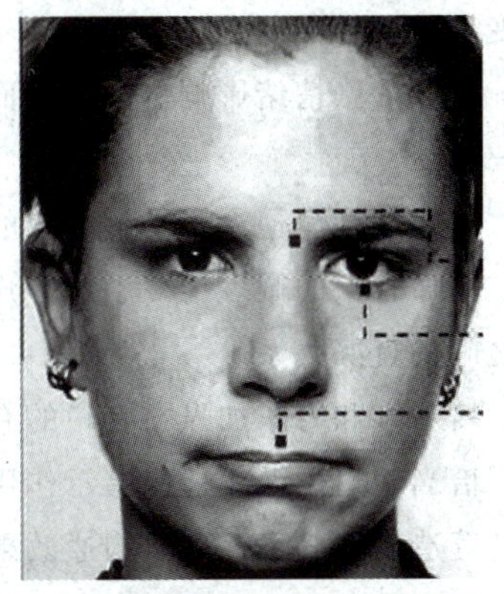

图 3-11　厌恶

轻蔑：嘴角一侧抬起，做讥笑或得意笑状。有人对你的讲话做出这种表情，可能你的内容真没有打动他们（图 3-12）。

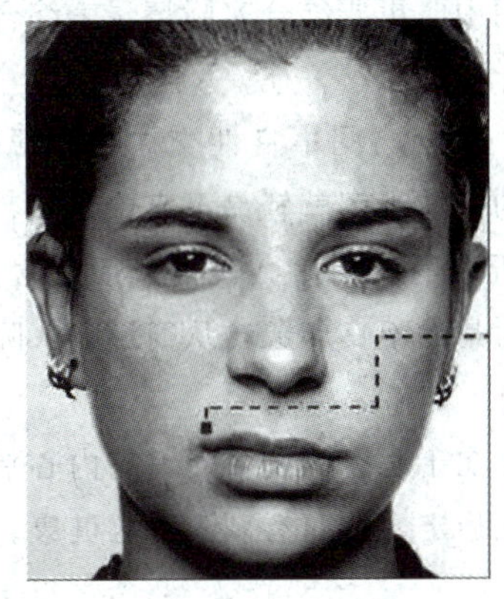

图 3-12　轻蔑

问题 2：职场中有哪些微表情？

常有扶眼镜等小动作，或把玩领带、项链等，则有可能显示自信不足，心神不宁。

手插口袋，表示紧张害怕，对自己信心不足。

抿嘴巴，挠头，表示窘迫、紧张，不知所措。

用手抚额头眉骨处，如擦汗状，表示羞愧。

咬指甲，表示缺乏安全感。

嘴微张，眼睁大，表示错愕。

眼睛左顾右盼，不敢直视对方，表示紧张、害怕，对自己缺乏信心。

说话很急，双手抱胸或将物品放在胸前形成一种障碍，刻意与说话者保持距离，代表焦虑。

嘴角向下瘪，是典型的犯错表情。

明知故问的时候，眉毛微微上扬。

五官向面部中心聚拢，表示暗暗反感。

发现你说错了，对方会有嘴角轻微上扬而又恢复。

在职场中，你经常要面对客户，掌握微表情就可以实现以下目标。更好地表达自己，有效影响和改变别人。

(1) 不让紧张情绪影响自己，进而影响洽谈效果，完美地展示自己，通过自然真挚的表情去感染客户。

(2) 更好地读懂他人，了解客户的真实心理状态。

(3) 读懂客户的微表情，了解客户的真实心理状态，从而更好地和客户做交流沟通，建立起与客户之间的良好关系。

(4) 培养亲和力，加强与客户的有效互动。

(5) 恰当地运用微表情的暗示作用，提高自身亲和力。

(6) 营造良好气氛，增强沟通效果。

(7) 实时掌握客户的心理状态，根据实际及时调整洽谈策略，从而营造良好的洽谈气氛来提高沟通效果。

问题 3：微表情是万能的吗？

微表情虽然看似神奇而又精准，但是由于文化和个人习惯等方面的差异，也不能迷信微表情背后的含义，在具体的实际运用中，更要结合实际情景来综合做出判断。

1. 参考为主，不能盲目全信

了解一些基础的微表情技巧，对于与同事良性交往是有帮助的。毕竟普通人不是研究微表情的心理学专家，不能单凭自己的一知半解就轻易下定论。

若不结合实际情况来加以分析，全盘相信微表情背后的含义，难免造成与人交往中猜忌和误会的产生，容易给人留下自以为是的不良印象，从而影响人际关系。

2. 调整心态，不能片面遮掩

面对不良情绪，最根本的方法在于心态的调整，只有内心平和，放平心态，由内向外地表现真实的自己，才能保持情绪的真正稳定，从而有利于身心健康。

案例分析与思考

三个微表情技巧，帮助你迅速识别谎言

要鉴别一个人成熟与否，最关键的指标就是看他是否能够看穿他人。看人准不准，直接决定了一个人在社会上的地位。历史上无论多勤勉的皇帝，一旦忠奸不分，就容易走上亡国的道路，崇祯就是一个很好的例子。在讲究脸面的社会里，我们很少看到真性情的朋友。当你把心事告诉信任的朋友后，他却添油加醋地告领导，这样的事已经屡见不鲜了，你还想再被继续背叛下去吗？

在职场和生活中，有太多的阿谀奉承和虚情假意在我们身边，学会识别谎言将能有效辨别出哪些是真正值得我们在乎的人，并远离那些一肚子坏水的人。下面介绍近年来心理学的研究热点——微表情心理学的一些入门知识。

《别对我说谎》中提到了一句经典的话：所有的真相都在你的脸上。因为一个人说真话和说谎话的反应是不同的。通俗地说，你脸上有些肌肉不是你想让它动它就动的，除非你真的高兴或难过。因为这些调皮的肌肉不听大脑的，只听外周神经系统的。

先带大家做一个实验，大家此刻对着镜子，然后大声复述我下面的话。

女生说："我是宇宙超级无敌美少女！"

男生说："我乃玉树临风赛潘安，一朵梨花压海棠，人称小霸王周伯通！"

重要的事情说三遍，大家继续。

你会发现，你无论有多镇定，说完这几句话你内心一定是不爽的。仔细观察，你还会露出一个尴尬的笑容。有些腼腆点的男生还会摸鼻子，女生还会捂嘴。

识别这种微小的说谎动作，便是微表情技术的关键。当然，有一种情况例外，就是这个人真的认为自己非常美或非常帅，即便你看来不是这样。他说话时是不会有说谎动作的，因为他说的是"真话"，他相信的"真话"。

当然，微表情是心理学中一门技巧性非常高的"武功"，下面我介绍三个入门级的技巧，帮助大家掌握识别对方谎言的方法。

1. 面质法

正所谓"所有的真相都在你的脸上"，要想了解一个人隐藏的秘密，其实问本人是最好的。但这样的事情往往都隐藏得很深，一般不会轻易承认，这时就需要用到面质法。

面质法就是盯着一个人的眼睛，非常严肃地提问。警察在审讯嫌疑人时常常使用这招，老练的警官能一眼看穿嫌疑人的内心。

"我就问你一个问题，不会再问其他，请你一定要如实回答。"施以这样的压力是很重要的。然后，就盯着对方的眼睛问："你是不是心里还有别人？"

如果对方很快并且没有什么面部表情地回答说："没有。"那实话的可能就很高。

很多人总认为，人在说谎时，眼睛是望向别处的，说明他们心虚。这条标准只适用于小孩，成人说谎时眼睛是盯着你的，因为他们需要知道你是否相信其谎言。

当成人大脑回忆真实存在的事情时，眼睛会先向上再向左转动。如果去虚构一个画面，即说谎话时，眼球的运动恰恰相反，会先向上再向右转动。

如果对方先回答"没有"，然后接着说："你为什么会这么问？""我到底做了什么事情让你这么问？""那么你呢，你心里有别人吗？"诸如此类的回答，那对方很可能就在说谎。

因为这是个只能回答"YES"或"NO"二选一的问题，所以其他的回答都是可疑的。

请不要问类似"你是否爱我？"这种问题，因为这种问题比较空泛，直接问基于事实的具体问题。

面质法最好仔细考虑以后再使用。因为揭露别人的秘密未必有好处，即使知道对方说谎也能给予信任，有时反而可以得到好的结果。即便是嫌疑人，也有自己的隐私权。

2. 倒叙法

想要知道你男友昨天的行踪是否真实？其实很简单，你先让他回忆一遍他昨天各个时间段具体做了什么事情。例如："我五点吃完饭后去散了步，六点上了会儿网，八点的时候上街转了一圈，九点我就回家了！"

你仔细记录下来他的行程，之后等半个小时，你让他倒着描述下自己的行程，从九点钟开始往前说。假如他的行程是编的，他故意隐藏了某些事情的话，这次回忆会变得相当艰难。

因为人的记忆是不可靠的，你大部分的回忆都是选择性记忆，而选择性记忆不完全是真实的。假如你需要重新来构建一次记忆，那不真实的地方会更多。倒叙法就利用了这个原理。

不信我们试试!

想想你昨天见过的人，回想一下你当时和他聊天的情形。这个人无论是同事、恋人或家人都可以，你还记得当时的情景吗？请你回想周遭的情况，那是怎么样的场景？附近有什么？

那么问题来了，你的记忆里一定有你自己的身影。可你的生活是一个第一人称游戏啊，你是怎么看到自己的呢？这表明你的记忆并不是据实记录，而是重新建立的。

倒叙法也要谨慎使用，假如被对方看穿你的意图，他会提前打好草稿来应付你的盘查。顺带一提，你可以了解他是否对你有所隐瞒，但总让人汇报自己的行踪是一种非常不友好的行为。

3. 真假笑容

其实我们很多人天生就能识别对方的假笑，我们往往以为那是第六感，其实不是，当你熟悉一个人后，你会熟悉他真正愉悦时脸上的表情。一旦他的笑容不是你熟悉的笑容，往往就是假笑(图 3-13)。假笑主要有以下两种。

图 3-13 假笑

(1) 双唇紧闭式笑容。这是不张开嘴巴的笑，此时的面部表情为双唇紧闭并且向后拉伸，形成一条直线，没有一颗牙齿外露。这是一种逢场作戏的笑容，你如果路上见到同事打招呼，多半是这样的笑容。这其实是一种礼节性的拒绝，这样的人多半与你是泛泛之交。

(2) 嘴角微微上扬式笑容。并不是所有的笑容都是善意的，有的笑容是对方违背内心真实意愿而伪装出来的，如嘴角微微上扬，但转瞬即逝。这种笑容维持时间很短，通常在几秒内结束。

这样的笑容表达的是轻蔑的意思，一个人如果比较喜欢在单位出风头，那么这种笑容他便再熟悉不过了。一旦你发现有人对你露出这样的笑容，那么请你立即远离此人。

真正喜欢你的笑容是什么样的呢？是露齿而且眼角还会有鱼尾纹的。这个大家可以去生活中仔细观察。

卡内基说:“一个人的成功，只有 15%依靠他的专业技术，另外 85%要依靠人际关系和处世技巧。”善用微表情技术能帮助你读懂对方的潜台词，能够在这些一闪而过的表情和动作信号中发现有价值的信息。但也正如《别对我说谎》剧中微表情大师所说的一样，微表情是一把双刃剑，如果不恰当运用会伤害自己。

来源：简书

问题讨论

如何通过微表情鉴别谎言，谈谈你学到了哪种方法？

案例 1.4　你的眼神如此神秘

职场故事

曾国藩识人术

清朝的曾国藩具有超乎寻常的识人术。某天，有三位新来的幕僚来拜见曾国藩，见面寒暄后三人退出大帐。有人问曾国藩对此三人的看法。曾国藩说："第一人，态度温顺，目光低垂，拘谨有余，小心翼翼，乃一小心谨慎之人，适于做文书工作。第二人，能言善辩，目光灵动，但说话时左顾右盼，神色不端，乃属机巧狡猾之辈，不可重用。唯有这第三人，气宇轩昂，声若洪钟，目光凌然，有不可侵犯之气，乃一忠直勇毅的君子，有大将的风度，其将来的成就不可限量，只是性格过于刚直，有偏激暴躁的倾向，如不注意，可能会在战场上遭到不测的命运。"这第三人便是日后的湘军大将罗泽南，后来他果然在一次战役中中炮而亡。

故事简析

曾国藩这位"超级 CEO"能通过"目光低垂""目光灵动，左顾右盼""目光凌然"准确识人，甚至根据性格推测未来的命运结局，不得不说其具有超乎常人的识人术。另外，也说明眼睛是心灵的窗户，在传递细微的情感方面，眼睛能起到其他非语言行为所起不到的作用。

方法解析

眼睛是人类五官中最灵敏的，在各种器官对刺激的印象程度中，眼睛对刺激的反应最为强烈。其感觉领域涵盖了所有感觉的 70%以上。可见，目光接触在沟通中有极为重要的作用。人的眼睛是会说话的，有时，从人眼睛中推断出来的含义之丰富是惊人的。因此，在职场中，要洞察一个人，最好从他的眼神（图 3-14）入手。在职场中与人沟通，目光一定要专注，与人说话或打招呼时目光一定要注视对方的眼神，这样做不仅表现出了自己的自信，也能觉察出对方是否自信或真诚。目光飘忽或注视时间短暂会让人觉得不礼貌、不坚定或虚伪，更是不自信。有心理学家指出：眼神向右下方看，说明正在认真听对方说话；眼神向右上方看，说明用视觉感受；眼神向左下方看，说明用感觉交流、很诚实；眼神向左上方看，说明有可能在说谎；眼神向前方看，说明认真在听。

问题 1：不同的眼神表现什么样的情感？

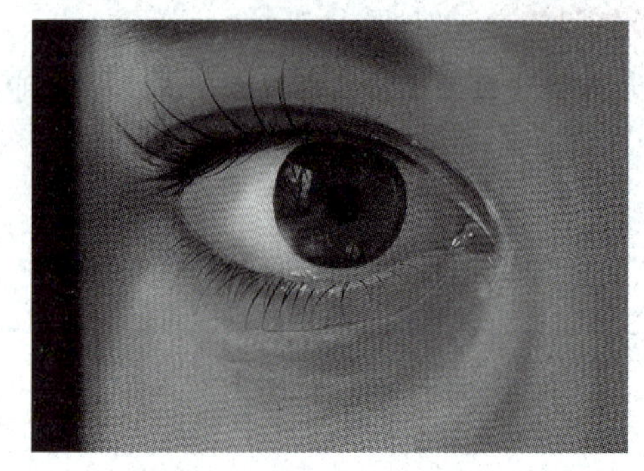

图 3-14 眼神

眼睛处于笑眯眯的半闭状态是含情的表现；双眼大张发愣是惊讶的表情；目瞪欲裂表示愤怒；眼神温柔是深情的表现。从两个人目光对视的情况可以反映出他们内心的情感及他们之间的关系。如果两个人死死地瞪着对方且目露凶光，说明他们之间存在着仇恨；但如果两个人对视的时间很长，而且目光温柔，那么这两个人很可能是一对情侣。如果一个人跟别人说话时不敢看着对方，通常会有三种情况：一是由于此人很怕羞，怕看着别人说话时，自己会语无伦次或满脸通红；二是由于他感到自卑，怕看别人的时候，别人也在看他，这样会使他感到自惭形秽；三是可能他心里有鬼，怕别人看穿他的心思。如果一个人跟你说话时目光散乱，就表明他对这番交谈心不在焉或不感兴趣；翻起眼皮仰视对方的人，表明他怀有尊敬和信赖对方的意思；如果一个人将视线落下俯视对方，表明此人有意对对方保持自己的威严等。

问题 2：在职场中如何正确使用眼神注视呢？

（1）注视时间长短适宜。注视时间的长短可以表示不同的含义。一般来说，面对不相识的人，看一眼（约 1 秒）就足够了，表明自己意识到了他的存在；在与人交谈时，眼神交流的时间总量占全部谈话时间的 1/3～2/3，如果低于这个平均值，则是对话题和对方不感兴趣的表现。

（2）注视范围得当。注视人体范围的大小和部位受制于互动双方的人际关系。在正式的社交场合，常用眼睛看着对方的前额上一个假定的三角形区域，这个三角形区域以两眼间的连线为底线，前额正中为顶点。这样注视可以表现得比较郑重、严肃。在非正式场合，一般应注视双眼间连线为上线、嘴巴为顶角的三角形区域，以显示和睦、友好。爱人或恋人之间常注视对方双眼和胸部之间的大三角区，表达亲密（图 3-15）。

问题 3：有哪些提高眼神交流的方法？

（1）与一群人交谈。当你与一群人交流时最好与倾听者有直接的眼神接触。但是不要只盯着一个人看，这样会使其他人停止听你讲的话。为了避免这样的情况，可以尝试在每个新句子的开头将眼神朝向不同的人。这样你就会照顾到所有人，并且使他们能保持对你谈话的兴趣。

（2）个人交谈。与一个人交流时保持眼神交流是很好的事情，但是如果一直盯着别人会使对方感到不自在，因而想尽快结束与你的谈话。为了克服这点，建议每隔 5 秒打断一下眼神交流。但不要往下看，这样会暗示对方你想结束这场谈话。可以向上看或向旁边看，就好像你想起了什么事情。当你的听众看到这一点时，他们会认为你正在思考，并保持对你的兴趣。

图 3-15 注视的范围

(3) 倾听别人的时候。当你听某个人讲话的时候，如果直直地盯着别人，会使他们不想再说下去。我有一个小技巧，称为“三角形法则”，那就是当你倾听时，看着对方的一只眼睛，过5秒，视线移向另一侧眼睛，再过5秒，移向嘴。保持三角形的路线移动。同时，还有一个技巧就是点头，适当地说：“是的”“对”“嗯”等。这样对方就会感到你对他的谈话内容很有兴趣，会愿意与你交谈并对你留下很好的印象。

(4) 发生争辩时。与某人争辩本身有很多技巧，如果你想要在一场争辩中保持有利地位，眼神的威力不可忽视。如果眼神用得好，不说话也可以说服对方。如果你在争辩中眼睛盯着别处，那么已经输了一半了。要能保持住你的目光注视对方，眼中透着坚定。当对方说话时，也注视对方，与对方眼神接触，观察其语调、神色。如果对方想激怒你，保持沉默，用眼睛注视对方，这是一种不用说一个字也能赢的有效途径。

案例分析与思考

“牵引注意力”，与对方增加视线交流

资料是进行讲解时最有效的道具。比起只通过语言进行说明，表格和图表更容易让观众理解，从而能够很好地吸引观众的注意力。但是，在通过资料进行说明时，有一个问题必须注意，那就是和对方的视线交流会明显减少。

某项心理实验发现，如果在两个人之间放置一张地图，让他们商讨旅游的计划，两个人对视的时间会从没有地图时的77%减少到6.4%。因为有了地图，两人交谈中的大部分时间都在盯着地图看。

为了取得对方的好感，你应该尽可能地和对方进行视线交流。

如果少了视线的交流，即使商品卖出去了，也无法很好地推销自我，为了避免这个问题，你应该想办法将对方的注意力从资料上移开，转移到你自己身上，这种技巧被称作“牵引注意力”。这是由美国的心理学家迪比特·路易斯发现的。例如，你正在让顾客看一个促销的小册子。如果你既想卖出商品，又想推销自己，那么你就应该拿出一支笔，去指示小册子上的文字。

当然，对方的注意力会集中在笔尖上。然后，你慢慢地抬起笔。于是，对方的视线就会离开小册子，跟着笔尖转移到你的脸上。使用这个技巧，不仅能推销商品，还能推销自我，能使对方认真地注视你。

在众人面前推销商品时，指示棒的使用非常重要。因为听众的视线总是集中在指示棒上，所以在说明将要进行到高潮的时候，将指示棒指向你自己。这样全体听众的视线就会离开商品，转移到你的身上。

人类80%的信息来自视觉，10%的信息来自听觉，剩下的10%来自触觉、味觉等其他感觉。也就是说，当顾客一边看资料一边听你说明时，如果他的视线只注意到了和商品无关的信息，那么你辛辛苦苦的说明就只能传达10%。

问题讨论

谈谈视线交流的重要性。

案例 1.5 字迹识人

职场故事

Z 总的字

五六年前，我一个做主编的朋友 H 组织了一个茶会。来的朋友各式各样，其中有位建筑公司的 Z 总，带了自己写的一幅字，赠送给 H，作为恭贺。

我们一群朋友聊天，海阔天空，大说大笑的，唯有 Z 总始终不出声，保持微笑。聊到他的时候，朋友们一致赞扬他儒雅，字也漂亮，他当时那幅字是瘦金体，很雅致。我看了一眼挂在墙壁上的那幅字，开起玩笑来，我说 Z 总这人，大家恐怕看走眼了，我就送他一个词——“闷骚”。

大家顿时激发好奇，问我，Z 总怎么就闷骚了呢？

我解释说，就是今天可能在办公室里一本正经谈他千万元的生意，明天就溜走了，自由散漫风花雪月去了。

Z 总当时立马站起身，大惊失色的样子，激动起来。他说，他刚刚在山里待了一阵子才回来，就是在公司里坐不住，忽然就跑出去的。

谜底也很简单。他写的那幅字，赠语雅致，一丝不苟写了吉祥话，签名落款却极为狂草。说明他有两副面孔，相对人格简单。

故事简析

语言文字是人类的专属技能，是高级文明的象征。人的笔迹相对稳定，是一个人内在个性的具象化。笔迹包含的信息特别丰富，因此才有“字如其人”的说法，通过一个人的笔迹能够看出这是个什么人。究其本质，还是利用观察到的细节和信息做分析。

方法解析

老话常说：“字如其人。”平时我们也经常喜欢拿这句话来调侃一些朋友。真的是这样吗？是的，一个人的字迹，真的能够真实反映出一个人的性格。

问题：在职场中，如何通过字迹大致判断性格走向？

在职场中，我们经常会要用到文字，如签个字、写份报告，我们可以通过一个人的笔迹大致推算出他的性格。

性格豪放的人，字体较大，笔画舒展；谨小慎微的人、字体较小，基本上不会写或不写潦草的字。有毅力的人，下笔往往很重；没有主见的人，笔画轻描淡写，笔力不强，结构松散。还有诸如字体右倾、字体左倾、字形正方，都是不同性格的体现。我猜想，看到这里，你一定在拿笔写字校验呢。别着急，关于不同笔迹代表什么样的性格，大家可以在网上通过“字迹识人”等关键字查找到。我曾经看到岳飞的字，龙腾虎跃、气场全开，气韵之生动，意态之刚劲，洋洋洒洒教人畅快淋漓，大英雄的形象跃然纸上（图 3-16）。我还看过刘墉的作品展，雍容端庄，玉润丰圆，一代名臣八面玲珑的政治家形象通过书法作品展现得淋漓尽致（图 3-17）。

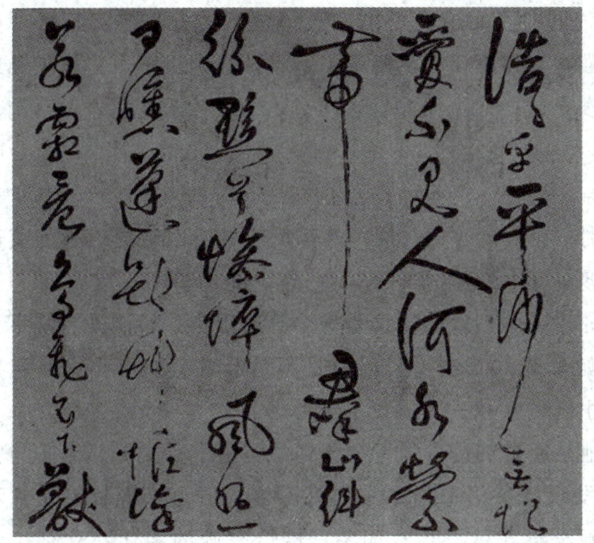

图 3-16　岳飞的字

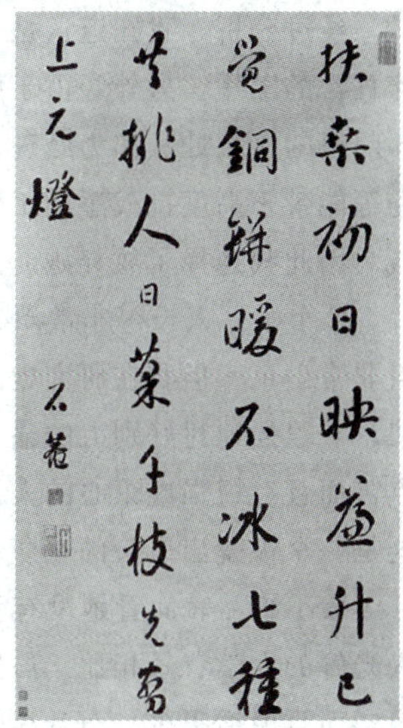

图 3-17　刘墉的字

通过笔迹学习，我们一是认识到学会字迹识人，就等于在职场上多学了一样本事；二是要知道字是你的脸面，也是别人判断你的途径之一。为了在职场中给人留下好印象，尽可能拿起你的笔，好好练字，写好字吧！

案例分析与思考

通过分析字迹选择英才

我所在的部门需要招聘一名文员，要求英语专业的女性。作为一家全国知名公司，我们的招聘消息在网上发布后没多久，就接到了大量的求职信。

经过对几十个人的初筛后，我选定了一些人来面试。经过层层考核，其中几个人实力相当，难以取舍。在最终抉择中，是笔迹分析让我迅速做出了判断。

我让每个应聘者写一篇 800 字以内的中文作文，一方面考察她们的文字表达能力，更重要的是要通过分析笔迹来判断谁最适合这个岗位。

A 小姐：有光鲜的在加拿大留学经历，我们面试中发现她的英语口语和写作都非常出色。但由于部门文员需要做大量日常琐碎的工作，因此除英语水平外，日常工作的严谨、上进和办事细腻程度也是我考察的重点内容。

我仔细看了她的作文，发现她的字歪斜懈怠，横倒竖斜，没有任何棱角，通篇很不整洁，很多地方有大团涂抹的污迹。整个字体给人的感觉是懒惰、不思进取、散漫和得过且过。

这也可以从她说话极慢的语速和不是很灵活的眼神中得到印证。

我知道她不是一个合适的文员人选。

B 小姐：英语水平和中文表达能力都极其出色，而且由于她看过很多书，谈吐非常得体。我面试时对她的印象很好，已经把她列为第一考虑人选。但我仔细研究她的笔迹后发现，她的字体非常大、棱角过于凸出，经常有一些竖笔画画到下一行的现象。通篇有一种不可一世、压倒一切的霸气。

经过分析，我知道这是一个很有才气同时又很有野心的女孩，她不会安心于终日做一些琐碎日常的工作。另外，由于她自信心极强，字体里反映出的不可一世，让她也不可能很随和地与部门里的人相处。作为经理，会非常难领导这样的下属。有这样字体的女孩子更适合做营销、业务等能带来高度挑战感的工作。

因此我选择了放弃她。

C小姐：人长得非常漂亮，口齿伶俐，在面试时的一问一答都反应机灵而敏捷。她的英语口语非常出色。但我在研究她的笔迹后发现，她的字体非常小而粘连，弱弱娇娇，字没有一点骨架，有很强地讨好别人的谄媚之相。研究后我强烈地感觉这是一个心胸很小、娇滴滴、吃不了一点苦而且有极强虚荣心的人。我联想起她反复问我进了公司后是不是经常有机会出国，我判断这是一个极爱出风头的花瓶一类摆在那里看的女孩，因此我不予考虑。

D小姐：表面看她没有任何优势，她是通过英语自学考试拿到的英语本科文凭，无法与其他人光鲜的大学背景相比。虽然通过考试发现她英语口语和写作都不错，但由于人长得非常不起眼，而且说话很少、声音很轻，面试时她没给我留下什么印象。恰恰是她的字让我立刻注意了她：她的字写得娟秀、清爽、整齐，笔压很轻，通篇干干净净，字的大小非常均匀，而且字体中适度的棱角让字体很有个性，但这种棱角又没有咄咄逼人的压迫之气。

从她的字可以判断出来她做事非常认真仔细，自律意识很强且能安心做日常琐碎的工作。她有自己独立的见解，但又不至于没有团队精神。

她的问题是笔压非常轻，从中可以看出自信心不足，但我完全可以在今后的工作中慢慢培养她的自信。

在笔迹分析的帮助下，我选择了D小姐做我的部门文员。半年过去了，事实证明她的性格走向完全与我当初的判断相符：她敬业且高效，严谨且认真，她将我们部门的日常工作处理得非常好。

我们编发这篇文章并不想给文字书写不漂亮的同学造成恐慌，只是想以另一种角度和思维来观察雇主对各职业人才的择才标准。

问题讨论

有人认为，写字好的人就可以胜任所有岗位。你认同这句话吗？谈谈你的理由。

二、传递你的良好职场姿态

案例 2.1 会笑总不是件坏事

职场故事

爱笑的小文

有一位叫小文的女孩，通过在58同城投递简历，很快就接到了新公司的录取通知。入职后，小文很快便融入了新的集体，无论是工作上，还是人际关系处理上，都非常得心应手。她一直信奉的一句话，就是爱笑的女生运气都不会太差。大多数跳槽的人都会在进入新环境后有一定的陌生感，小文为何能够如此快速地适应新环境呢？

对此，小文表示："在 58 同城上找工作的时候，我就用在线微聊功能，和 HR 聊得非常投缘。因为我特别爱笑，面试的时候面试官对我印象特别好，而入职以后，同事也都说我的笑特别有感染力，因此很快就融入了新环境。"

故事简析

在职场人际关系与沟通中，微笑通常被认为是最简单，但是很有效的沟通技巧。随着人们生活节奏加快，不少职场人忙着工作、生活，却唯独忘记了微笑。每天能够精神饱满地迎接挑战，微笑面对新的一天，是一种强大的精神力量，这在职场中是非常值得推崇的。

方法解析

问题 1：在职场中微笑有多重要？

微笑能带给他人快乐，也带给自己快乐，一个懂得知足常乐的人是幸福的。很多初入职场的人往往更重视自己的服饰仪容，每天上班临行前，总是要对着镜子刻意打扮一番，看领带是否端正，头发是否整齐，唯恐因衣着粗俗而令人看不起，大家很少注意到自己的面部表情，很少意识到自己的微笑将会对工作产生什么影响。其实，很多时候微笑比仪容更重要。

杭州某公司一位员工因长期"霸占"公司打卡微笑榜榜首，被老板评为模范员工，并奖励 10 个月工资，原因是老板称其笑容很感染人，能为公司带来正能量。

中国有句古话："人不会笑莫开店。"外国人说得更直接："微笑亲近财富，没有微笑，财富将远离你。"真诚的微笑往往能带来意想不到的结果。

可见，无论对于企业的发展，还是我们个人的职业发展，微笑都是至关重要的。美国一家百货商店的人事经理说过，她宁愿雇用一个没上完小学却有愉快笑容的女孩子，也不愿雇用一个神情忧郁的哲学博士。

问题 2：职场微笑有哪些技巧？

微笑是一种极具感染力的交际语言，不但能很快缩短你和他人的距离，并且能传情达意。当然，微笑看似简单，但也需要讲究一定的技巧。

（1）在人际交往与沟通中，要笑得自然。微笑是美好心灵的外观，微笑需要发自内心才能笑得自然、笑得亲切、笑得美好和得体。切记不能为笑而笑，没笑装笑。

（2）与人交往沟通时，要笑得真诚。最近有一个新闻报道，一个在高速公路收费站工作的人被很多司机投诉，投诉的原因并不是他服务态度不好，没有耐心，而是他的微笑。据记者实地调查，很多司机反映，这位工作人员的微笑太假，看起来很恐怖。

人对笑容的辨别力非常强，一个笑容代表什么意思、是否真诚，人的直觉都能敏锐判断出来。因此，当你微笑时一定要真诚。真诚的微笑才能让对方的内心产生温暖，引起对方的共鸣，使之陶醉在欢乐之中，加深双方的友情。

（3）微笑要有不同的含义。对不同的交往沟通对象，应使用不同含义的微笑，传达不同的感情。

例如，尊重、真诚的微笑应该给长者，关切的微笑应该给孩子，暧昧的微笑应该给自己心爱的人。

（4）微笑的程度要合适。微笑是向对方表示一种礼节和尊重，我们倡导多微笑，但不建议时刻微笑。微笑要恰到好处，例如，当对方看向你的时候，你可以直视他微笑点头。对方发表意见时，你可以一边听、一边不时微笑。如果不注意微笑程度，微笑得放肆、过分、没有节制，就会有失身份，引起对方的反感。

（5）微笑要看不同的人际关系与沟通场合。在工作中，并非所有的微笑都能获得他人的认可。曾经有一个在4S店工作的销售人员，客人向他索要更多赠品时，出于礼貌，他以微笑来拒绝，但客户以为他一直在笑着讽刺自己贪心，还投诉了他。在情感消费时代，消费者看重的不仅是商品本身，还希望得到情感上的满足、心理上的认同。因此，工作中的微笑要恰逢时宜，否则可能会引起不必要的误会。

微笑使人觉得自己受到欢迎，而心情舒畅，但对人微笑也要看场合，否则就会适得其反。假如，当你出席一个庄严的集会，去参加一个追悼会，或是讨论重大的政治问题时，微笑是很不合时宜的，甚至会招人厌恶。因此，微笑时，你一定要分清场合。

问题3：什么是微笑抑郁症？

虽说微笑很重要，但是保持微笑却并不是一件轻松的事情。由于“工作的需要”“面子的需要”“礼节的需要”“尊严和责任的需要”，很多职场人士白天大多数时间都面带微笑，但有时候，这种“微笑”并不是发自内心深处的真实感受，而是一种负担，负担经过累积，久而久之就导致了情绪的抑郁，这一现象被称为“微笑抑郁症”。

近些年，“微笑抑郁症”在职场人群中迅速蔓延，“患者”们拼命隐藏抑郁情绪，每天都笑容可掬，但是内心深处与其他抑郁症患者一样，情绪低落、兴趣丧失、精力减退。很多心理专家表示，近两年来，他们接触到不少患有“微笑抑郁症”的职场人士，大多数来访者都是学历较高、有相当身份地位的白领女性，特别是高级管理和行政工作人员。

如果你已经有这一倾向了，建议你转换一下工作心态，尝试重新唤起对工作的热爱，或者更换一个工作环境，尽可能地减轻一些工作压力，让自己走出抑郁的阴霾。

人生似一首诗，微笑着对它，拾取点点诗情、片片诗意。生活本该如此，职场亦如此。当在职场中遇到挫折和不顺，作为职场人士应该做到的不只是表情上保持微笑，还要以良好的心态，以及强大的内心去面对困境，才能让困难迎刃而解。

案例分析与思考

没有员工制服的购物中心

位于法国巴黎的科尼克亚购物中心在装修开业前夕，经理却为售货员的工作制服没有确定而十分苦恼。他望着好几家服装公司送来的竞标样品，尽管都设计得简洁、美观，而富有特色，但他总觉得缺少点什么，只好向世界著名时装设计大师丹诺·布鲁尔征求意见。这位83岁的时装设计师听明白这位经理朋友的意思后，忠告说：“其实员工穿什么衣服并不重要，只要他们面带微笑。”现在，科尼克亚已发展成巴黎最大的购物中心之一，并以销售纯正的法国葡萄酒而享誉全世界。同时，它也是巴黎少有的几家没有统一员工制服的购物中心之一，但是它的服务和微笑被公认是世界一流的。

问题讨论

如何理解“其实员工穿什么衣服并不重要，只要他们面带微笑”这句话？

案例 2.2　得体的举止消除对立

职场故事

李小倩的面试表现

在一个面试的休息室里面，坐满了等候面试的人。有的人充满自信，志在必得；有的人紧张异常，一遍遍地背着自我介绍。面对众多的求职竞争者，一个叫李小倩的女生不以为然地笑笑，她从包里拿出化妆盒补妆，又用手拢拢头发，心想：凭我高挑的个子，白皙的皮肤，还有这身够靓的打扮，白领丽人的味道十足，这场面试舍我其谁？

当考官叫到李小倩名字时，李小倩从容进入考场。按考官的要求，李小倩开始做自我介绍："各位好！我是师大中文系毕业的学生李小倩。在校期间，我的学习成绩优良，曾担任两届学生会文艺部部长，……我还有很多业余爱好，如演讲、跳舞等，我还拿过很多奖呢！对于我的公关才能和社交能力我是充满自信的。"

一边说着，李小倩一边从包里拿出参加学校舞蹈大赛和演讲比赛的获奖证书，一不小心，包包里的化妆盒也跟着掉了出来，各式的化妆用品散落一地。她一下乱了手脚，慌忙捡东西，抬头对着考官说："不好意思！"

考官们默默地摇了摇头。考官甲说："同学，麻烦你出去看一下我们的招聘条件，我们这里是研究所。你还是另谋高就吧。"

故事简析

为什么考官请李小倩另谋高就？李小倩的求职准备是否充分？她到底欠缺什么呢？

许多同学认为自己的形象只是个人问题，与工作无关，也与团队无关。事实上，只要你身处一个组织之中，无论何时何地，你的穿着打扮、行为举止都必须与你的职场角色符合，良好的专业形象和素养是你成功的基石。

如今，职场的竞争不仅是专业实力的较量，还是个人职场礼仪、职业形象的比拼，特别是对于即将走向职场的大学生来说，懂得如何通过职场礼仪，树立个人良好的职业形象，可以说是大家找工作的敲门砖。

方法解析

进入职场之后，在工作中，需要通过许多职场礼仪去调节你与上级、与同事，以及你与客户之间的关系。也许你的工作能力和经验还不足，但是如果知道怎样与领导和同事之间和谐相处，那么你的职场生涯就会少走些弯路。

问题 1：为什么说礼貌是新人进入职场的关键？

有家公司个别员工的办公座位安排有点特殊。王女士是公司财务主管，由于业务需要，没有和同部门的同事坐在一起，而是被安排在进门的玄关旁边一个座位。几个月前，公司新来了一个大学毕业生，每次进门首先看见王女士，她不仅招呼不打一声，头也不点一个，有时她还直瞪瞪地看王女士一眼就走进去了。王女士怀疑这个大学生可能把自己只是当成前台的阿姨，因此如此不屑。过了一段时间，这个大学生大概终于搞清楚王女士并非什么接电话、收快递的阿姨，而是掌管她每个月工资的财政大臣，突然有一天就开始殷勤起来，一进门就喊："王老师!"叫得那个响亮、那个亲切。可是，王女士心里的感受却不一样了，即使这个大学生现在对王女士再怎么尊敬，王女士对她也生不出什么好感来。王女士很纳闷，怎么一个大学生刚进社会就学会了势利？如果自己真的是前台阿姨，是不是这个大学生永远都不打算跟自己打招呼呢？

新人刚进职场，礼貌很关键，人际关系一定要妥善处理，不能以貌取人，或者想当然，要记得地位低下的员工同样也是前辈或长辈，哪怕是打扫卫生的阿姨，如果正好遇到她在帮助自己清理纸篓什么的，也不要忘记说一声"谢谢"，这样就会平添很多的亲和力和人缘。刚刚毕业的大学生真的是要好好树立自己在公司的第一印象，这可不是闹着玩的。

作为未来的职场人，请大家记住这几句话：尊重上级意味着服从，尊重同事是本分，尊重下级是美德，尊重客户是常识，尊重所有人是教养。

问题 2：职场中如何使自己的言谈举止得体？

如果商务活动中我们的穿着打扮形成了他人对我们的第一印象，那么得体的言谈举止则可以使你在人群中脱颖而出。在商务交谈中，我们需要注意哪些原则呢？

(1) 懂得尊重对方。职场交谈是一门艺术，谈话者的态度和语气极为重要。有人谈起话来滔滔不绝，容不得其他人插嘴，把别人都当成了自己的学生；有人为显示自己的伶牙俐齿，总是喜欢用夸张的语气来谈话，甚至不惜危言耸听；有人以自己为中心，完全不顾他人的喜怒哀乐，一天到晚谈的只有自己。这样的人给人的印象只是傲慢、放肆、自私，因为他们不懂得尊重别人。

无论是哪一种交谈，只有懂得尊重对方，才有可能交谈下去，也才可以更好地增进彼此间的亲切感，商务交谈更应是如此。我们可以在交谈之前做些功课，如了解对方的喜好、文化背景和受教育程度、生活阅历等，多了解对方也是尊重对方的最大体现，交谈时也会更畅快。

(2) 谈吐文明。谈话中一些细小的地方，也应当体现对他人的尊重。例如，有的人喜欢在谈话中夹杂一些外语和方言，这就需要顾及谈话的对象，以及在场的其他人。假如有人听不懂，那就最好别用。否则就会使他人感到是故意卖弄学问，或有意不让他听懂。

与许多人一起谈话，不要突然对其中的某个人窃窃私语，而凑到耳边小声说话更不允许。如果确有必要，提醒他注意脸上的饭粒，或衣扣松开了，那就应该请他到一边去谈。

当谈话者超过三人时，应不时同所有的人都谈上几句话。不要搞"酒逢知己千杯少，话不投机半句多"而冷落了某个人。职场男士尤其需要注意的是，与女士们谈话要礼貌而谨慎，不要在许多人交谈时，与其中的某位女士一见如故，谈个不休。

(3) 温文尔雅。有人谈话得理不让人，天生喜欢抬杠；有人专好打破砂锅问到底，没有什么是不敢谈、不敢问的。这样做都是失礼的。在谈话时要温文尔雅，不要恶语伤人，讽刺谩骂，高声辩论，纠缠不休。在这种情况下即使占了上风，也是得不偿失的。

(4) 把握好语速、语调。在商务交谈中如果语速、语调把握得好，会让对方感觉与你交谈如沐春风。切勿以过快或过慢的语速、语调与对方交谈，尽量做到平稳、中速，让对方清晰听见你所说的内容。

礼仪体现细节，细节体现素质。不积跬步，无以至千里；不积小流，无以成江海。文明行为的形成，需要养成习惯；良好习惯的养成，需要平时细节、行为上的不断自我约束。

案例分析与思考

王经理的困惑

国内某汽车品牌公司的王经理出差到法国，他是初次到国外，没有经验，也不了解法国的习俗，因此在没有任何准备的情况下来到了法国。刚下飞机，法国某汽车零件公司负责接待的人员接到了王经理，并对他表示了简单的问候。接着，大家一起来到饭店用餐。用餐结束后，王经理像在中国一样开始攀谈一些家长里短，想借此拉进合作双方的关系，话题越说越私密，使得法方接待人非常尴尬。

第二天，见到法方公司的经理后，王经理愈感亲切，以为经过了昨天的饭局，已经很好地融洽了双方的关系，便拉着对方经理聊天，话题由日常生活到法国的当下政局，法方经理大惊失色，惊讶地看着他，并皱起了眉头。会面结束之后，双方的合作最终没有达成，王经理白白花费了精力来到法国，最后还是不明白问题出在了哪里。

问题讨论

请你帮助王经理分析，他的问题出在哪里？

模块知识要点

在我们与别人交往时，非语言沟通的重要性是毋庸置疑的，面部表情提供给我们一种便利且有效的工具，揭示了我们自己或其他我们不认识的人的财富和任何秘密。因为全世界的联系越来越密切，与其他人的联系也就变得越来越经常和重要，面部表情预测在做出关于招聘、提升、交朋友、建立关系、寻求投资和选择业务伙伴的决策，以及在人际交往技能中，会有很大的帮助。

高达 93％的沟通是非语言沟通，其中 55％是通过面部表情、形体姿势和手势传递的，38％通过音调。这么多的沟通是非语言的，因此我们了解如何更好地利用它去沟通是非常必要的。这一模块将研究非语言沟通如何成为我们所发送每一条信息的一个重要部分。

一、非语言沟通概述

（一）什么是非语言沟通

非语言沟通是不使用任何词语的信息沟通。为了理解非语言沟通，下面看一个例子。

凯丽掩饰不了她的激动，这种激动在她的脚步上，在她温暖自信的笑容中，在她眼睛的光芒里，在她的一举一动中。她从交往了两年的男朋友那里新得到的戒指是她欣喜的部分原因。前天，一个有名的、吸引求职者的广告公司——斯达集团的首席与她有力地握手，使她完全确信自己积极寻找的工作属于自己了，这可能也是对她起激励作用的部分原因。然而，最好的解释可能是她的学位帽上的穗子被从这边拨到了那边，这向世界宣布她已经从学生变成了毕业生（图 3-18）。

图 3-18 凯丽的非语言沟通

很有趣吧？凯丽一句话也没有说，但是每个了解她的人都能知道她的感受，都会注意到她手上的新戒指，都能理解学位帽对学生们的意义和对他们今后社会身份的影响。这些都是相当普遍的非语言行为，对大多数人而言，它们也传达了特别的情感和思想。

从一个非语言的暗示，你当然能使用你的想象力来回答一系列相关的问题：在上例中，场景、安排或内容是什么？那个跟凯丽在一起的人会是谁？在这一事件中涉及了多少人？她家庭中的成员谁会跟她在一起？这是一个快乐的还是悲伤的时刻？在这种场合中，有没有人演讲？凯丽那天早晨在做什么？她晚上会在哪里庆贺？她会邀请谁？她会喝酒吗？当你考虑所有这些附加的问题时，你就有可能回答关于凯丽的问题，因为你知道她将学位帽上的穗子从这边拨到了那边，意味着她大学毕业了。

大多数非语言沟通就像上例中的脚步、温暖自信的笑容、眼睛里的光芒和动作姿势，是不自觉地表现出来的，人们甚至没有意识到他们正在传递一些非语言信息。从另一方面说，戒指、强有力地握手及拨帽穗的动作实际上都是有意的，为传递信息而特别设计的。

（二）非语言沟通的特点

1. 非语言沟通是由文化决定的

许多非语言行为是在孩童时期学到的，由父母和其他相关群体传给的。历经在某个特定社会的成长过程，人们接纳自己所在的文化群体的特性和风格。当人们第一次相遇时，美国人把目光接触看得很重要，身体接触局限在有力地握手上。阿拉伯人并不介意谈话中的噪声或被人打断。太平洋的密可尼西亚人相遇时，他们既不说话也无身体接触，相反，他们通过挑起眉毛或点头问候对方。

来自不同文化群体的人处于同一空间的话会怎样呢？除学习语言外，要想在新的文化环境中生存，就要具有按照公众交往的当地规则行动并识别日常与人交往的方式和礼仪的能力。入乡随俗，到什么山唱什么歌。当然，这绝不是说用一种文化取代另一种文化，在全球化的今天，相反，它涉及对各种类型文化的理解和进行整合，结果是每种文化都获得了新的特点。

在绝大多数文化中，男性的非语言行为区别于女性的非语言行为。例如，男人和女人在摆放自己身体姿态方式上存在着极大的区别。不论是女孩还是妇女都靠得更紧，互相直视对方。男孩和男子则相互错开而坐，不直接甚至不看对方。男子通常以一种放松的、手脚伸展的方式坐着，无论他们是在男子群体中还是在男女混合群体中。相比之下，当妇女在混合群体中时，她们的坐姿是女性化的，但当她们在都是女性的群体中时，她们手脚伸展着、放松地坐着。

2. 非语言信息可能与语言信息矛盾

非语言沟通是非常根深蒂固和无意识的，以至我们能传递一种语言信息，然后传递与它直接相矛盾的非语言信息。当然，有时候矛盾可能会同时发生。例如，专家测谎的方式。专家设计出一种计算机程序，可以通过分析一闪而过的面部表情来测谎。计算机用来分析肉眼根本察觉不到的表情，如眼睑的移动和假装的微笑，人们可以被测出甚至连自己还没有意识到的谎言。

例如，一个总是保持微笑、跟你热情地握手并非常关注你的生意和健康的人，他的形体语言和态度告诉你他所做的一切都是为了个人利益，尽管他说得好听，但是这个人的很多沟通方式表明他缺少起码的真诚。这个人说的是一种情况（我非常关心你的生意和健康），而他的非语言行为传递的是另外的情况（我非常关心我能从你那儿赚到多少钱）。因此，非语言信息通常比语言信息更可靠。我们学会了操纵词语，但发现操纵非语言沟通确实是困难的。

3. 非语言信息在很大程度上是无意识的

你醒来后觉得可能是感冒了，但还没严重到要待在家里，因此就去上班了。你的一个同事一看到你就说："你感觉不舒服吧？"她是通过非语言渠道知道这一点的。她能通过你的姿态、你的声音和你的脸色感觉出来，她在做一种非语言评价，你不必说一个字，她就知道你的感觉。

我们通常意识不到自己的非语言行为。例如：与自己不喜欢的人站在一起时保持的距离比与自己喜欢的人站在一起时更远；我们身体的姿势，如双臂交叉，可能表明自己持反对意见；我们用头部和眼睛动作去开始和结束与他人的交谈。有很多我们都没有意识到，这并不吃惊。

4. 非语言沟通表明情感和态度

面部表情、手势、形体动作及使用目光的方式，都向他人传递了我们的情感和情绪。别人能从我们的面部发现情感和情绪，包括愉快、悲哀、惊讶、恐惧、愤怒、兴趣、耻辱、羞愧、害羞和负罪。人们很容易从一些暗示中解释一个人的情绪状态，如"体力充沛、精力旺盛、暗送秋波、嫣然一笑、潸然泪下、紧握双手或双拳、立正站好、慢慢吞吞、手舞足蹈、无精打采两眼无神"。如果你想对别人表达更多的热情和亲密，你可能表现出愉快的面部表情、热情的姿势、更近的人际距离和友好的接触。你很容易得出结论，即通常是面部表情、姿势、动作和眼睛等一些暗示的结合在进行情感沟通。当然，并非要求所有这些暗示都一齐出现，任何一种暗示都可以沟通情感。

（三）非语言沟通的功能

1. 非语言暗示补充语言信息

通过增添语言信息的含义来补充语言信息。例如，当你与人谈某个问题时，可能说："真对不起！"并且拍对方肩膀或拥抱对方来加强这种信息。

2. 非语言信息调整语言沟通

你的老板或老师怎样暗示你该结束谈话了呢？从椅子上站起来，或者整理桌子上的文稿，这些都是向你传递谈话结束了的信息。

3. 非语言信息代替语言信息

老师抬起头，盯着班里一些正在说话的学生，几秒后直到所有的学生都安静下来他才继续讲课，他的表情说明“同学们安静下来，我们要开始上课了”。

4. 非语言信息加强所说的内容

在老师告诉班里的学生他将不收超过规定时间的论文时，他的声音是有力的和坚定的。

（四）非语言沟通和语言沟通的区别

非语言沟通和语言沟通相互加强，但它们之间存在着明显的区别。语言沟通在词语发出时开始，它利用声音渠道传递信息，它能对词语进行控制，是结构化的，并且是被正式教授的。非语言沟通是连续的，通过声音、视觉、嗅觉、触觉等多种渠道传递信息，绝大多数是习惯性的和无意识的，在很大程度上是无结构的，并且是通过模仿学到的。

（五）非语言沟通的种类

在这里，我们将讨论辅助语言、形体动作、眼神信息、服装、空间和距离、接触，对每种因素只做简单的介绍。

1. 辅助语言

语言沟通是由用于沟通的词语组成的；非语言沟通中存在着辅助语言——一种说话方式，它是由伴随着口头语言的有声暗示组成的。

辅助语言包括说话的速度（快慢）、音调（高低）、音量（响度）和音质（悦耳或令人不舒服）的特点。当这些因素中任何一个或全部被加到词语中时，它们能修正其含义。研究表明，沟通中39%的含义受声音暗示的影响。一句话的含义往往不仅决定其字面的意义，即不是词语本身，还是对它们的表达方式，即弦外之音。

研究发现，说话快的人被看成更有能力、更可靠、更聪明。但是，他们也会被认为没有说话慢的人诚实和值得信赖。说话者音调较高、声音响亮而有节奏感，则被视为更有能力、更有威信和更有吸引力，用低音、无变化的语调说话的人似乎是胆气不足，可能被认为没把握或害羞，令人不愉快。

尤其语调的变化，可以使字面相同的一句话具有完全不同的含义。如一句简单的口头语：“真好”“真棒”，当音调较低，语气肯定时，表示由衷的赞赏；而当音调升高，语气抑扬时，则完全变成了刻薄的讥讽和幸灾乐祸。

辅助语言的一个相关方面是声音的补白，即用于填充句子或做掩饰或表示暂停的声音。辅助语言包括你说话的方式，声音补白是你在搜寻需要用的词语时所用的一种方式。在现实生活中，你会使用许多声音补白让其他人知道你还在说，尽管你自己也可能不确切地知道自己想要说什么。不能算作词的“嗯”“啊”“呀”，以及“你知道”“像”或“无论如何”这样的短语，都表明了暂时的停顿。尽管它们后面跟着词语，但是在这种情况下，它们是没有意义的。

2. 形体动作

形体动作也被称为形体语言，具有象征性、说明性、调整性、情感性和调适性。

(1) 象征性。象征性是指那些能直接用语言解释的形体动作。如伸开手掌把拇指和食指连到一起成环状可被解释为“对或好”；而拇指和食指相擒则是“谈钱”的意思。

(2) 说明性。动作加重和强调词语的含义，有助于使沟通更加准确。如果某人给你指路时，他或许指向前边的路口并在适当的地方做向左或向右拐的手势；如果某人告诉你他钓了一条大鱼并用手比画，你将对这条鱼的大小有一个比较清晰的概念。

(3) 调整性。动作能控制说和听的流畅性，它包括点头、手势、变换姿势和其他表明开始和结束相互作用的形体动作。例如，学生背书，双手往后一背，确能缓解紧张情绪。在更微妙的情形中，当你说话时，对方可能略微转开或看手表，这或许表明对方不喜欢听或不愿意继续交谈下去。

(4) 情感性。情感性是通过面部和形体动作表明情感的激烈程度。如果你走进办公室，班主任说："我知道你心情不好。"他是通过你严肃坚定的表情、紧握的手和僵直的身体姿势看出你来这里是做好了一场争辩的准备的。

(5) 调适性。调适性是根据沟通情景做出调整的非语言方式，它们能满足你的生理和心理需求。当你要控制自己的感情时，你会做什么？(去洗手间) 当你感到紧张、放松、拥挤或受到侵犯时，你会做什么？(摆弄首饰、敲桌子、挪动桌椅) 尽管这些动作是一种习惯，本意不是用来沟通的，但它们也传递很多信息。

你第一次住校时，妈妈来看你了。她会拖地、抹桌子、洗衣服、整理床铺和物品。她使用这些调适性动作意味着什么？在浅层次上告诉你，这儿不整洁，在更深层次上告诉你，你仍然还是她的孩子，妈妈仍然管着你、疼爱你。

3. 眼神信息

眼神信息包括所有由眼睛单独传递的信息。在许多文化中，没有眼神接触的交谈被认为是粗鲁的，表明缺乏兴趣、不予关注或揭示了害羞或欺骗。

"眼睛是心灵的窗户。"它可以传神地表达一个人的内心感情和思想品质。眼神信息最重要的一个方面就是眼神接触。

行为科学家断言，只有当你同他人眼对眼时，也就是说，只有相互注视对方的眼睛时，彼此的沟通才能建立。注视行为主要体现在注视的时间、注视的部位和注视的方式三个方面。

(1) 注视的时间。注视的时间对双方交流的影响很重要。我们和有些人谈话时感到不舒服、不自在，有些人甚至看起来不像好人，不值得我们信任。这主要与对方注视我们的时间长短有关。当然，也要区别不同性别之间的交流。

①同性之间进行交流的情况。当一个人不诚实或企图撒谎时，他的目光与你的目光相接超过2/3，那就说明两个问题：第一，认为你很吸引对方，这时他的瞳孔是扩大的；第二，对你怀有敌意，向你表示无声的挑战，这时，他的瞳孔会缩小。事实证明，若甲喜欢、崇拜、信任乙时，交谈中甲会一直看着乙，这时乙会意识到甲喜欢他。换而言之，若想同别人建立良好的关系，在整个谈话时间里，你和对方的目光相接累计应达到50%～70%，只有这样，才能得到对方的信赖和喜欢。如果延长注视，尤其是当注视消极的面部表情时，可能形成胁迫感。

②异性之间进行交流的情况。无论男性还是女性，都不可长时间注视对方。即使必要的注视，也不能太咄咄逼人或放肆。眼光必须是诚恳的、善意的。当然，成功谈情的首要原则就是眼神的亲密接触、延长注视，"含情脉脉""两眼放电"。

(2) 注视的部位。注视的部位因以下场合不同而有很大的区别。

①公务注视。只洽谈业务、磋商交易和贸易谈判时所用的注视部位。眼睛应看着对方额上的三角区（以双眼为底线，上角顶到前额）。注视这个部位，显得严肃认真、有诚意。在交谈中，如果目光总是落在这个部位，你就把握住了谈话的主动权和控制权。这是商人和外交人员经常

使用的注视部位。

②社交注视。社交注视是人们在社交场所所使用的注视部位。这些社交场所包括鸡尾酒会、茶话会、舞会和各种类型的友谊聚会。眼睛要看着对方脸上的倒三角区（以双眼为上线，嘴为下顶角），即在双眼和嘴之间。注视这个部位，会营造一种友好的社交气氛。

③亲密注视。亲密注视是男女之间，尤其是恋人之间使用的注视部位。眼睛看着对方双眼和胸部之间的部位，恋人这样注视很合适，对陌生人来说，就过分出格了。

④瞥视。轻轻一瞥用来表达情趣或敌意。若加上轻轻地扬起眉毛或笑容，就是表示兴趣；若加上皱眉或压低嘴角，就表示疑虑、敌意或批评的态度。

在面对面交往中，我们应针对不同对象，选择不同的注视部位。例如，批评下属员工若用社交注视，你再严肃，对方也可能漫不经心，因为社交注视削弱了你批评的严肃性；若你用亲密注视，就会使对方窘迫，产生抵触情绪。因此，只有用公务注视最合适。

(3) 注视的方式。眨眼是人的一种注视方式。眨眼一般每分钟 5～8 次，若眨眼时间超过 1 秒就成了闭眼。在 1 秒之内连眨几次眼，是神情活跃，对某物感兴趣的表示（有时也可以理解为由于怯懦羞涩、不敢正眼直视而不停眨眼）；时间超过 1 秒的闭眼，则表示厌恶、不感兴趣，或表示自己比对方优越，有蔑视或藐视的意思。这种把别人扫出视野的做法很容易使人反感，这种人是很难沟通的。

(4) 视线交流。在人们的日常生活中，视线交流显示出它的特殊功能和意义。

①爱憎功能。亲昵的视线交流可以打破僵局，使谈话双方的目光长时间相接。若在公共汽车上对异性死死盯视，则可能伤害对方，引起不愉快的结局。

②威吓功能。用视线长时间盯视对方还有一种威吓功能。警察对罪犯、父母对违反规矩的孩子，常常怒目而视，形成无声的压力。

③补偿功能。两个人面对面交谈，一般的规矩是说者看着对方的次数要少于听者，这样便于说者将更多的注意力集中到要表达的思想内容上。一段时间后，如果说者的视线转向听者，这就是暗示对方可以讲话。

④显示地位功能。如果地位高的人与地位低的人谈话，那么地位高的人投于对方的视线，往往多于对方投来的视线。有一句非洲名言说："眼睛是侵略手段。"在大多数非洲国家和世界的其他地方，如果一个人的地位比你高，你就不应该看其眼睛。这样，眼神信息也受文化的影响。

4. 服装

因为服装会使人们对其主人产生非常强烈和直观的印象，所以它对非语言沟通是极其重要的。服装在所有装饰特征中具有最大的可变性和最多的暗示。想一想，你可以从一个人的服装得到多少信息：性别、年龄、国籍、与异性的关系、社会地位、经济状况、群体和职业确认、情绪、个性、态度、兴趣和价值观、审美观等。

人们可以根据别人的服装做出关于这个人的 10 种判断：经济水平、教育水平、可信程度、社会地位、辩论水平、经济背景、社会背景、教育背景、成功度和道德品质。

服装可分为制服、职业装、休闲装和化装服四类，每一种都传递了不同的含义并导致不同的相互作用方式。

(1) 制服是专业化的服装形式。它维护工作场所的社会控制，表明属于一个特定的组织，是为了团体或组织的利益而不代表穿制服的人的利益。因此，在制服上存在着极小的选择自由，穿着者被告知什么时候穿及能不能佩戴装饰品。最常见的制服是军服和警服。通过军衔和警衔的标志，人们可以知道穿着者在队伍里的等级和在组织中与他人的关系，也暗示着穿着者要遵循特定的规范，例如，穿军服的人要永远对国家忠诚、对国旗尊敬。

(2) 职业装是要求工作人员穿着的服装。它表明一种特定的工作行为。设计要表现人们对此职业期望的一种特定形象，他们能选择喜欢的样式或颜色并进行搭配，与顾客或客户间的沟通更加便利。将沟通置于亲密的层次上。例如：医生和护士穿白色的服装；公司员工男性穿西装、打领带、穿皮鞋，女性穿套裙、丝袜、皮鞋。老师的服装将影响学生的感觉，穿着要庄重大方、文雅得体。

(3) 休闲装是在工作结束后穿着的。因为这种服装的选择权在个人，很能表现人们的个性色彩、身份象征，不受工作场所的社会控制。尤其是年轻人，追求时尚、品牌。大众传媒对休闲服的选择产生了极大的影响，以至于很难把影响从个人爱好中分开。

(4) 化装服是一种高度个性化的衣着方式。例如，模仿西部牛仔的破牛仔裤、大手帕和帽子。穿着者宣布："这是我所要成为的人。"它表明一种强悍、无拘束的男子汉个性。当今年轻人很喜欢通过穿着，追求新潮、另类，张扬个性。其实很少有人对在日常生活中过分张扬的穿着感兴趣，因为人们不仅要考虑它所传递的形象，还要考虑是否与许多规范背道而驰。当一个学生为参加一家超级市场的工作面试而改换自己的鞋时，他精明地注意到："最好不穿牛仔靴，它看上去太冰冷，不舒服。"

5. 空间和距离

空间和距离涉及使用周围空间的方式，以及坐或站时与他人保持的距离。例如，一进教室，你对坐哪里的选择取决于你打算与老师发生多大程度的相互影响。如果你坐在前排中间，这可能表明你喜欢这位老师并要参与课堂活动；如果你坐在后排或角落里，你可能在向老师传递不想被牵扯进去，最好别看到的信息。

我们也划出特定的空间作为自己的领地，我们常常把它视为暂时或永久属于自己的空间。如果你走进教室，发现有人坐在你的座位上，你会产生反感吧。绝大多数人认为，他人只有得到允许后才能进入自己的领地。

每种文化都有关于空间和距离的利用规则——通常是非正式的。大致有亲密距离、人际距离、社会距离和公共距离四个层次的距离。

(1) 在亲密距离范围内。人们直接相互接触，或者相距不超过 45 厘米。如母亲和婴儿在一起时，她或者抱着、吻着、摸着他，能闻到婴儿的气息并听到他发出的每一声轻微笑声。恋爱关系中以及亲密朋友之间，都可以保持亲密距离。

如果在拥挤的公共汽车、地铁或电梯上，人们拥挤在一起时，我们可以通过忽视对方的存在或不与对方进行目光接触来应付这种情况。即使不能在身体上也要能在心理上保护自己的亲密距离。

(2) 在人际距离范围内。人们相互距离在 45～120 厘米，这是我们在进行非正式的个人交谈时经常保持的距离。这个距离近到足以看清楚对方的反应，但远到足以不侵犯亲密距离。如果你走进大学校长的办公室，他继续坐在办公桌前，可以设想你们的谈话将是正式的；如果他请你与他并肩坐在舒适的椅子上，这是一种较亲密的情景，表明你们的谈话将会是非正式的。

(3) 在社会距离范围内。社会距离即 120～370 厘米的距离。对别人不是很熟悉，非个人事务、社交性聚会和访谈都是利用社会距离的例子。你注意过重要人物的办公室的大小吗？它大到足以使来访者保持恰当的社会距离。巨大而精致的桌子和椅子（俗称老板桌、老板椅）、豪华窗户和精致家具，这些特权受到关注，办公室是与职位相对应的。

（4）在公共距离范围内。公共距离即超过370厘米的距离，通常被用在公共演讲中。在这种情况下，人们说话声音更大，手势更夸张。这种距离上的沟通更正式，同时人们互相影响的机会极少。

6. 触摸

触摸是与他人接触或开始接触。相互靠得越近，就越增加相互触摸的可能性。我们都熟悉在亲密的情景中触摸的使用，我们亲吻婴儿，牵着爱人的手及拥抱家人。触摸是成长、学习、沟通和生活的关键因素。

哈佛大学医学院临床副教授约翰·瑞迪（John Rater）解释："人类对触摸和被触摸有一种本能的需求，它是驱动人类开发与改造世界的动力之一。"触摸是独一无二的，因为它是允许我们通过身体接触来感知世界的唯一感觉。触摸也是我们最有力和最亲密的沟通形式。触摸可以用语言无法做到的方式感动、伤害我们，可以跨越语言和文化的界限传递喜欢或憎恶的信息。即使不认识的人相互接触，如果一个人触摸对方，也可能被认为是慈爱的、令人放松的和随和的。

什么时候和在什么地方相互触摸受一系列严格的社会规则的支配。

（1）职业功能触摸。在这种情况下，被触摸是因为某种特定的原因，如在体检时医生和护士的触摸，是非个人的和例行的。

（2）社交礼节触摸。被用于与他人打招呼时，握手是最普遍的形式。

（3）热情友谊触摸。在紧密的相互关系中，人们使用这种触摸，包含朋友间的拥抱和轻吻。

（4）亲密爱意触摸。在更紧密的相互关系中，人们使用这种触摸。父母触摸自己的孩子，相爱的人之间及夫妇之间相互亲吻。

什么时候触摸是可接受的？在最职业的情况下你可能接受，触摸与亲密度或当时的信息相一致时，你也可能接受它。当然，它也受年龄、种族和宗教的影响。如果触摸出乎意料或与当时要传递的信息无关，触摸可能在瞬间变成一种侵犯。

二、怎样改善非语言沟通

因为非语言行为与社会和文化环境非常紧密地联系在一起，所以改变它很不容易，好在多数人并不需要做任何巨大的改变。我们应该关注的是干扰我们所要说的内容，以及与语言信息相矛盾的非语言沟通。如果发现别人经常误解自己，就要用恰当的方式去询问这是不是因为由非语言暗示造成的。下面的问题将会对检验自己的非语言沟通有用。

（一）人们如何对你做出反应？

人们曾经以令人吃惊的方式对你做出反应吗？这可能是因为别人对你发出的非语言信息的理解与你的本意有出入。例如，你打算与某人开玩笑，结果却伤害了其感情。如果看到对方很不安，你就要找机会解释你的真正意图。

有时，别人会告诉你人们是如何看待你的。例如，在学校里，一个有残疾的学生会被大多数学生忽略——可能是因为他们不知道应该怎样与有残疾的人打交道。当这个学生有机会在演讲沟通课上说一下他的残疾、他能做什么和不能做什么时，同学与他的交谈就增多了。

（二）录像带能显示有关自己的非语言沟通吗？

录像带总是能告诉我们大量有关自己的未知内容。因为手机摄像现在已非常普及，所以让他人把自己录下来并不困难。如果你能预先通过录像看自己将要在课堂上或其他演说场合作一次表演，无疑，你将发现一些自己不知道的和要改进的行为。下面是一些你可能在录像带中找出的问题。

（1）眼睛。眼神接触可以通过传递兴趣、关注、温暖来表示对他人的兴趣，提高可信度。因此要确保你的眼神是令人舒服的、自然的和直接的。

（2）表情。面部表情可以表明幸福、友好、温暖、喜欢，因此要经常保持微笑。微笑会让人觉得人更可爱、更友善和更好接近。

（3）手势。没有手势，你会被认为很无聊、呆板、没有活力。活泼生动一些，你就可以抓住别人的注意力，使你要传递的信息更有趣，并强化谈话的积极效果。

（4）姿势与形体定位。包括你走路、说话、站立和落座的方式。保持直立但不僵硬，将身体稍微向前倾斜一点，这表明你是容易接近的、包容的和友好的。

（5）亲近。文化规范表明与别人谈话时应该站着，在谈话中与他人站近一点但不要太近。

（6）辅助语言。你需要改变下列特征以调整你的声音：声调、音调、旋律、音质、音量和形式。尤其要有变化，避免无聊和呆板的声音。

（7）幽默。当你表现出想笑的意愿时，你实际上培育了一种令人心动的、温暖的和友好的谈话环境。笑声可以缓解压力和紧张。

（三）你的非语言沟通适合你所扮演的角色吗？

像语言一样，你的非语言沟通也应该随着角色的不同而变化。为了学会这一点，应该观察处在相应角色中的人们。一个好老板如何沟通？这种沟通中有多少是非语言的？一个教师在其角色中进行了哪种非语言沟通？如果你想成为一名教师，他或她是你要模仿的对象吗？你不愿意像哪种人那样？是他们的非语言行为使你厌烦吗？你做过这种事情吗？你愿意改善自己的非语言沟通方式或行为吗？你能做到吗？

（四）如何使用空间？

你知道自己所生活的空间传递了一些关于自己的事情吗？墙上的画在传递什么信息？衣服上的花色、图案、装饰在传递什么？它们说明了哪些内容？

你生活的空间整洁吗？整洁或不整洁传递了哪些内容？你占据多大的空间？你是一个有足够空间，可以伸展手脚的人，还是只有有限的空间，必须把手脚缩到一起？你意识到特定的空间“隶属”你吗？拥有某些你自己的重要空间吗？你看待空间的方式向他人表明自己的哪些内容？

（五）如何利用时间？

我们在日常生活中因为钟点的敲响而充满紧迫感。有人说：“时间被认为是一种珍贵的资源，是无价的和有形的商品。我们花费时间、节省时间、利用时间、安排时间和浪费时间。”那么，我们是如何利用时间的呢？

你准时还是经常迟到？你对时间的感觉向他人表明你的哪些内容？你是一个把事情留到最后一分钟才去做的拖沓的人吗？如果是，这与你在做决定上的无能有关联吗？例如，因为你每天都在改变计划，所以你不能做好或做成功一件事。

你知道时间和地位之间的相互关系吗？你是否了解有时你必须让别人等待，但其他时候必须准时吗？什么时候必须准时？什么时候可以迟到？在什么情况下你希望他人准时？如果你在时间的使用上留下不好的印象，你可以改变它吗？

当我们研究通过非语言方式所传递的有关我们自己的所有内容时，我们都知道应该给非语言沟通以关注。虽然改变非语言行为是困难的，但仍可以做到一部分，特别是在如果我们知道如何使用它时。

三、常见的礼仪知识介绍

礼仪涉及大量非语言沟通的内容，因此在这里介绍职场中常见的礼仪。

（一）仪容仪表礼仪

1. 发式礼仪

头发梳理得体、整洁、干净，不仅反映了良好的个人面貌，也是对人的一种礼貌。职场人士发式礼仪的规范要求如下。

（1）头发整洁，无异味。要经常理发、洗发和梳理，以保持头发整洁，没有头屑。理完发要将洒落在身上的碎头发等清除干净，并使用清香型发胶，以保持头发整洁，不蓬散，不用异味发油。

（2）发型大方，得体。男士头发长度要适宜，前不及眉，旁不遮耳，后不及领，不宜留长发、大鬓角，最短不为零，不宜留络腮胡子和小胡子。

女士上岗应盘发，不梳披肩发，头发也不可遮挡盖眼睛，不留怪异的新潮发型，否则会因为过分地强调新潮和怪诞，与客人产生了隔阂和距离，让人避而远之。另外，女员工刘海不要及眉，头发过肩最好扎起来，头饰以深色小型为好，不可夸张耀眼。

（3）不染怪异发色。不要将头发染成多种颜色或怪异的颜色。

2. 面部

面部要注意清洁与适当地修饰，为了使自己容光焕发，显示活力，男子胡须要剃净，鼻毛应剪短，不留胡子，女子可适当化妆，但应以浅妆、淡妆为宜，不能浓妆艳抹，并避免使用气味浓烈的化妆品。

3. 指甲

要经常修剪和洗刷指甲。不能留长指甲，指甲的长度不应超过手指指尖；要保持指甲的清洁，指甲缝中不能留有污垢。另外，绝对不要涂有颜色的指甲油。

需要特别注意的是，在任何公共场合（包括工作环境）修剪指甲都是不文明、不雅观的举止。

4. 鼻子和体毛

鼻毛不能过长，过长的鼻毛非常有碍观瞻。可以用小剪刀剪短，不能用手拔，特别是当着客人的面。

痰、鼻涕一类的“杂物”应及时清理，清理时要避开众人的眼睛。为了保持鼻腔的清洁，不要用手去挖鼻孔。经常挖鼻孔会弄掉鼻毛，损伤鼻黏膜，甚至使鼻子变形、鼻孔变大。

体毛必须修整。腋毛在视觉中不美观也不雅观。白领男性和女性应有意识地不穿暴露腋毛的服饰。女性在社交活动中穿着使腋毛外现的服装，必须先剃去腋毛，以免败坏自己的形象。

又黑又粗的体毛需要掩饰。在社交和公务活动中，男性不准穿短裤，不准挽起长裤的裤管。女性在穿裙装和薄型丝袜时，如露出腿毛，应先将其剃掉。

5. 个人卫生

做到勤洗澡，勤换衣袜，勤漱口，保持牙齿口腔清洁，身上不能留有异味。口腔有异味是很失风范的事情，上班前不能喝酒，忌吃葱、蒜、韭菜等刺激性异味食物。每日早晨，空腹饮一杯淡盐水，平时多以淡盐水漱口，能有效地控制口腔异味。必要时，嚼口香糖可以减少异味，但在他人面前嚼口香糖是不礼貌的，特别是上班时间和与人交谈时，更不应嚼口香糖。

另外，要尽量少抽烟，不喝浓茶。如果长期吸烟和喝浓茶，天长日久，牙齿表面会出现一层“烟渍”和“茶锈”，牙齿变得又黑又黄。在社交场合进餐后一定要剔牙，但切忌当着别人的面剔牙，可以用手掌或餐巾掩住嘴角，然后再剔牙。

6. 关于化妆的礼仪规范

面容化妆的目的是使人的精神面貌有焕然一新之感，适度地化妆也是对他人尊重的一种礼貌表现。

(1) 化妆的“3W”原则（When，什么时间；Where，什么场合；What，做什么?）。化妆应特别关注“时间”“场合”“事件”三要素。不同场合化不同的妆容，是得体形象的定位和诠释。

在现今的职场礼仪中，化妆是一个基本的礼貌，素面朝天并不会给人以好感，尤其在生病、熬夜、身体不适等情况下，素面往往只会真实表现你的憔悴，精致的妆容方显你的美丽和对对方的重视与尊重。但是不分场合的浓妆也是不礼貌的，如正式商洽签约场合时化前卫冷傲的妆容，会给人傲慢无礼轻浮的印象，而在聚会中，不施亮彩，淡妆得近于简朴，则又有缺少热情，不合群，有孤傲藐视之嫌。

妆容，对于大多数女性来说，可分为基础妆和时尚妆两种。基础妆是比较正统的、原则性的，适宜于一些隆重的场合，突出个人的身份和格调。时尚妆则是具备现代气息和包含了“最新”的意思，一方面是前卫醒目的；另一方面也带有个人冒险的性质，是纯粹享受化妆乐趣的选择。因此，不同场合应有相称的妆容，才能显示你的教养和礼貌，为你的仪态加分。

化妆的浓淡并不是随意的，而是要根据不同的时间、季节和场合来选择。如白天是工作的时间，一般以化淡妆为宜。如果白天也浓妆艳抹，香气四溢，给人的印象就欠佳。只有在夜晚的娱乐时间、舞会、聚会，无论浓妆还是淡抹，都是比较适宜的。化妆的浓淡还应当考虑到场合的问题。人们在节假日大多是要化妆的，但是在外出旅游或参加游乐活动时，最好不要化浓妆，因为一出汗，你就会感到尴尬了。

(2)“扬长避短”原则。面容化妆要根据自己的工作性质、面容特征来化妆。一定要讲究得体和谐，一味地浓妆艳抹，矫揉造作，会令人生厌。

要使化妆符合审美的原则，应注意以下几点。

①讲究色彩的合理搭配。色彩要求鲜明、丰富、和谐统一，给人以美的享受。要根据自己的面部肤色选择化妆品。女士一般希望面部化妆白一点，但不可化妆以后改变肤色，应与自己原有

肤色恰当地结合，才会显得自然、协调。因此，最好选择接近或略深于自己肤色的颜色来搽，这样较符合当今人们追求的自然美。

②依据自己的脸型合理调配。如脸宽者，色彩可集中一些，描眉、画眼、涂口红腮红都尽量集中在中间，以收拢缩小面积，使脸型显得好看。眼皮薄者，眼线描浓些会显得眼皮厚；描深些，会显得更有精神。涂抹胭脂时，脸型长者宜横涂；脸型宽者宜直涂；瓜子形脸则应以面颊中偏上处为重点，然后向四周散开。

③强调自然美。如眉毛天然整齐细长，浓淡适中，化妆时可以不描眉；脸型和眼睛形状较好的可不画眼。如果有一双又黑又亮的大眼睛和长长的睫毛，就没有必要对眼睛去大加修饰，因为自然自有一种魅力。

（3）讲究科学性原则。

①科学选择化妆品。化妆品一般可分为美容、润肤、芳香和美发四大类。它们各有特点和功用，化妆时必须正确地、合理地选择和使用，避免有害化妆品的危害。对待任何一种化妆品，都要先了解其成分、特点、功效，然后根据自己皮肤的特点，合理选择试用。经过一段时间后，把选用的化妆品相对固定。这样做既起到美容的作用，又避免了化妆品对皮肤的伤害，以求自然美和修饰美的完美统一。

②讲究科学的化妆技法。在化妆时，若技法出现了明显的差错，将会暴露出自己在美容素质方面的不足，从而贻笑大方。因此，商务女性应熟悉化妆之道，不可贸然化妆。

（4）专用原则。专用原则即不可随意使用他人的化妆品。原因主要有两个方面：一是每个女人的化妆盒都具有隐私性，随便使用他人的化妆品便是侵犯别人的私人空间，是非常不礼貌的；二是出于健康考虑，随意使用他人的化妆品是非常不卫生的，极易造成流行性皮炎。

（5）“修饰避人”的原则。“修饰避人”的原则即不在公共场合化妆和补妆。职场女性在公共场合（尤其是在工作岗位上）化妆是极为失礼的。这样是既不尊重别人，也不尊重自己，给人以轻佻、浮夸的感觉，层次不高，毫无修养可言，从而影响个人形象。

（6）不以残妆示人。残妆是指由于出汗之后、休息之后或用餐之后妆容出现了残缺。长时间的脸部残妆会给人懒散、邋遢之感。因此，在上班时银行员工不但要注意坚持化妆，而且要注意及时地进行检查和补妆。但更需要后台补妆。

（二）服饰礼仪

1. 穿着的礼仪规范

（1）穿着的 TPO 原则。TPO 是西方人提出的服饰穿戴原则，分别是英文中时间（Time）、地点（Place）、场合（Occasion）三个单词的缩写。穿着的 TPO 原则要求人们在着装时以时间、地点、场合三项因素为准。

①时间原则。时间既指每天的早、中、晚三个时间段，又包括每年春、夏、秋、冬的季节更替，以及人生的不同年龄阶段。时间原则要求着装考虑时间因素，做到随“时”更衣。

例如，通常人们在家中或进行户外活动，着装应方便、随意，可以选择运动服、便装、休闲服。工作时间的着装则应根据工作特点和性质，以服务于工作、庄重大方为原则。

另外，服饰还应当随着一年四季的变化而更替变换，不宜标新立异，打破常规。夏季以凉爽、轻柔、简洁为着装格调，在使自己凉爽舒服的同时，让服饰色彩与款式给予他人视觉和心理上好的感受。夏天，层叠皱褶过多、色彩浓重的服饰不但使人燥热难耐，而且一旦出汗就会影响女士面部的化妆效果。冬季应以保暖、轻便为着装原则，避免臃肿不堪，也要避免要风度不要温度，为形体美观而着装太单薄。

②地点原则。地点原则代表地方、场所、位置不同，着装应有所区别，特定的环境应配以与之相适应、相协调的服饰，才能获得视觉和心理的和谐美感。

例如，穿着只有在正式的工作环境才合适的职业正装去娱乐、购物、休闲、观光，或者穿着牛仔服、网球裙、运动衣、休闲服进入办公场所和社交场地，都是与环境不和谐的表现。我们无法想象在静谧严肃的办公室穿着一身很随意的休闲服，穿一双拖鞋，或者在绿草如茵的运动场上穿一身笔挺的西装，脚穿皮鞋，这样的人肯定被讥讽为不懂穿衣原则。

③场合原则。不同的场合有不同的服饰要求，只有与特定场合的气氛相一致，相融合的服饰，才能产生和谐的审美效果，实现人景相融的最佳效应。

例如，在办公室或外出处理一般类型的公务，服饰应符合一般的职业正装要求。

在庄重场合，如参加会议、庆典仪式、正式宴会、商务或外事谈判、会见外宾等隆重庄严的活动，服饰应当力求庄重、典雅，凡是请柬上规定穿礼服的，可以按规定办事。在国外，按礼仪规范，有一般礼服、社交礼服、晨礼服、大礼服、小礼服之分。在我国，一般以中山装套装、西服套装、旗袍等充当礼服。庄重场合，一般不宜穿夹克衫、牛仔裤等便装，更不能穿短裤或背心。

而且，正式场合应严格符合穿着规范。例如，男子穿西装，一定要系领带，西装里面如果有背心，应将领带放在背心里面。西装应熨得平整，裤子要熨出裤线，衣领袖口要干净，皮鞋锃亮等。女子不宜赤脚穿凉鞋，如果穿长筒袜子，袜子口不要露在衣裙外面。

（2）穿着与形体肤色相协调。人的身材有高矮胖瘦之分，肤色有深浅之差，这是上天赋予的，我们不能选择，但我们可以选择服饰的质地、色彩、图案、造型工艺，引起别人的各种错觉，达到美化自己的目的。

例如，胖子穿横条衣服更会显得肥胖，身材矮小者适宜穿造型简洁、色彩明快、小花形图案的服装。脖子短的人穿低领或无领衣可使脖子显得稍长。

另外，中国人的皮肤颜色大致可分为白净、偏黑、发红、黄绿和苍白等几种，穿着必须与肤色在色彩上相协调。肤色白净者，适合穿各色服装；肤色偏黑或发红者，忌穿深色服装；肤色黄绿或苍白的人，最适合穿浅色服装。

（3）服饰的色彩哲学。服饰的色彩搭配的基本方法一般包括同色搭配法、相似搭配法和主辅搭配法三种。同色搭配法是指把同一颜色按深浅、明暗不同进行搭配，如浅灰配深灰、墨绿配浅绿等；相似搭配法是指邻近色的搭配，如橙色配黄色、黄色配草绿、白色配灰色等；主辅搭配法则是指以一种色彩为整体的基调，再适当辅以一定的其他色的搭配。无论如何，服饰配色都要坚持一条最为基本的原则，即调和。一般来说，黑、白、灰三色是配色中的最安全色，最容易与其他色彩搭配以取得调和的效果。

值得注意的是，服饰色彩还与一个人的身材、肤色等协调一致，如深色有收缩感，适宜肥胖者穿戴，而浅色的料子有扩张性，身材瘦小者穿上后有丰腴的效果。

2. 饰品佩戴礼仪

饰品是指能够起到装饰点缀作用的物件，主要包括服装配件（如帽子、领带、手套等）和首饰佩戴（如戒指、胸花、项链、眼镜等）两类。这里主要讲的是职场人士首饰佩戴的基本原则。

（1）身份原则。“符合身份，以少为佳”是职场人士首饰佩戴的首要原则。一般来说，职场人士在工作场所除手表和结婚戒指外，不适合佩戴其他繁杂的饰物。

（2）数量原则。选择佩戴饰品应当是起到锦上添花、画龙点睛的作用，而不应是过分炫耀、刻意堆砌，切不可画蛇添足。对于职场人士，我们提倡不戴，如果确实需要佩戴，则上限不过三。

（3）质色原则。在人际交往中，女士佩戴两种或两种以上的首饰，应坚持质地色彩相同的原则。

（4）扬长避短原则。饰品的佩戴应与自身条件相协调，如体形、肤色、脸型、发型、年龄、气质等。

佩戴饰品应当起到扬长避短的作用。如耳环的基本造型应当与脸型不冲突，胖脸型的女性不宜戴大耳环，戴眼镜的女士不宜戴耳环；项链的长短粗细应与脖子成反比；腰带的宽窄与腰的粗细成反比；眼镜镜框的尺寸大小与脸型的大小成正比。

（5）搭配原则。首先，饰品的佩戴应讲求整体的效果，要与服装相协调。一般穿考究的服装时，才佩戴昂贵的饰品，服装轻盈、飘逸，饰品也应玲珑精致，穿运动装、工作服时不宜佩戴饰品。其次，饰品的佩戴还应考虑所处的季节、场合、环境等因素。这些因素不同，其佩戴方式和佩戴取舍也不同。如春秋季可选戴耳环、别针，夏季选择项链和手链，冬季则不宜选用太多的饰品，因为冬天衣服臃肿，饰品过多反而不佳；上班、运动或旅游时以不佩戴或少佩戴饰品为好，只有在交际应酬的时候，佩戴饰品才合适——展示自己时尚个性有魅力的一面。

（6）习俗原则。饰品佩戴要注意寓意和习俗，如戒指、手镯、玉坠等的佩戴。

3. 正装礼仪

正装是指现代人在出席正式场合的时候所应穿着的服装。正装通常又被称作礼服。所谓礼服，英语称为“formalwear”，是指表现一定仪礼，具有一定信仰意味，在特定的时间、场合、气氛中穿着的正规服装。

着正装的基本原则：注意场合、穿着规范、合理搭配。

（1）男士西装礼仪。西装是一种国际性服装，穿起来给人一种彬彬有礼、潇洒大方的深刻印象，所以现在越来越多地被用于正式场合，也是商务人士必备的服饰之一（图 3-19）。

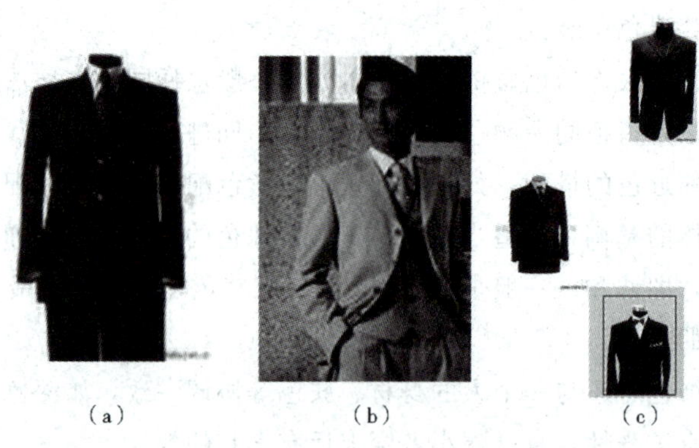

(a)　(b)　(c)

图 3-19　男士西服不同款式

1）西装的款式。

①按西装的件数来划分（图 3-20）。

- 套装西装
  - 两件套（上装和下装）
  - 三件套（上装、下装、西装背心）
- 单件西装

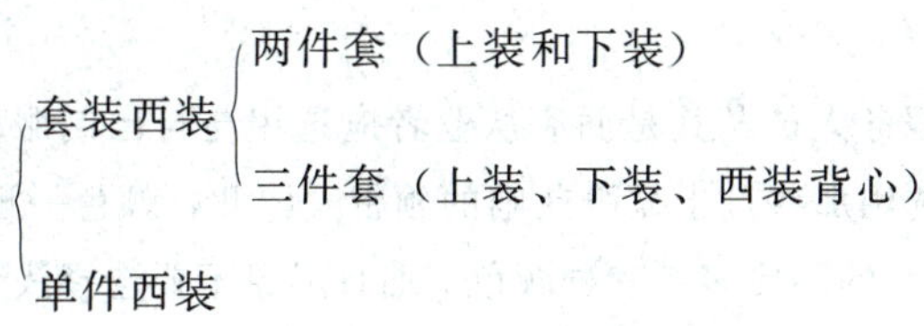

图 3-20 西装的款式（按件数来划分）

②按西装的纽扣来划分（图 3-21）。

- 单排扣西装（1 粒、2 粒、3 粒）
- 双排扣西装（2 粒、4 粒、6 粒）

图 3-21 西装的款式（按纽扣来划分）

注：单排扣 2 粒和双排扣 4 粒最为正规，较多地用于隆重、正式的场合。

③按适用场合来划分（图 3-22）。

- 正装西装
- 休闲西装

图 3-22 西装约款式（按适用场合来划分）

2）西装的衬衫。与西装配套的衬衫应为“正装衬衫”。一般来说，正装衬衫具有以下特征。

①面料。应为高织精纺的纯棉、纯毛面料，或以棉、毛为主要成分的混纺衬衫。条绒布、水洗布、化纤布、真丝、纯麻皆不宜选。

②颜色。必须为单一色。白色为首选，蓝色、灰色、棕色、黑色亦可；杂色、过于艳丽的颜色（如红、粉、紫、绿、黄、橙等）有失庄重，不宜选择。

③图案。以无图案为最佳，有较细竖条纹的衬衫有时候在商务交往中也可以选择。

④领型。以方领为宜，扣领、立领、翼领、异色领不宜选择。衬衫的质地有软质和硬质之分，穿西装要配硬质衬衫。尤其是衬衫的领头要硬实挺括，要干净，不能太软，不能油迹斑斑，否则最好的西装也会被糟蹋。

⑤衣袖。正装衬衫应为长袖衬衫。

⑥穿法讲究。

a. 衣扣。衬衫的第一粒纽扣，穿西装打领带时一定要系好，否则松松垮垮，给人极不正规的感觉。相反，不打领带时，一定要解开，否则让人感觉好像你忘记了打领带似的。再有，打领带时衬衫袖口的扣子一定要系好，而且绝对不能把袖口挽起来。

b. 袖长。衬衫的袖口一般以露出西装袖口以外 1.5 厘米为宜。这样既美观又干净，但要注意衬衫袖口不要露出太长，那样就是过犹不及了。

c. 下摆。衬衫的下摆不可过长，而且下摆要塞到裤子里。我们经常见到某些服务行业的女员工，穿着统一的制式衬衫，系着领结，衬衫的下摆没有塞到裤裙中，给人一种不伦不类、很不正规的感觉。

d. 不穿西装外套只穿衬衫、打领带。仅限室内，而且正式场合不允许。

3）领带。领带是男士在正式场合的必备服装配件之一，它是男西装的重要装饰品，对西装起着画龙点睛的重要作用。因此，领带通常被称作“男子服饰的灵魂”。

①面料。质地一般以真丝、纯毛为宜，档次稍低点就是尼龙的了。绝不能选择棉、麻、绒、皮革等质地的领带。

②颜色。一般来说，服务人员尤其是酒店从业者应选用与自己制服颜色相称、光泽柔和、典雅朴素的领带为宜。不要选用那些过于显眼花哨的领带。因此，颜色一般选择单色（蓝、灰、棕、黑、紫色等较为理想），多色的不应多于三种颜色，而且尽量不要选择浅色、艳色。

③图案。领带图案的选择要坚持庄重、典雅、保守的基本原则，一般为单色无图案，宜选择蓝色、灰色、咖啡色或紫色。或者选择点子或条纹等几何图案。

④款式。不能选择简易式领带（如“一拉得”）。

⑤质量。外形美观、平整、无挑丝、无疵点、无线头，衬里毛料不变形、悬垂挺括、较为厚重。

⑥打法讲究。

a. 注意场合。打领带意味着郑重其事。

b. 注意与之配套的服装。西装套装非打不可，夹克等则不能打。

c. 注意性别。为男性专用饰物，女性一般不用，除非制服和作装饰用。

d. 长度。领带的长度以自然下垂最下端（大箭头）及皮带扣处为宜，过长过短都不合适。

领带系好后，一般是两端自然下垂，宽的一片应略长于窄的一片，绝不能相反，也不能长出太多，如穿西装背心，领带尖不要露出背心。

e. 领带夹。领带夹有各种型号款式，它们的用法虽然各异，功能却一致，无非是固定领带。

选择领带夹时，一定要选用高质量的。质地粗劣的领带夹不但会损坏领带，而且会降低自己的身份。

正确地使用领带夹，要注意夹的部位。一般来说，五粒扣的衬衫，领带夹夹在第三粒与第四粒纽扣之间；六粒扣的衬衫，领带夹夹在第四粒与第五粒扣子之间。还有一条规则，就是系上西装上衣的第一粒纽扣尽量不要露出领带夹。

在西方，现在越来越多的白领人士不用领带夹，他们选择把窄的一片放到宽的一片背部的商标里。因为无论多么高级的领带夹，如果使用不当，都有可能损坏领带。

f. 结法。挺括、端正、外观呈倒三角形。

4）西裤。

①因西装讲究线条美，所以西裤必须有中折线。

②西裤长度以前面能盖住脚背，后面能遮住 1 厘米以上的鞋帮为宜。

③不能随意将西裤裤管挽起来。

5）皮鞋和袜子。

①皮鞋。

a. 穿整套西装一定要穿皮鞋，不能穿旅游鞋、便鞋、布鞋或凉鞋，否则是会令人发笑的，显得不伦不类。

b. 在正式场合穿西装，一般穿黑色或咖啡色皮鞋较为正规。但需要注意的是，黑色皮鞋可以配任何颜色的西装套装，而咖啡色皮鞋只能配咖啡色西装套装。白色、米黄色等其他颜色的皮鞋均为休闲皮鞋，只能在游乐、休闲的时候穿着。

②袜子。穿整套西装时一定要穿与西裤、皮鞋颜色相同或较深的袜子，一般为黑色、深蓝色或藏青色，绝对不能穿花袜子或白色袜子。在国际上，很多人把穿深色西装白袜子的男子戏称为“驴蹄子”，认为是没有教养的男子的典型特征。

另外，男子袜子的质地一般以棉线为宜，长度要高及小腿部位，不然坐下后露出皮肉，非常不雅观。

6）西装的扣子。西装的扣子有单排扣与双排扣之分。单排扣有 1 粒、2 粒、3 粒，双排扣有 2 粒、4 粒和 6 粒。

单排扣的西装穿着时可以敞开，也可以扣上扣子。一般西装上衣的扣子在站着的时候应该扣上，坐下时才可以敞开。单排扣西装的扣子并不是每一粒都要系好的：单排扣 1 粒的扣与不扣都无关紧要，但正式场合应当扣上；2 粒的应扣上上面的一粒，底下的 1 粒为样扣，不用扣；3 粒扣子的扣上中间 1 粒，上下各 1 粒不用扣。

双排扣的西装要把扣子全系上。双排扣西装最早出现于美国，曾经在意大利、德国、法国等欧洲国家很流行，但是现在已经不多见了。现在穿双排扣西装比较多的国家是日本。

西装背心的扣子有 6 粒与 5 粒之分。6 粒扣最底下的那粒可以不扣，而 5 粒扣的就要全部都扣上。

7）西装的口袋。西装讲求以直线为美。因此，西装上面有很多口袋为装饰袋，是不能够装东西的。我们知道，男性也有许多小东西，如果在穿西装时不注意，一个劲地往口袋里装，弄得鼓鼓囊囊，那么肯定会破坏西装直线的美感，这样既不美观又有失礼仪。

①上衣口袋，穿西装尤其强调平整、挺括的外观，这就是线条轮廓清楚，服帖合身。其要求上衣口袋只用作装饰，不可以用来装任何东西，但必要时可装折好花式的手帕。

②西装左胸内侧衣袋，可以装票夹（钱夹）、小日记本或笔。

③右侧内侧衣袋，可以装名片、香烟、打火机等。

④裤兜也与上衣袋一样，不能装物，以求裤型美观。但裤子后兜可以装手帕、零钱等。

⑤千万需要注意的是，西装的衣袋和裤袋里，不宜放太多的东西，搞得鼓鼓囊囊的。而且，把两手随意插在西装衣袋和裤袋里，也是有失风度的。

⑥如要携带一些必备物品，可以装在提袋或手提箱里，这样不但看起来干净利落，也能防止衣服变形。

8）男子着西装“三个三”。

①三色原则。正式场合，着西装套装全身上下不超过 3 种颜色。

②三一定律。着西装正装，腰带、皮鞋、公文包应保持同一颜色：黑色。

③三大禁忌。三大禁忌包括：西装左袖的商标没有拆；穿白色袜子、尼龙袜子出现在正式场合；领带的打法出现错误。

（2）女士西装套裙（图 3-23）。女士西装套裙可分为两种基本类型：一为“随意型”套裙，即以女士西装上衣同随便的一条裙子进行自由搭配与组合；二为“成套型”/“标准型”套裙，女士西装上衣和与之同时穿着的裙子为成套设计制作而成的。严格地说，套裙事实上指的仅仅是后一种类型。

套裙的款式可分为两件套、三件套两种。

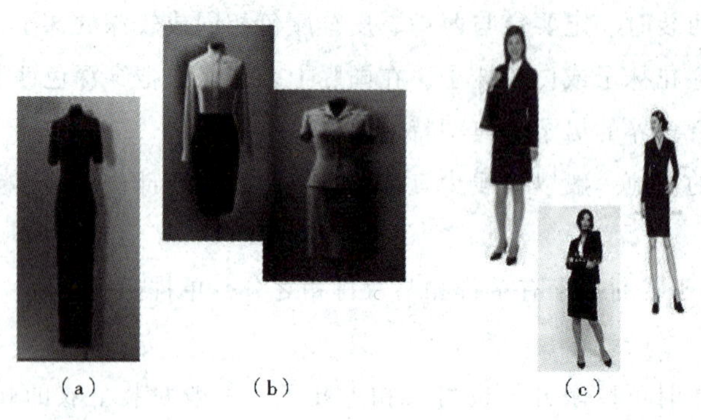

（a） （b） （c）

图 3-23 女士西服套裙的不同款式

1）白领女士正式场合穿着套裙的礼仪规范。此类套裙应当是由高档面料制作的，上衣和裙子应当采用同一质地、同一色彩的素色面料。它造型上讲究典雅大方与扬长避短，因此提倡量体裁衣，做工考究。它的上衣注重平整、挺括、贴身，较少地使用饰物、花边进行点缀。裙子应以窄裙为主，并且裙长应当过膝或及膝。

2）套裙的选择。

①面料。女士套裙面料选择的余地要比男士西装大得多，宜选择纯天然质地且质量上乘的面料。上衣、裙子、背心要求同一面料。

讲究均匀、平整、滑润、光洁、丰厚、柔软、悬垂、挺括，不仅要求弹性好、手感好，还要不起皱、不起毛、不起球。

可选纯毛面料（薄花呢、人字呢、女士呢、华达呢、凡尔丁、法兰绒）、府绸、丝绸、亚麻、麻纱、毛涤、化纤面料，绝对不可选皮质面料。

②颜色。以冷色调为主，以体现着装者典雅、端庄、稳重的气质，颜色要求清新、雅气而凝重，忌鲜艳色、流行色。

与男士西装不同，女士套裙不一定非要深色。各种加入了一定灰色的颜色都可选，如藏青、碳黑、烟灰、雪青、茶褐、土黄、紫红等。且不受单一颜色限制，可上浅下深、下浅上深。但需要注意的是，全身颜色不应超过 3 种。

③图案。讲究朴素简洁，以无图案最佳，或选格子、圆点、条纹等图案。

④点缀。不宜添加过多点缀，以免琐碎、杂乱、低俗、小气，有失稳重。有贴布、绣花、花边、金线、彩条、扣链、亮片、珍珠、皮革等点缀的不选。

⑤尺寸。包括长短和宽窄两个方面。

传统观点认为，裙短则不雅，裙长则无神。欧美国家公司女职员上衣不宜过长，下裙不宜过短。

目前，女士裙子一般有及膝式、过膝式、超短式三种形式（白领女性超短裙裙长应不短于膝盖以上 15 厘米）。

四种基本形式：上长下长式、上长下短式、上短下长式、上短下短式。

从宽窄的角度说，上衣可分为松身式、紧身式（倒梯形造型）两种。前者时髦；后者比较正统。

⑥造型。

a. “H”型。上衣宽松，裙子为筒式（让着装者显得优雅、含蓄，为身材肥胖者遮丑）。

b. “X”型。上衣紧身，裙子为喇叭状（上宽下松突出腰部纤细）。

c. “A”型。上身紧身，下裙宽松式（体现上半身的身材优势，又适当掩盖下半身的身材劣势）。

d. “Y”型。上身松身式，裙子紧身式（以筒式为主，遮掩上半身短处，表现下半身长处）。

⑦款式：衣领多样，衣扣多样（无扣式、单排式、双排式、名扣式、暗扣式），裙子形式多样（西装裙、一步裙、围裹裙、筒式裙、百褶裙、旗袍裙、开衩裙、A 字裙、喇叭裙）。

3）套裙的穿法。

①大小适度。上衣最短齐腰，裙子可达小腿中部，袖长刚好盖住手腕；整体不过于肥大、紧身。

②穿着到位。衣扣要全部扣好，不允许随便脱掉上衣。

③考虑场合。商务场合宜穿，宴会、休闲等场合不宜。

④协调妆饰。高层次的穿着打扮，讲究着装、化妆和佩饰风格的统一。

⑤兼顾举止。

4）套裙的搭配。

①衬衫。面料应轻薄柔软（宜真丝、麻纱、府绸、罗布、涤棉），颜色应雅致、端庄（宜白色，或单色不鲜艳者），无图案，款式保守。另须注意，衬衫下摆掖入裙内，纽扣系好，衬衫公共场合不能直接外穿。

②内衣、衬裙。不外露、不外透、颜色一致、外深内浅。

③鞋袜。黑色牛皮为首选，或与套裙颜色一致（但鲜红、明黄、艳绿、浅紫等不宜）。袜子应为单色，肉色为首选，还可选黑色、浅灰色、浅棕色。

应注意鞋、裙颜色必须深于或等同于袜子颜色。鞋袜大小适宜，鞋袜完好无损，鞋袜不可当众脱下，袜子不可随意乱穿（如以健美裤、九分裤当袜子穿），袜口不可暴露于外。

5）职业女性着裙装“五不准”。在商务交往中，职业女性着裙装最容易出现的贻笑大方的错误。

①黑色皮裙不能穿；

②正式的高级的场合不光腿，尤其是隆重正式的庆典仪式；

③袜子不能出现残破；

④不准鞋袜不配套；

⑤不能出现“三截腿”。

（三）职场交往礼仪

1. 握手礼

(1) 握手姿态。行握手礼时，通常距离受礼者约一步，两足立正，上身稍向前倾，伸出右手，手掌垂直于地面，四指并齐，拇指张开与对方相握，微微抖动 3～4 次（时间以 3 秒为宜），然后与对方手松开，恢复原状。

（2）讲究次序：尊者居前。女士先，男士后；长辈先，晚辈后；上级先，下级后。

特例：年轻女士与年老男士；拜访时，来时主人先伸手，表示迎客；离去时，客人先伸手，表示道别。

（3）握手力度。

①跟上级或长辈握手，只需伸手过去擎着，不要过于用力。

②跟下级或晚辈握手，要热情地把手伸过去，时间不要太短，用力不要太轻。

③异性握手，女方伸出手后，男方应视双方的熟悉程度回握，但不可用力，一般只象征性地轻轻一握（一般握女士全手指部位）。

（4）禁忌。

①贸然伸手；

②用左手握手；

③戴墨镜、太阳镜握手；

④戴帽子、手套握手（除非女士在社交场合作为身体服装一部分的薄纱手套）；

⑤交叉握手；

⑥抓指尖式；

⑦握手时目光左顾右盼；

⑧长久地握住异性的手不放（要时间短，用力轻，尤其不允许异性之间初次见面，男子用双手与女子握手）。

2. 名片礼

（1）名片使用“三不准”。

①不得随意涂改；

②不准提供两个以上的头衔（以一到两个为宜）；

③一般不提供私人联络方式，尤其在商务交往、公务交往中（强调公私分明，工作场合提供办公电话，私人交往提供私人电话）。

（2）名片的分类。

1）企业名片。企业名片主要用于企业产品交流会等，用来宣传本企业及其产品。名片上提供企业名称、地址、公务电话等内容。

2）个人名片（商用名片）。个人名片提供内容为“三个三”，即三大类。

①本人归属（企业标志、单位全称、所属部门）；

②本人称谓（本人姓名、行政职务、学术头衔）；

③联络方式（所在地址、邮政编码、办公电话）。

酌情提供 E-mail、传真、手机、私宅电话。

（3）名片的交换。

①如何递上名片。

a. 态度谦恭（手势、动作、表情、语言要恭敬、规范）。

以双手食指和拇指执名片的两角，以文字正对对方，一边自我介绍，一边递上名片。此时，眼睛要正视对方，并附有“请多多关照、请多多指教”等寒暄语，切忌目光游离、漫不经心。对于对方递过来的名片，应该用双手去接，以示尊重和礼节。

如果差不多同时递过名片，自己的应从对方的稍下方递过去，同时以左手接。

b. 讲究顺序。如果递给很多人，应由尊而卑，由近及远。在圆桌上就餐，则以顺时针方向依次递上。

②如何接受名片。

a. 用双手。

b. 看、念——应重复对方职务、头衔，加以确认。

然后毕恭毕敬地放在适当位置（名片夹、上衣口袋）。

如双手恭敬接过，并加以确认："哦，是张总经理，幸会幸会。"接过名片后切忌随手乱放在桌子上、钱包里或不加确认就放入包中。

c. 有来有往，回敬对方。

③名片交换注意。

a. 名片应放在随手可取的地方，不应东摸西摸，半天找不到（西装右胸内侧衣袋）。

b. 出示名片，应把握机会。一是交谈开始前；二是交谈融洽时；三是握手告别时。

c. 接过别人的名片，切忌不加确认就放入包中。忌放在裤兜、裙兜、提包、钱夹中；忌随手乱扔（夹在书刊、材料中，压在玻璃板下，扔在抽屉里）。

d. 忌"批发式"散发名片（应有目的性）。

e. 自己名片存放。用专用的名片夹、名片包，然后放到公文包中，或上衣口袋，忌放在下衣口袋中。

f. 当名片交换完毕后，如果对方表示了"请坐"，这时就可以坐下。对方没有表示却自己坐下来，你可以跟着坐下，千万不可比对方先坐下。

3. 介绍礼

（1）自我介绍。

①注意手势；

②自我介绍三点注意：

a. 先递名片，再做介绍（加深印象）；

b. 时间要简短（1分钟之内）；

c. 内容要规范（"四要素"：单位、部门、职务、姓名）。

如"我是某公司人事部的经理王强"。

（2）为他人介绍。

①介绍时表情、手势应文雅。无论介绍哪一方，都应手心朝上，手背朝下，四指并拢，拇指张开，指向被介绍一方，并向另一方点头微笑，切忌伸出手指指来指去。

②介绍的先后顺序：尊者居后。先男士，后女士；先年轻，后年老；先地位低的，后地位高的；女性之间，先未婚，后已婚；先主人，后客人。

（四）仪态礼仪

仪态是指人们在行为中具体呈现的各种形态，也就是指人们的站、坐、走、蹲、手势等体系规范。良好的仪态是一种修养，人们往往凭借一个人的仪态来判断其品格、生活、能力和其他方面的修养程度。仪态美是一种综合的美，这种美既是身体各部分器官相互协调的整体表现，也是一个人内在素质与外表仪态的和谐。潇洒的风度、优雅的举止常给人留下深刻的印象，富有魅力。

1. 站姿

站姿是人最基本的姿势，优美、典雅的站姿是一种静态美，它是形成人不同质感动态美的起点和基础，同时，也是一个人良好气质和风度的展现。站姿要领如下：

（1）脚跟相靠，脚尖分开成 V 形（男士）或丁字形（女士），开度为 45～60 度，身体重心落在两脚之间的中心位置上。

（2）两脚直立，双膝并拢。

（3）收腹提臀，髋部上提。

（4）立腰挺胸，挺直背脊。

（5）双肩平齐，放松下沉。

（6）双臂自然下垂，虎口向前，手指自然弯曲（中指贴裤缝）。

（7）头正，颈直，下颌微收，双目平视前方。

2. 坐姿

俗话说“坐如钟”，形容人们的坐姿像钟一样沉稳、端庄。

（1）坐姿要领。

①头正、颈直，下颌微收，双目平视前方或注视对方。

②身体正直，挺胸收腹，腰背挺直。

③双脚并拢，双膝和双脚脚跟并拢，小腿与地面垂直。

④双肩平齐，放松下沉，双臂自然弯曲内收。

⑤双手呈握指式，右手在上，左手在下，手指自然弯曲，放于腹前双腿上。

（2）练习坐姿时需要注意的事项。

①无论哪种坐姿，一般不要坐满。

②如与德高望重的长辈、上级等谈话，为表示尊重和敬意，可坐凳面的 1/3。

③如坐宽大的椅子或沙发，不可满座，也不可坐得太靠里面，坐满 2/3 即可，否则，小腿靠着椅子边或沙发边会有失雅观。

④若坐得太少太靠边，则会给人随时都会离开的印象。

⑤与人谈话时要目视对方，若与对方不是面对面相坐，而是有一定的角度，则应将上体和腿同时转向能够面对对方的一侧。

3. 步态

步态是人们行走时的姿态，即走姿。优美的步态具有动态美，能体现出一个人良好的气质与风度。

（1）步态三要素。步态三要素，即一个人在行走时的步位、步幅和步速。

①步位：两脚下落到地面的位置。男士两脚跟交替前进在一线上，两脚尖稍外展；女士两脚踏在一条直线上，俗称“一字步”，以显优美。

②步幅：跨步时前脚跟与后脚尖的距离，标准的是本人的一脚之长。女士可小一些。

③步速：行走时的速度。标准步速为女士每分钟 118～120 步，男士每分钟 108～110 步，即每秒约走 3 步。

（2）行走禁忌。

①弯腰驼背，含胸收腹。

②摇头晃脑，左顾右盼。

③歪背晃膀，扭腰摆臀。

④双腿过于弯曲，脚尖向内呈“内八字”，或脚尖向外呈“外八字”。

⑤步子太大或太碎。

⑥脚抬得过高或过低。

（3）标准走姿。以端正的站立姿态为基础，通过四肢和髋部的运动，以大关节带动小关节，使整个身体向前移动。

①在行走时，头正，颈直，下颌微收，目光平视前方。

②挺胸收腹，直腰，背脊挺直，提臀，上体微前倾。

③肩平下沉，手臂放松伸直，手指自然弯曲。

④摆动两臂时，以肩关节为轴，上臂带动前臂呈直线前后摆动，两臂前后摆幅（即手臂与躯干的夹角）不得超过30度。前摆时，肘关节略屈，前臂不要向上甩动。

⑤提髋、屈大腿，带动小腿向前迈步。

⑥脚跟先触地，身体重心落在前脚掌上。

⑦通过后脚后蹬将身体重心推送到前脚掌，从而使身体前移。

⑧前脚落地和后脚离地时，膝盖须伸直。

（4）不同着装时的走姿。

①穿西装行走时，后背平正，两腿立直，走路步幅可稍大些，手背放松，伸直摆动。

②穿套裙行走时，除要突出挺拔、大方的特点外，还应表现出轻盈、敏捷等女性特有的风格。步幅不宜过大，步速可稍快。

③穿旗袍行走时，要求身体挺拔、挺胸，下颌微收，不要塌腰撅臀。走路的幅度不宜过大，两脚跟前后走在一条直线上，脚尖稍向外。两肩放松，两臂在体侧摆动。

④穿长裙行走时，步态要平稳，步幅可稍大。身体转动时，要注意头和身体协调配合。可一手提裙，防止不慎踩上裙边。

（5）穿不同鞋时的走姿。

①穿平跟鞋行走时，脚跟先着地，用力均匀适度。步幅可稍大，尤其注意收腹、提髋、身体要挺拔。

②穿高跟鞋行走时，身体重心前移，要保持身体平衡。立直膝盖和腰部，收紧腹部和臂部，挺胸稍抬头。挺直踝关节、膝关节、髋关节。步幅切勿过大，膝盖不能太弯，脚尖稍分开。

4. 手势

手势是通过手和手指传递信息、表达意图，它是一种非常富有表现力的体态语言，不仅对口头语言起加强、说明、解释等辅助作用，还能表达口头语言所无法表达的内容和情绪。

（1）体侧式“请”的手势。

①五指并拢，自然伸直。

②掌心斜向上方，手掌与地面呈45度。

③腕关节伸直，手与前臂形成直线。

④整个手臂略弯曲，弯曲弧度以140度为宜。注意整个手臂不可完全伸直，也不可呈90度的直角。

⑤以肘关节为轴，上臂带动前臂，由体侧自下而上将手臂抬起。

⑥身体微前倾，头略转向手势指示方向。

⑦面向客人，面带微笑，目视来宾。

⑧致问候语："您好！这边请！"

(2) 引导的手势。引导是指为客人指示行进的方向。引导客人时，服务员要手语并举。

①轻声地对客人说"您请"。

②将右手提至齐胸高度，五指伸直并拢，掌心向上，朝欲指示的方向伸出前臂。

③身体侧向来宾，目光兼顾来宾和所指方向。

④来宾表示清楚后，再放下手臂。

(3) 指示方向的手势。

①屈肘，将胳膊由身前抬起，掌心向上。

②抬到略低于肩时，再向要指的方向伸出前臂。

③与体侧式手势不同的是，指示方向时，手臂高度齐肩、肘关节基本伸直。

④上体微前倾，眼睛看着所指目标方向，并兼顾客人是否会意。

⑤面带微笑。

(4) 展示物品的手势。

①将被展示物品正面朝向观众，在身体一侧展示。物品应举高到双眼之处，或双臂横伸将物品向前伸出，上不过眼部，下不过胸部，并使之在展示时间内能让观众充分观看。

②当四周皆有观众时，展示还须变换不同角度。

③解读时口齿清晰，语速舒缓。

④动手操作则应手法干净利索，速度适当，并经常进行必要的重复。

(5) 递送物品。

①双手递物与他人，不方便双手并用时，尽量采用右手递物。

②直接将物品交到对方手中。若双方相距过远，则递物者应主动走近接物者。

③如坐着，递物时应起身站立。

④将有文字的物品递交他人时，须使之正面朝向对方。

(6) 挥手道别。

①站立身体，目视对方。

②道别时用右手，也可双手并用。但手臂应尽力向前伸出，掌心向外，将手臂向左右两侧轻轻来回挥动，目送对方远去离开。

拓展训练

一、选择题

1. 你与客户握手，使用的触摸方式是（　　）。

A. 亲密爱意触摸　　B. 热情友谊触摸

C. 社交礼节触摸　　D. 职业功能触摸

2. 下面说话的方式是辅助语言的是（　　）。

A. 两眼脉脉含情　　B. 响亮地回答

C. 嘴唇苍白而颤抖　　D. 有力地握手

3. 新来一位领导，走进办公室还未曾开口，给你的第一印象是精明、严厉。你主要的判断依据是（　　）。

A. 服装　　B. 眼神　　C. 修饰　　D. 表情

4. 仪表对人们形象规划的作用包括（　　）。

A. 自我标识　　B. 修饰弥补

C. 包装外表形象　　D. 表明审美情趣

5. 决定成败的素质包括（　　）。

A. 诚信的人品　　B. 成熟的气质

C. 博大的胸怀　　D. 开阔的视野

6. 关于职场着装，以下说法不正确的是（　　）。

A. 上班时间不能穿时装和便装

B. 个人工作之余的自由活动时间不穿套装和制服

C. 工作之余的交往应酬，最好不要穿制服

D. 正式职场活动中（如谈判、公司重大活动现场），夏天男性可穿短袖衬衫配西裤，女性穿衬衫加套裙

7. 非语言包括（　　）。

A. 辅助语言　　B. 动作、表情、眼神

C. 服饰、笔迹　　D. 空间距离

二、判断题

1. 微表情是指在时间上呈现特别短暂的表情，持续时间为1～2秒。（　　）

2. 在正式的社交场合，注视对方双眼和胸部之间的大三角区，表达亲密。（　　）

3. 性格豪放的人，字体较大，笔画舒展；谨小慎微的人，字体较小，基本上不写或完全不写潦草的字。（　　）

三、简答题

1. 请观察某个人的站姿，试分析其性格。

2. 请根据你熟悉的一个同学的笔迹，试对他的性格进行分析。

3. 谈谈如何才能展现得体的微笑，并让对方感受到你的善意。

模块4

会说话，拥有不一样的职业生涯

沟通是一来一往，信息的传递过程，一个是信息的发送者，另一个是信息的接受者，沟通双方你来我往，角色互相转换，完成信息的反复传递。

毋庸置疑，职场中的语言沟通非常重要。但是，巧舌如簧，会说漂亮话，就能赢得对方的好感吗？当然不是。本模块从赞美的技巧、化解尴尬的技巧、幽默的技巧、说服的技巧，以及与领导、下级、客户语言沟通的技巧几个方面全方位为你介绍职场中应该如何正确说话。

模块案例赏析

一、会说话的人情商也高

案例1.1　不要吝惜对他人的赞美

职场故事

你喜欢什么样的业务代表？

场景1

业务代表A："你好，我是大明公司的业务代表×××。在百忙中打扰你，想要向你请教有关贵商店目前使用收银机的事情。"

商店老板："你认为我店里的收银机有什么问题吗？"

业务代表A："并不是有什么问题，我是想了解是否已经到了需要换新的时候。"

商店老板："对不起，我们暂时不想考虑换新的。"

业务代表A："不会吧！对面李老板已更换了新的收银机。"

商店老板："我们目前没有这方面的预算，将来再说吧！"

场景2

业务代表B："刘老板在吗？我是大明公司业务代表×××，经常经过贵店。看到贵店一直生意都是那么好，实在不简单。"

商店老板："你过奖了，生意并不是那么好。"

业务代表B："贵店对客户的态度非常亲切，刘老板对贵店员工的教育训练一定非常用心，对街的张老板对你的经营管理也相当钦佩。"

商店老板："张老板是这样说的吗？张老板经营的店也是非常好，事实上，他也是我一直作为目标的学习对象。"

业务代表B："不瞒你说，张老板昨天换了一台新收银机，非常高兴，才提及刘老板的事情，因此今天我才来打扰你！"

商店老板："喔？他换了一台新收银机？"

业务代表B："是的。刘老板是否也考虑更换新的收银机呢？目前你的收银机虽也不错，但是新的收银机有更多的功能，速度也较快，让你的客户不用排队等太久，因而会更喜欢光临你的店。请刘老板一定要考虑这台新收银机。"

故事简析

为什么客户不待见业务代表A，而业务代表B却成功达成了合作意向？奥秘就在赞美。业务代表A的话里透着对客户的批评，如"你需要更换收银机吗？"意思是你目前的设备很旧该换了。"隔壁的老板都换了"，潜台词是你为什么不换，你就是不如人家，客户心里会好受吗？业务代表B却是一番赞美，店铺对客服务态度好，员工训练有素，一定是老板管理有方。隔壁的老板也对客户赞不绝口。

方法解析

无论你决定做什么，语言能力都将对职场成功起巨大作用。沟通清楚、反应迅速灵敏、讲故事有趣、滔滔雄辩的人有明显的优势。善说，可以寻求沟通的共鸣点，以婉转的态度感化对方，让彼此间都有回旋的余地。

在职场语言沟通中，你首先要学会赞美。人人都喜欢听好听的话，人人都喜欢听到别人的赞美。因此，在职场中，要学会用赞美来为自己获得更多的人缘，而这些人缘将会是你日后成功最为宝贵的资源之一（图 4-1）。

图 4-1　学会赞美

问题 1：职场沟通进行赞美要注意什么？

（1）你对别人的称赞必须是发自内心的，必须是真诚的、由衷的。刻意奉承、浮夸的“漂亮话”不但不会让对方高兴，还会让人觉得你虚伪，让人意识到你有求于人，因而产生警惕。例如，你的一个女同事相貌平平但文笔很好，工作业绩也很突出，你却赞扬她：“你长得真漂亮，是难得一见的美女。”她会高兴吗？你应该根据他人的具体情况，寻找其身上的优点和特色，哪怕是微小的优点或特色，只要是事实，而且是发自内心的真诚、由衷的赞美，那么这样的赞美就能起到良好的效果。赞美的前提是你要拥有一双发现美的眼睛。如何发现别人的美呢？与人相处，要多看别人的长处，少看别人的短处。如“他的工作思路真清晰，我要多像他那样想问题”，而不是“他说的是什么呀，哪点都不如我”，其实生活中有这样想法的人不在少数，见不得别人比自己好，处处瞧不上别人，这样的人能发自内心去赞美别人吗？大家记住一句话：要会赞美别人，先学会欣赏对方。

（2）赞美是有技巧的，你真心觉得对方好，但是话说得不到位，甚至让人听了不舒服，空有一番欣赏之心，沟通没到位也是不行的。

问题 2：如何进行赞美？

（1）赞美技巧点是你对别人的称赞必须具体、明确，不能笼统、抽象地赞扬，赞美点而不赞美面。例如，“你真棒”“你好优秀”“你是一个出色的领导”等赞美就过于模糊。“棒”在哪里？“优秀”的表现是什么？“出色”在哪些方面？没有具体的“点”，那么这样的“面”就显得很“虚”。这些模糊、广泛的概念性语言，有时候会造成他人误解，达不到你期望的称赞效果。如你要称赞一个同事，你可以称赞他：“你长期坚持每晚在办公室学习两个小时，还认真做笔记，写心得体会，真是难能可贵，这样持之以恒的学习，让我们看到你坚忍的品格，也知道了你业务能力强、文章写得好的秘诀了。”假如你只简单地给予抽象赞美：“你人品很好，工作能力强，是一个非常优秀的人。”这样就有点虚伪甚至拍马屁的感觉。

（2）赞美技巧点是引用第三方进行赞美。用竞争对手、其他同事、客户的话或引用媒体向对象实施赞美，效果要比你自己的赞美好多了。例如：“林经理，我听华美服装厂的张总说，跟您做生意最痛快不过了。他夸赞您是一位热心爽快的人。”“恭喜您啊，李总，我刚在报纸上看到您的消息，祝贺您当选十大杰出企业家。”在这里要注意，一定是人家真的说过赞美的话，你留心记住了去转述，而不能胡编。这个世界很小，圈子也很小，一旦被人证实你说谎，诚信全无，你就不要想在职场混了。

我们在生活中要学会赞美他人。用美丽的语言去得到别人对你的真心，赢得他人对你的敬重，用漂亮的语言为你赢得好的人缘。

案例分析与思考

销售员的赞美之道

案例1：

业绩非凡的某化妆品专柜营业员王小姐说：“我的上司经常教导我说，要了解化妆品的本质。化妆品不是生活的必需品，可以归入生活奢侈品。因此，在推销时更要很花工夫，多利用赞美的语言，让顾客产生爱美之心，而且很乐意做个美人。”

有一次，她向一个社交型的太太推销化妆品，对方开始当然是拒绝。她突然发现这位太太提着一只女用高尔夫球袋，立刻话锋一转：“这球袋是您的吧？”“是啊！”那位太太显出得意的神情。“呵，真漂亮！”营业员大声赞美。

“这是我去年到欧洲旅游时在巴黎买的。”

“高尔夫球可是中上阶层的娱乐活动啊。”

“可不是，为此我可花了不少钱了。”

她听这位太太眉飞色舞地谈论，便紧接着说：“是的，这种化妆品不是便宜货，的确贵一点，所有使用它的女士都是上流社会的高雅之人。”一句话正中这位太太的下怀，使她没有了任何借口而买下了化妆品。

案例2：

在我国香港跑马地黄泥甬道，并排着几家鞋店，其中一家盈利甚佳，而相邻的一家却老是亏本，终于无力支撑，寻求买家易手。问题出在哪里呢？赚钱的那一家商店里，顾客试穿鞋子时，说：“你们的这双皮鞋做得跟进口货一模一样。”

此时，一旁服侍的店员立刻答：“只有您这样眼光独到的人才能看得出来。”顾客便欢欢喜喜地买下这双鞋，不但从此固定在这家店里购买，而且乐意介绍自己的朋友前来光顾。

同样的情况发生在另一家亏本的鞋店，那个服务员问：“太太，您是否识货？我们卖的是如假包换的意大利鞋呀！”结果当然是顾客生气地离开。商店便会从此进入恶性循环：没有顾客—商店冷清—无生意成交—顾客更不上门。最后造成商店倒闭。

很多时候，看着自己店里的生意越来越差，零售店业主会感到纳闷，自己也没有做错什么啊，附近又没有开出新店来竞争，是不是顾客少了的缘故？这时，你不妨检视一下自身，想想你的员工在这些技巧上和其他店的员工相比是不是有竞争力。

问题讨论

两个案例中做得成功的销售员是如何通过赞美赢得顾客的？

案例 1.2　学会给人台阶下

职场故事

秘书小张的调解工作

某公司刘经理由于办事不力，受到公司总经理的指责，还扣发了刘经理部门所有职员的奖金。这样，大家都很有怨气，认为刘经理办事不当，自己造成的责任却要由大家来承担，因此一时间怨气冲天，搞得刘经理的处境非常困难。这时候，秘书小张站出来对大家说："其实刘经理在受到批评的时候还为大家据理力争，要求总经理只处分他自己而不要扣大家的奖金。"

听到这些，大家对刘经理的气消了一半儿。小张接着说："刘经理从总经理那里回来时很难过，表示下个月一定想办法补回奖金，把大家的损失通过别的方法弥补回来。"小张又对大家说："其实这次失误除刘经理的责任外，大家也有责任。请大家体谅刘经理的处境，齐心协力把公司的业务搞好。"

故事简析

小张的调解工作获得了很大的成功。按说这并不是秘书职权之内的事情，但小张的做法使刘经理如释重负，心情豁然开朗。同时又协助领导激发大家的热情，很快使纠纷得到了圆满的解决。小张在这个过程中的作用是不小的，刘经理当然对他另眼相看。

方法解析

情商不是八面玲珑的圆滑，而是德行具足后的虚心、包容、自信和格局。把人逼到绝境的不是强者，准确把握分寸的才叫能人。真正的高情商，是懂得在别人陷入窘境时，给人找个台阶下。

不善于给别人台阶下，既是害人又是害己。在职场中，若能适时地给别人台阶下，不仅能获得对方的好感，而且有助于树立良好的社交形象，甚至可以交到很好的朋友，巩固更多的合作伙伴，何乐而不为呢？当然，给人台阶下是有技巧的。

问题 1：职场语言沟通忌什么？

(1) 不要故意渲染他人的失误。在职场活动中，谁都会不可避免地要出现一些小失误，如喊错对方的姓名职务以及礼节失当等。拿人家的失误在众人面前取乐，会使对方难堪。

(2) 不要当众揭别人的短处。任何人都不愿把自己的"短处"在公众面前曝光。因此，如果不是为了某种特殊的需要（如揭露犯罪等），一般应尽量避免触及这些敏感区。我们中国有句俗话"打人不打脸，骂人不揭短"说的也是这个道理。小张和小王从小一起长大，一起上学，又在一家公司工作。一次，在同事聚会中，小张开玩笑把小王 16 岁还尿床的事情给同事们说了，从此以后小王和小张断交了。

问题 2：如何给人台阶下？

（1）不露声色。这样做会让当事人很体面地“下台阶”，而在场的其他人却又难以觉察，这才是最巧妙的“台阶”。我教过一个学生，实习期间在一家高档会所工作。有一次晚上，一个客人带着几个朋友来会所玩，应该是晚上喝得比较多，拿出会所的金卡说，今天的消费我都包了。结果结账时，学生发现卡里余额不足了。我的学生并没有走到这群顾客中间告知这位客户，而是找到客户对他说：“先生，会所服务升级，以后指纹识别，针对高级客户，请您过来录指纹。”到了没人处，学生才说明情况，这位客户不但没有埋怨他，还大方地充进卡里好多金额。这就是你给别人留足面子，对方也会给予报答。

（2）恰当运用幽默语言作为“台阶”。一句幽默的话能使对方在欢声笑语中相互谅解，彼此愉悦，这也堪称最“轻松的台阶”。作家冯骥才在美国访问时，一位美国朋友带着儿子到公寓去看他。谈话间，那个壮得像牛一样的孩子，爬上冯骥才的床，站在上面拼命蹦跳。如果直截了当地喊他下来，势必会使其父产生歉意，也显得自己不够热情。于是，冯骥才便说了一句幽默的话：“请你孩子回到地球上来吧！”那位朋友立马会意说：“好，我和他商量商量。”冯骥才既为了朋友保留了颜面，又不失风趣。

（3）注意尽可能地在为对方提供台阶的同时再添点光彩。如果在及时为对方挽回面子的同时再增添一些光彩，对方会更加感激你，并真正从心底佩服你！

当然，在职场生活中即使别人没有给你台阶下，你也不要太委屈，要记得学会自我解嘲。

案例分析与思考

令人难堪的高才生

一个人的朋友已经 29 岁了，是某重点高校高才生，毕业后一直在跨国企业工作，工作和能力也被大家认可。但是，他工作四年，能力出众，却没有被重用和提升，这是为什么呢？

因为，他常常说话不好听，总是开口得罪别人。

例如，有一次上司给了他一个很好的项目，让他第二天接待客户团队，一定要把项目谈下来。结果项目还没开始谈，他就直接对客户说：“李总，你朋友圈里转发的那条新闻是假的，网上都辟谣了，你赶紧删掉吧，有点丢人。”他当着众人的面，直接指出客户的问题，令客户很难堪。这次合作后，客户再也没找他合作过。

当同事买了新衣服，正很高兴的时候，他也会直接给别人泼冷水说：“你穿这件衣服不合适，太丑了，还是换一件吧。”本来，这个同事穿着新衣服有好心情，却被他的一句话噎得说不出话来，后面这个同事也避免与他交流。

这个高才生不仅说话不顾及他人感受，还不分场合地让别人出丑。在工作上，他也喜欢在自认为厉害的逻辑和口才上碾压他人，当有人想表达与他不同意见的时候，他也常常把别人讲到哑口无言，完全不给别人留余地。渐渐地，同事们也不愿和他合作，老板也不敢把重要任务交给他，他在职场上也混得越来越差。

问题讨论

高才生的问题出在哪里？他应该从哪些方面改进？

案例 1.3 幽默可以化解工作中的尴尬

职场故事

知名女主播用幽默化解尴尬

有一次，一名央视知名女主播去兴化主持节目，刚好遇上下雨天。她左手拿着雨伞，右手拿着话筒，满面春风，神采奕奕地信步向台前走来，边走边说：“兴化的父老乡亲们，你们好！”结果一不小心脚下一滑，语音和屁股几乎同时落地，全场的观众都被这突如其来的情形吓了一跳，现场立刻呈现出一股非常尴尬的气氛。

当她被现场工作人员扶起来后，大家都在全神贯注地看着她。只见她调整好情绪，抬起头，如花的笑容立即绽放开来。接着这位女主播平静地说：“这是我从事主持生涯 15 年来遇到的最恶劣的天气，我把跟头跌在了兴化，这一跤让我这辈子永远记住了兴化。”

现场观众都被她幽默的自我调侃逗笑了，台下顿时响起了一阵阵热烈的掌声。

故事简析

在工作中，我们常常会遇到尴尬的场面，如果处理得不好，很可能会损坏自己的形象或使他人很没面子，从而影响气氛。如果随机应变，幽默一下，巧妙回答，不但能够很好地化解尴尬，而且会使气氛更加浓烈。这位女主播巧妙地用幽默自嘲来化解了当时的尴尬。

方法解析

问题 1：幽默和会讲笑话、毒舌有什么区别？

一个人的幽默感，不是装出来的，也不是靠讲笑话、毒舌得来的，而是用风趣幽默化解尴尬，展示在他人面前的是一种优雅的风度、一种健康的心态、一种文化的内涵、一种人生的积淀，还有一种思想的睿智。适当合宜的幽默，既化解了尴尬，又不失风度。

骨子里有幽默感的人，可以在尊重和不伤害别人的前提下，轻言淡语机智地化解尴尬。幽默经常与尴尬相伴而生，幽默是为了化解尴尬，真正的高情商就是不让人感到尴尬。

高情商的幽默才受人喜欢和尊重。真正幽默的人是把舒服给了别人。

问题 2：职场中，如何做到幽默？

职场中，在非常紧张和严肃的气氛时，一个恰当的玩笑就可以缓解众人的压力，换来融洽的氛围。遇到突发的尴尬场面，如果处理得不够完美或不够巧妙，都会使当事人很没面子。但是如果能适当地用幽默的语言自嘲一下，必定能迅速转移他人的关注焦点，从而轻松地摆脱尴尬。

黄渤上《鲁豫有约》接受采访，被问：“你现在可以啊，很火啊，是吧？”明眼人都明白，这是一个看似简单却必须小心回答的问题。若答是，会显得黄渤太自以为是。若答不是，又难免让人觉得虚伪做作。所有人都在为黄渤捏一把冷汗，可是他泰然自若地答道：“那肯定啊！你想都坐在这儿跟鲁豫聊天了，还能不火吗？”

培根说：“善谈者必善幽默。”黄渤就是这样一个能够在各种场合侃侃而谈、幽默风趣、随机应变的人。即使面对一场来者不善的较量，他也能以退为进，化于无形。既正面回答了问题，表现了足够的尊重；又不动声色地称赞了别人，尽显真实与诚恳。在这个颜值当道、鲜肉横行的时代，黄渤可以说是用他的幽默、才华和人品征服了所有人。颜值高的人迟早会被颜值更高的人替代，但幽默和高情商会让人一直追随。

问题3：在职场中，幽默有哪些作用？

幽默的人能将生活的小郁闷和人生的大坎坷都拿来调侃一番，无论顺境还是逆境，都能在其中发现生活的小情趣。

幽默能轻松地化解尴尬，能巧妙地避开陷阱，也能不露痕迹地夸赞别人，更能对恶意的攻击进行有力的回击。

幽默是提升人们工作效率的重要武器之一，情商高的员工工作效率也会有所提高，因为他们知道如何让自己走出困境，如何让自己快乐地工作。同时，当你在工作中遇到困难的时候，不妨用幽默的方式解围。幽默不仅是解除危机的一剂良药，还是避免争论和冲突，进行有效沟通的良方。

案例分析与思考

张姐的一巴掌

幽默是化解尴尬的良药，也是调节办公室气氛的催化剂，有了幽默，同事们不会因为繁重的工作感到枯燥、乏味。在遇到问题时，适当地使用幽默的话语，不仅可以促进同事之间的合作，更可以燃起大家的工作热情。一次，小肖带儿子来单位玩。这孩子特淘气，一不注意就把计算机的鼠标摔坏了。小肖大怒，抬手照着孩子的头就是一巴掌，打得孩子顿时大哭起来。这时，同事张姐噌地跳起来，指着小肖的鼻子大叫："你干吗打孩子，你的手怎么这么欠。"这一喊，同事们全蒙了，小肖更是气得眼睛冒火，办公室顿时陷入了尴尬的局面。可就在这时，张姐又指着孩子，不依不饶地说："你知道这一巴掌起什么作用吗？你这孩子原本可以当大学教授，就这一巴掌，把个好端端的大学教授打没了。"周围的同事哄堂大笑，小肖也乐了："大学教授，他有那个脑袋，太阳就得打西边出来了。张姐你可真会说话。"一句幽默的话顿时化解了尴尬的局面，办公室又恢复了刚才的轻松气氛，大家的工作热情反而被这个小插曲激发起来。事后，张姐说："我就见不得打孩子，但话一出口，也觉得冒失了，可又不好意思把话收回去，于是就来了个脑筋急转弯。"

问题讨论

请分析张姐的智慧。

二、职场中怎样说服对方

案例2.1 辩论没有赢

职场故事

不要做职场中的"辩论狂"

以前公司里有个同事，出了名的令人敬而远之。当年他刚进公司时，适逢年中员工大会，被拉壮丁去参加表演。结果一炮成名——外形不错，口才尤其好，引得公司里面的小姑娘怦然心动。但慢慢地，问题就来了。

是什么问题呢？他会主动出击，揽活上身。但他做出来的方案，我们不能挑一点毛病。谁胆敢“太岁头上动土”，他就滔滔不绝，跟你辩论到底，非“驳”得你哑口无言不可。你觉得他缠夹不清，没耐心跟他多讲，他越发得意，认为你已经认输了。但是老实说，他虽然自信心太强了点，能力倒也不错。只不过没有人愿意与他合作。要合作，通常就是互相说服，取长补短，遇见他，说不过他，只好依他，最后项目总结，功劳自然全都是他的。谁肯给他白出力气。

老板倒也知人善用，就让他单兵作战，遇到难缠的，就把他派出去对付人家。每次看到他被说得一愣一愣的，我们就故作严肃地垂下头，心里憋不住狂笑……

故事简析

确实，有些人会表现出非常强的自信。自信是好事，但态度过于强硬，很容易给人“异常固执”“刚愎自用”的印象。孤芳自赏的人太注意个体的表现，而忘记此种行为对自己是否有好处。许多老板不会喜欢这样的下属。如故事中所述的这位仁兄，估计很难在大型企业里混得开。

方法解析

问题 1：沟通是辩论吗？

生活不是一场辩论赛，目的不是争对错，而是活得更好。

富兰克林（Franklin）曾经说：“如果你争强、辩论、唱反调，或许有时候你会获得胜利；但这种胜利是空洞的，因为你永远得不到对方的好感了。”因此，在与别人交谈时，要摆正心态，努力与对方沟通，而不要和对方辩论。

在生活中，有些人差不多已经形成习惯，专门和别人作对，无论别人说什么，他总要照例反驳。其实自己本来一点意见也没有，但你说“是”时，他一定说“不是”，到你说“不是”时，他又说“是”了。这是最可怕的习惯，很容易得罪人，而且往往不自知。

在职场中人们也很容易把沟通当作辩论。

沟通和辩论其实有很大的不同。

沟通是协作的工具，通过沟通达到协作，达到双赢。沟通是为了一起把事情做成，是为了你好、我好、大家好。为了达到这个目标，沟通会把大问题拆解成小问题，一个个地讲清楚，达成双方的共识，至少是求同存异。

但辩论不是。辩论是为了驳倒对方，至少不被对方驳倒。为了不被对方驳倒，甚至会胡搅蛮缠，不惜把原本清楚的事情搅糊涂。你有没有遇到这种情况？你跟他讲第一个问题，他跟你扯第二个，你跟他理论第二个，他马上切换到第三个……

既然沟通和辩论能区分得这么清楚，职场中谁会真的辩论啊？你还别说，真的有很多人，在沟通时自觉不自觉地进入了辩论模式。

问题 2：职场中，为什么有人喜欢辩论？

究其原因，有以下两个。

（1）他就是不想你把事情做成，哪怕是损人不利己也在所不惜。

（2）他的情绪战胜了理智，他忘记了目标，错把自己和自己的观点画上了等号。

第一种情况很少，如果你不幸遇到了，可以的话，有多远躲多远吧。有句话是这么说的：永远不要跟一个傻子争论，因为他会把你的智商拉到跟他一个水平，然后用他多年很傻的丰富经验，轻松打败你。

第二种情况是我们真正需要解决的问题。解决问题的关键在于聚焦在自己沟通的目标上，我们沟通的目的不是赢得争论，而是为了对方把事情给办了。

问题3：职场沟通中如何避免陷入辩论？

具体来说，每次重要的沟通对话之前，都需要反复明确这次沟通的目标，写下来。写下来很重要，写下来的过程是强迫自己重新思考的过程。

不但要把目标写下来，而且要在沟通过程中时刻提醒自己，避免自己受到情绪左右。对方不同意你提出的方案，难免会产生情绪，如果你跟着感觉走，做情绪的奴隶，沟通的结果可想而知。提醒自己的沟通目标，是跳出情绪的要诀。

如果你没情绪，对方来情绪了，该怎么办？这时要做的不是马上去解释和澄清，因为谈话的氛围第一、内容第二，情绪不对时，要先解决情绪的问题，内容才可以被听进去。

问题4：如何处理对方的负面情绪？

（1）接纳对方的情绪。可以说："我能理解这个项目让你面临很大的压力。"

（2）道歉。可以说："这个确实是我之前考虑不周造成了你的困扰。"

（3）强调共同目标。可以说："我们都想这个项目能够按时完成，对吧？"

（4）做对比说明。可以说："我并不是一定要求按我的方案做，而是希望能达成一个对双方都有利的方案。"

因此，要做一个职场沟通高手，你应该常说这几句话：

"这是另一个问题，我们先记下来，回头再讨论。"

"你说的这个问题，我们已经讨论出结论了，在这儿写着呢。"

在职场中，不要自以为比别人高明，凡事都想占上风。即使你真的比别人高明，也不能高高在上，说教别人，完全不为对方留一点余地，好像要把对方逼到无路可走。或许你并没有想要这样做，但实际上你正在这样做。这种习惯会使你与朋友或同事日渐疏远，再也没有人肯提供给你意见，更不敢向你说一点忠告；你本来是很好的一个人，但很不幸有一个爱反驳他人的习惯。别人和你谈话时，并不希望被对方说教，因此聪明的人不会摆出一副教导别人的样子。同事如果给你提意见，若不能即刻表示赞同，最低限度也要表示可以考虑，但不可以马上反驳。要是你的朋友和你谈天，你更要注意，无谓的意见纷争只会使生活中的乐趣变得乏味。

"与一条狗争着走路而被它咬一口，不如退让它一步，因为被咬之后，即使你把它杀了，你的伤口还是痛的。"记住，争执和辩论永远不能赢得别人的好感。

案例分析与思考

丢失的计划书

我生长在军人家庭，从小受的教育就是做人要是非分明。在学校，我这个性也得罪了一些人，但大家都比较容忍我。工作后，同事和老板可就没这种好脾气了。

其实我心地善良，做事也认真积极，只是经常会因工作与领导和同事发生冲突。冲突过后，我很快就会忘掉，但别人不是，以致我工作业绩不错，却总因为民主评议不过关而与升迁、加薪失之交臂。

一次我将一份计划书送给老板签字。第二天我问他时，他翻箱倒柜地折腾了一番后，竟耸耸肩说："对不起，我从未见过你的计划书。"

没见过你刚才找什么呢？明摆着是说谎。我立刻义正词严地说："就在昨天下午一点，我送来的。当时您刚喝过酒，脸上红彤彤的，我想一定是您酒喝多了，随手把它丢进了废纸篓。"老板的脸立刻涨得通红，沉默了一下，他怒气冲冲地说："我说没见过就是没见过。另外，请记住，我喝酒不是你管的范围。"

我一走出门，老板的秘书 Sandy 就说我："你真是的，再打印一份给他签不就行了，何必争个谁是谁非呢？你看吧，他不会给你签字的。"

果真，老板对这份计划书很不满意，打回来让我重做了三次才算过关。

问题讨论

在职场中，所谓的"是非不分"仅限于哪些事情？而在哪些事情上又必须分清是非？

案例 2.2 想说服他/她？先要找一致

职场故事

卡车推销员和买主的对话

卖主："你们需要的卡车，我们有。"

买主："多少吨位的？"

卖主："4 吨的。"

买主："我们需要的是 2 吨的。"

卖主："你们运的货每次平均多重？"

买主："一般来说，大概是 2 吨左右。"

卖主："有时多些，有时少些，是吗？"

买主："是的。"

卖主："到底需要哪种型号的车，一方面需看你的货是什么，另一方面要看汽车在什么路上行驶，是吗？"

买主："是的，但是……"

卖主："如果你的车在丘陵地区行驶，而且你们那里冬季较长，这时汽车所承受的压力是不是比正常的情况下大一些？"

买主："是的。"

卖主："你们冬天出车的次数比夏天多，是吧？"

买主："是的，多得多。"

卖主："有时货物太多，又是在冬天的丘陵地区行驶，汽车是不是经常处于超负荷状态？"

买主："是的，你说的不错。"

卖主："你在决定购车型号时，是不是应该留有余地？"

买主："你的意思是……？"

卖主："从长远的眼光来看，是什么因素决定买一辆车是否值得？"

买主："当然是看它的使用寿命了。"

卖主："一辆车总是满负荷，另一辆车却从不过载，你认为哪辆车的寿命长？"

买主："当然是马力大、载货量多的那一辆。"

经过这样的讨论，最后买主决定，多花 3 500 元买一辆 4 吨的卡车。

故事简析

卡车销售员的成功源自说服的技巧。假如卡车销售员听到对方要 2 吨的卡车后，马上讲 4 吨的卡车多好多好，客户就会想："哼，你说这么多，就是为了让我多掏钱。"这样就激化了买与卖的矛盾。但是卡车销售员话锋一转，马上问通常的运输质量、行驶条件、购买价值等，给客户的感觉是你从我的角度考虑问题，因此就容易接受卡车销售员的建议。

方法解析

为什么工作多年的你常常感觉到自己"怀才不遇"，明明肚子里有很多好的想法和建议，却得不到别人的采纳和认可？

为什么刚毕业没多久的小姑娘总能签下大单，而你却总是吃"闭门羹"？

酒香也怕巷子深，一个有价值的人怎样把自己的价值传递出去，让别人感受到？尤其是当每个人都觉得自我价值很高的时候，怎样让别人认同你，凸显出你的价值？这就不得不谈到一个每个人都应学会的技能：说服的技巧。

问题 1：沟通中说服的技巧点有哪些？

第一点是找出对方不同意你的观点的理由。

要通过深入沟通先了解对方反对你、不同意你的原因。如你想学营销专业，父母却让你报会计专业，你要先去了解父母为什么让你报会计专业，比如今后不用那么辛苦、坐办公室、有一技之长等，你如果针对这些点逐条说出你的想法，比如任何工作都需要辛苦付出，只不过表现形式不同，学营销也能习得一技之长，而且是自己的兴趣所长，更能发挥自己的长处。这样说服才在点上，才容易让人接受。最怕不沟通，心里想："我做什么你们都觉得不对，什么你们都要为我安排，我偏不。"情绪战胜了理智，就不能解决问题了。在职场中亦是如此。同事或领导或客户不同意你的观点，你要先去了解他们的想法，而不是认为他们故意和你作对。

第二点也是最重要的一点是试着找到一种让各方面都满意的解决方法。

强调与对方立场、观点、需要的一致性，淡化与对方立场、观点、需要的差异性，从而提高对方的认识程度和接纳程度。

强调彼此利益的一致性。说服要立足于强调双方利益的一致性，淡化相互间的差异性，这样对方就较容易接受你的观点。如那个卡车销售员，听到对方要 2 吨的卡车后，马上讲 4 吨的多好多好，客户就会想：哼，你说这么多，就是为了让我多掏钱。这样就激化买与卖的矛盾。但是卡车销售员话锋一转，马上问通常的运输质量、行驶条件、购买价值等，给客户的感觉是，你从我的角度考虑问题，因此就容易接受卡车销售员的建议。

同时，卡车销售员一直努力寻求双方的共同点，强调与对方立场一致的地方，不断让对方说

"是的"，赢得对方的信任，消除对方的对抗情绪，用双方立场的一致性为跳板，因势利导地解开对方思想的纽结，这样，他的说服才能奏效。

第三点，多向对方提出要求，多向对方传递信息，必要时可以多次重复某些信息和观点，这样可以影响对方，可以增进对方对这些信息和观点的了解与接纳。要注意，这些传递的信息和观念一定是向着说服目标去的。比如两个早餐店，一个盈利，另一个亏损，原因就在于引导顾客的问话。亏损的问："请问您加不加鸡蛋？"盈利的问："请问您加一个鸡蛋还是两个鸡蛋？"从概率上说，第一种问法不要鸡蛋的概率为50%，而第二种问法，不要鸡蛋的概率一下子降到了30%。

问题2：沟通中说服要注意什么？

（1）劝说中不要一开始就批评、指责对方，要给对方留面子；不要只说自己的理由，尽量站在对方的立场展开劝说，不要把自己的意志和观点强加于对方。

（2）不要操之过急、急于求成。

（3）不要过度地讲大道理。

案例分析与思考

荒岛求生

一架私人飞机坠落在荒岛上，只有六人存活。这时逃生工具只有一个只能容纳一人的橡皮气球吊篮，没有水和食物。六个角色是：

孕妇：怀胎8月。

发明家：正在研究新能源（可再生、无污染）汽车。

医学家：多年研究艾滋病的治疗方案，已取得突破性进展。

宇航员：即将远征火星，寻找适合人类居住的新星球。

生态学家：负责热带雨林抢救工作组。

流浪汉：历经人生艰辛，生存能力较强。

问题讨论

选择一个角色，针对由谁乘坐气球先行离岛的问题，陈述理由（提示：不要说我发明家多么伟大，我要先走，我孕妇多么可怜，我要先走，我医学家不走，要死多少人等。我生你死是对立的，这是沟通大忌，要从一致性考虑）。

三、当众说话不用怕

案例3.1 面对领导：精而简，富有低调感

职场故事

小李的困惑

小李大学刚毕业就进了公司做行政工作。有一次，领导让他订一张机票，帮领导做事情，小李心里自然很高兴，但他去网上查了后发现，那天的班次比较难订，于是就打电话到航空公司询

问，一来二去，中间产生了很多波折，小李心里也满腹委屈。终于把机票订好了，于是她找到领导，对领导说："领导，那天的机票实在是太难订了，我打了好几家航空公司的电话，有几家航空公司服务真的很差，我问的问题他们完全答不上来。其中有一家客服居然说让我自己去他们网站上查，我说我网站上能查清楚还要打电话来问他吗?"

还没等小李说完，领导就不耐烦地问："那订好了没有?"小李说："订好了。"领导说："订好了就出去。"小李心里有些郁闷，好不容易给领导订了一张机票，还被领导板着脸凶了一顿。

故事简析

领导每天要处理的事情比较多，时间就会比较紧张，很多时候领导的时间成本比金钱成本、路程成本等其他一切成本都要高。因此，如何与忙碌的领导进行高效率的沟通，是值得小李及我们每个人去思考的问题。

方法解析

问题1：职场中怎样高效地跟领导沟通？

在职场上你遇到过这种情况吗？跟忙碌的领导汇报工作，巴拉巴拉说了一大堆，结果领导不耐烦地说了一句："你到底想说什么？"

为什么领导会不耐烦，是他没认真听，还是你没表达好呢？如何与领导沟通，从而让领导对你刮目相看呢？

(1) 沟通简洁明了，不说无用的信息。你可以算算自己的时间成本，算的方法是你每天工作多长时间，一个月的收入是多少，核算到每个小时，然后用你的收入除以你的时间，得出的数字就是你单位小时的成本。有些人为什么喜欢说闲话，而且一聊就聊很长时间，根本不在意时间成本，原因就在于他们的时薪很低。退了休的老人能为一点鸡毛蒜皮的事情计较大半天，但是领导不一样，他们的时间成本很高，几分钟就可能影响一个大项目。如果你的沟通没有重点，只会让领导觉得你在浪费他的时间，自然会对你恼怒。

(2) 善用8分钟规律。大量的心理学研究表明，当我们看视频、听音乐、跟别人沟通的时候，一般的专注力时间在8分钟左右。8分钟后，我们的注意力就会转移到其他地方。因此，我们跟领导沟通、表达诉求时，应把谈话时间尽量控制在8分钟之内，尽可能把重要的内容在8分钟内讲完。

(3) 提前做好准备。我们在做准备时最好有计划a和计划b。计划a：领导十分忙，重点要点报告完立马出来。计划b：领导这时可能比较空闲，重点要点报告完后可以和领导闲聊几句，拉近关系。领导忙不忙你一眼就能看出来，当领导不忙的时候，你也要先征求领导的意见，领导这样说，那你就明白了，你有20分钟可以和领导讲些其他话题。你尊重领导的时间，领导才会喜欢你，准备得越充分，你们的沟通就会越顺畅。

(4) 沟通内容条理要清晰。不要把内容一股脑地倒给领导，要学会把内容的条理梳理清楚(图4-2)。

图 4-2 与领导沟通前理清思路

教你一个非常简单的方法：12345 法则。报告任何事情都按 12345 来讲。例如，第一点是什么，第二点是什么，第三点是什么。其中第三点事情有两种情况，第一是什么，第二是什么。这样的方式表达你的内容，领导特别容易理解，不需要他自己再去整理思路，帮领导节约了时间。就像我们自己看报告，如果整篇报告只有一个段落，满满地从头写到尾，你一看头就大了，对吧？但如果条理清晰，段落清楚，看起来就非常舒服，也容易抓住重点。因此，下次进领导办公室报告前，先拿张纸把自己用讲话列个 12345，领导就会觉得你的表达能力非常不错，是一个可塑之才。

因此，跟领导沟通时，我们要做到简洁明了的思路、条理清晰的表达、8 分钟之内把最重要的事情全部汇报完，这样的沟通就会更有效率。对于绝大部分领导来说，最讨厌的就是那些讲半天也不知道在讲什么，或抓不住重点来讲的人，浪费了宝贵的时间、精力，还解决不了你碰到的问题。

问题 2：与领导意见不一致时应该怎么办？

如果你的领导让你往东，但以你的经验，你坚信往西才是正确的。这时，你该如何？

这时就体现出沟通的重要性了，我们以电视剧《琅琊榜》为例。梅长苏在与领导意见不一致时，选择了沟通，但是领导没有采纳梅长苏的意见，梅长苏提醒领导要权衡利弊，可是领导一意孤行。最终，梅长苏只好选择执行领导的方案。

靖王与梁帝意见不一致，选择了沟通，领导没有采纳。于是靖王再次沟通，动之以情，晓之以理，最终领导采纳了靖王的意见。

上面两个场景，显示了沟通的两种结果：一种是领导听了，这当然好；还有一种是领导不听，那该怎么办？

职场中，我们和上级领导的意见不一致时，首先要做的就是沟通。如果沟通达不到共识，则需要执行。

下面给大家介绍几个可操作的方法。

1. 提供证据，让领导自己得出结论

在和领导沟通工作时，倘若想要说明一个问题，就千万不要空口无凭地说结论。要准备好足够的数据，在一切都已经准备就绪的情况下，结论往往是呼之欲出的。但请注意，让你的上司自行得出这个结论，要比从你的口中说出该结论强 100 倍。

2. 运用同理心沟通

心理学的沟通中有一招叫作同理心沟通，这个技巧在接受任务的场景中堪称神级技术，屡试不爽。一共分为四步。

第一步：复述，用自己的话重复领导的意思。

第二步：澄清，在没有听懂的时候提出询问。

第三步：摘要，用自己的话总结领导的大意。

第四步：确认，确保双方对想要的结果一致。

很多职场小白甚至老白都不懂的一个领导心理学：当众建议是拆台，私下建议是补台。

那私底下又该怎么讲？你可以这样说："您是否可以请××帮我，否则我担心未必能及时完成报告。"不要用催他表态的眼神看着他，给领导足够的时间思考，如果你的建议合理，他自然会帮你搞定。

案例分析与思考

迅速升职的欣欣

景然在公司的企划部工作已经两年多了，参与了许多重要公关活动的策划和实施，是这个部门最有经验的员工之一。部门副经理的职位一直空着，凭借资历和能力，景然认为自己很有可能是这个职位的候选人。

可最近景然发现了竞争对手——刚来公司不到半年的女生费欣欣。按说，就她的资历还得熬几年才能出头。可是接下来发生的几件事让景然对费欣欣不得不刮目相看。

一次，两人同去一家公司谈一个项目，回来后已经是中午，景然径直走进公司食堂吃午饭。当她回到办公室的时候，经理笑眯眯地走进来说："你们做得不错，看来这个项目成功的希望很大嘛。"原来，费欣欣已经把情况在第一时间向经理一五一十地汇报过了。

第二次，景然和费欣欣在办公室里就项目方案做了一些深入讨论，许多想法景然都是第一次流露，当时费欣欣听了拍手叫好，对她大大称赞了一番。第二天，经理把景然叫到办公室说："昨天费欣欣说了许多新的想法，我觉得很不错。"景然的眼睛越瞪越大，因为从经理口中说出的"新想法"都是自己的设想，不过是在此基础上完善了而已。经理大概看出了景然的心思，笑着说："费欣欣说了，其中许多点子都是你的主意，但她能够把这些点子进行整合，再加入自己的构思，很有想法，也很有创意。对于她这样工作经验不算丰富的女孩子来说，不容易。这样吧，这个项目原来是我统管，现在就由她来主抓，希望你能好好配合她完成这个项目。"景然再也说不出什么抱怨的话了。

从那以后，景然留意观察费欣欣的工作风格，发现她最大的优点就是勤于与经理沟通，无论大事小情、工作的进展和困扰，或者偶然产生的灵感，她都能在适当的时间跟经理做充分沟通，有时他们聊得兴致盎然，就像交往多年的老朋友一样融洽。

半年后，公司下发了一项人事任命：费欣欣担任企划部副经理。

问题讨论

你从费欣欣的升职中得到了哪些启示？

案例 3.2 面对下属：细而专，富有激励感

课长与下属

日本的企业家松下幸之助曾经就上级如何赢得下属尊重的话题讲了一个故事。

一个周末的晚上，一名下属仍在和课长一起加班，现在已经非常晚了。课长年纪有点大，感到有点疲惫，他眼神望向正埋在文件堆里还在奋力拼搏的下属，由衷地感叹：年轻就是好啊！就在此时，课长突然想起，这名下属好像刚刚有了女朋友，今天是个周末，我还留他加班到这么晚……课长顿时觉得有点不好意思。

他走向下属，说道："真是不好意思，这么晚了还把你留在这里加班，今晚原本有约会吧？"下属心中一暖，连忙回应："不碍事。课长年纪这么大了，工作还这么拼，要注意身体啊！"

故事简析

从松下幸之助讲的这个小故事中，我们可以深刻地体会到，作为管理者，在与下属交往的过程中，更应该主动地换位思考，为下属着想。课长与下属这种互相站在对方角度考虑问题的交流，就是一种心灵上的交流，这是开展工作取得成功的动力。

方法解析

问题：高情商的领导如何说话？

说话是一门艺术，古希腊哲学家德谟克里特（Democritos）说：要使人幸福，一句言语常常比黄金更有效。可见语言的力量有时候是胜过黄金的。说话是一种语言表达能力，对于一个领导者来说，这是一门必修课。鬼谷子曾说："口者，心之门户也。"同样一个意思，不同人嘴里说出来的话效果截然不同，这就是语言表达的差距，为什么有些领导没有威信，很可能就是因为不会说话，那么情商高的领导都是如何说话的呢？

如果员工犯错误了，我们委婉地批评是给员工面子，但前提是员工也得给你面子，如果他不把你的话当回事，也要让他明白，你可不是好惹的。

1. 表扬的话，公开地说

谁都喜欢被表扬，因此表扬的话要尽可能地让更多人听到，一来被表扬的人心里会更高兴，二来可以以此来激励其他人学习。如在开工作总结会议时，你可以这样说："小李在处理消费者投诉这件事上表现得很不错，积极主动、有理有据，使坏事变成好事，做得很好，现在提出表扬，希望大家能多多向小李学习。"

2. 批评的话，委婉地说

记住，谁都不喜欢被批评，即使是自己真的做错了。因此，在发现员工做错事时，批评尽量委婉一些。如员工上班迟到了，你可以说："今天怎么这么晚，昨天晚上没睡好吗？以后晚上早点睡觉，早上早几分钟起床。"

这样的言语既对员工做出了警告，也体现了自己对员工的关怀。但如果是员工屡教不改，就应当严厉指出，你可以这样说：你这个星期已经迟到四次了，怎么回事啊，如果这个月再迟到奖金就别想要了（图 4-3）。

图 4-3　批评的话委婉地说

3. 命令的话，客气地说

领导给下属下命令，虽然是天经地义的，但也要尊重下属。如果你这样说："小李给我去倒杯水""小李把这个拿去给王经理""小李把垃圾去扔一下""小李给我订一张去北京的机票"……

小李虽然会照做，但心里总是会有一点不舒服，毕竟没有人喜欢被别人使唤，因此作为领导，当下属办完了你要求做的事情后，说句"谢谢了""麻烦了"，会让下属心里暖暖的。让下属口服是很简单的，让下属心服才是最难的。例如你这样说："小李，给我订一张去北京的机票，麻烦了。"这样的话语让人听了就很舒服。

人与人之间的尊重是相互的，尊重自己的下属，更容易得到下属的尊重。

4. 感谢的话，真诚地说

领导需要感谢员工吗？当然。战斗在一线的肯定是员工。那些最苦、最累、最脏的活，也肯定是员工干的。当工作做出成绩时，不要把成绩一个人揽了，而是要感谢每位员工的辛苦付出，只有员工更加努力地工作，你带领的团队才会越来越好。这一点，日本"经营之神"松下幸之助是一个高手，每当团队做出成绩时，他都要双手合十，弯腰鞠躬，真诚地向大家表示感谢。

5. 激励的话，高调地说

作为领导总要给自己的员工打气，如有一项重要的任务，需要几个骨干员工加班加点，这时就可以说点好听的话，让他们至少心里舒服一点。你可以这样说："你们几个都是公司的骨干，这个任务有点急，没有你们肯定不成，只能劳烦各位加加班啦，晚上的宵夜我请。"

不要觉得自己是领导，为什么还要给他们戴高帽子？你给他们戴高帽只是动动嘴皮子的事，但他们需要放弃和家人一起休闲娱乐的时间，老老实实在那儿加班干活，所以说几句好听的话你也不吃亏。

6. 表态的话，谨慎地说

下属请示工作，如果你有拿捏不准的地方，不要轻易表态，不要觉得自己是领导，无论下属遇到什么问题，自己都能马上拍板解决，这是不现实的。拍板是容易的，但如果拍错了，你就下不了台了，在员工心目中的印象就会打折。因此，不确定的事不轻易表态，这是做事沉稳的表现。你可以这样说："这件事，我抽空好好想想，明天再给你答复。"

7. 拒绝的话，因人而异地说

如果下属性格比较内向，为人比较腼腆，拒绝时就不要太直接，会伤了人家的感情；如果下属性格比较外向，平时说话就大大咧咧，拒绝就可以直截了当，他完全不会在意。

虽然很多教口才的老师会告诉大家，拒绝时一定要委婉，对于别人的意见要表示尊重，千万别说对方错了。但我并不认同，对于那些性子比较直，有一说一、有二说二的人，直接拒绝并不会伤害到他们，因为他们本来就是快言快语的人，拐弯抹角反而让他们搞不懂。因此，我主张说话要看对象，面对什么样的人就说什么样的话，没有任何一种说话技巧是绝对的，是可以千篇一律的。

8. 生气的话，尽量少说

一个人在生气的时候，智商和情商都会变成零，因此我不建议大家在生气的时候说太多的话，因为这些话往往会让你后悔。如果你生气了，但确实又想说话，从 1 数到 100，再拿出手机看时间，按照自己的脉搏，如果一分钟超过 90 次，那就再从 1 数到 100，直至脉搏恢复到每分钟 90 次以下。

冲动是人类最大的魔鬼，人一生中，大多数的错误都是在冲动的时候犯下的。因此，当你发现你很生气的时候，最好的办法就是不说话，不做任何决定，等自己心平气和的时候再来表态。大家在路上开车的时候经常会遇到一些路怒的人，感觉别人车没开好或影响到自己了，一气之下互相别车，一不小心撞上了，那大家就都甭走了，都在那儿耗着吧。还有那些下车打架的，打完架被派出所拘留的，没有一个不后悔的。

因此，作为领导，生气的时候不要在员工面前说话，容易失态，也容易失言。

案例分析与思考

会做思想工作的领导

某机关一个青年职工因未上调工资，气势汹汹地闯进领导办公室，大叫大嚷，要给个说法。这位领导待他闹劲消停后进行说服工作："小×，你知道这次为什么没调你的工资吗？""不就是玩麻将吗？别人也一样玩。"

此时，领导迅速抓住机会，继续深入："我不反对青年人玩，但要玩得正当、有意义。你那天晚上一下子把一个月的工资输了个精光，你妻子哭哭啼啼来找我，要我劝劝你。按理说，这是赌博，你属于公安局的禁赌对象，但念你是初犯，没给你处分，这次之所以没升你的工资，是想让你从中吸取教训。自古以来，赌博这玩意就不是好东西，弄不好，你到头来门神店失火——人财两空，那时，后悔就迟了！"接下来这位领导又趁热打铁补上一句："好好工作，今年的奖励升级我可等着你啦！"

这个青年职工听了之后，心服口服，满怀希望地走上工作岗位。

问题讨论

谈谈这位领导与下属沟通时的语言艺术。

案例 3.3　面对客户：真而诚，富有亲切感

职场故事

和客户成为朋友

初入房产行业是在大学毕业前的实习期，那时自己就像一只迷路的羔羊，茫然不知该从何入手。一个月过去了，我的业绩却是零，但是我没有气馁。

第二个月第一旬，我记得非常清楚：清晨阳光明媚，多么美好的日子啊！开完早会，无意间电话响起，我第一个冲上去，拿起电话："您好，××房产！请问您有什么需要帮助吗?"电话那头传来了陌生的声音："喂！是××房产吧！（听对方声音俨然是个性格非常直爽的人）我看你报纸上登的这个店面，具体位置在哪?"待我介绍完毕后，客户说去看，于是我们约好了时间去看了。我的转折点正是从这儿开始。我和客户见面后，谈话非常投缘，但这个店面最终因为房东涨价的原因没有签成。可这一次我并没有灰心，因为店长对我说过："这个社会没有绝对的，很多事情都要两面去想。你没有得到，但是你却有学到，知识是无价的。"接下来的日子，我不断和我的客户沟通，推荐看房，增进感情。有一次，同事刚推荐了个店面给我，我马上就去落实，在那店面前给客户打电话推荐。当客户问到门面时，我实在不知道该怎么去描述。因为自己的不专业，客户当时也挺生气的，就说："你怎么这么不专业！"我当时非常失落，连声说："我落实下情况再给你电话。"回来的路上，耳旁一直重复："你怎么这么不专业。"那一刻真的感觉自己非常没自尊。可是就在几分钟之后，让我意想不到的事情发生了——客户自己打电话对我说不好意思，并给我上了一堂深刻的专业课。

从那开始，我时常打电话和客户沟通，客户也经常打电话给我，询问我最近的情况。直到有一天，客户打电话给我说，他朋友有套店面打算卖掉，叫我帮他赶快处理下。基于客户对我的信任，得到房源后，我马上推荐、寻找客户。经过一段时间的努力，终于通过登报顺利地被我签订了。通过和这个客户的沟通，以及客户对我的信任，我明白沟通是那么重要。之后的日子里，客户一直介绍别的客户给我，让我的业绩一直保持着稳定。

故事简析

我们对待客户就要像对待朋友一样，无论是新老客户，都要时不时地问候一声，也许你这不经意的举动，不会让你马上得到回报，但是很可能会让你有意外的收获。平时多积累产品和服务的专业知识，让客户因为你的专业而信任你。

方法解析

问题：如何与客户沟通？

良好的沟通能使我们的工作变得简单。我们在与客户沟通的时候，只有了解了客户的情况，才能找到与客户相投机的话题。当找到了相同的话题后，沟通起来才能特别顺畅，而且能缩短与客户之间的距离。那么我们该如何做呢？下面谈谈如何与客户沟通。

（1）要端正态度。无论面对什么样的客户，一定要尊重客户，在销售过程中尽量不要对客户用询问的语气，遇到有争议的话题，也尽量不要跟客户争对错，不要反驳客户，这样很容易跟客户产生隔阂，会让我们的销售工作变得复杂。

如果客户是长辈，我们的举止不能太过随便；如果客户是老师，我们的行为要得体；如果客户是小有名气的人，我们也不能表现得屈从。我们在说话的时候一定要清楚对方的身份，如果见到每位客户都是用同样的语气说话，这样的说话方式只会让客户觉得你太无知。

（2）在与异性客户接触的过程中，一定要跟客户保持距离。要选择适当的称呼语，在谈话过程中间一定要避免使用故意亲近的词语，也不能问客户的年龄，否则势必会引起客户的反感。

（3）一定要把握好说话的时机，该说话的时候一定要说。当客户需要你提出自己的意见时，一定不能闭口不言，有时机会来得快去得也快，因此一定要把握好这个说话的机会；不该说的时候，千万别说。在客户讲话的时候，千万不要插嘴，认真倾听完客户所讲的内容后，再发表自己的看法，这样显得更加尊重对方。

（4）客户喜欢听实话，尤其是关于产品的实话。在客户的心里总认为销售员就是嘴好，就想通过三寸不烂之舌说服自己购买产品，客户认为销售员是不为客户着想，只为自己考虑的一类人。

有些人在介绍产品时，肆意夸大产品的性能，这是在沟通中最忌讳的事。因此，在介绍产品的时候一定要站在对方的角度去考虑。为什么客户要买你的产品？为什么客户要听你的话？为什么客户要相信你？这都是我们每天需要反省的问题。

（5）销售员在向客户推销时，要把“我们”的变成“咱们”的。

举个例子：“我们家这款产品，净化空气的能力特别强”，如果把这句话中的“我们”改成“咱们”，会是什么效果呢？

“咱们家这款产品净化空气的能力特别强。”

你觉得哪种说话方式更能拉近与客户之间的距离呢？

答案肯定是第二种，你学会了吗？

（6）销售员在与客户沟通的过程中，一定要禁用“我不知道”这四个字。如果客户问他，他一问三不知，客户心里一定这样想：“问他什么都不知道，那我买回去的产品怎么能得到保证，还是去别家看看吧。”

客户也许根本不会解释什么，直接闪人。你觉得失去这样的客户可惜吗？真的太可惜了。自己没有预见性，不知道客户会提出哪些问题，对产品的了解不是很透彻，你拿什么留住客户？就靠自己的热情服务吗？因此，在平时一定要找别人问自己的问题，每个人的侧重点不同，问的问题也不同，如果我们提前知道客户会问什么，那么结果也不会像现在这样。

面对客户提出的问题一定要全面回答。这就要求我们在见客户前做好充分的准备，不但要清楚了解自己产品的信息，而且要了解行业信息，多看书、关注时事新闻，增长自己的知识，以防备在与客户交流时遇到此类问题，却不知怎么回答客户。当客户问产品问题时，一定要全面回答客户的问题，遇到解决不了的问题，也要跟客户说清楚，在最短的时间帮助客户解决问题。

案例分析与思考

胜负之间：客户为什么选择D品牌？

招标会终于结束了。北京康顺达中医院小会议室里只剩下信息中心主任王达生和他的助手石海涛。

这次招标是采购40台台式计算机。去年采购的20台在短短一年内出现了许多问题，以致其他部门的人纷纷指责信息中心，还有人怀疑有暗箱交易。因此，此次经王主任提议、主管行政的副院长同意，以招标的形式来确定供应商。

今天的招标会首先由投标企业讲解投标的情况、提供的台式机选择；然后再回答医院不同部门人员的有关问题。参加招标的有国外知名企业（如惠普、戴尔），也有国内知名企业（如联想、同方、方正），甚至还有八亿时空这样的二级品牌，去年的供应商快蓝科技也来了。这些讲解有些比较活泼、幽默，有些却过于死板、枯燥，晦涩的技术词汇让人失去了耐心和兴趣，总共8家供应商用了5个小时，几乎让参与者都感到疲劳。除了王主任及其助手小石、郭副院长，后勤中心主任及部门员工3人外，药剂科、住院部都来了人参加会议，毕竟这些机器是给他们这些一线部门的人用的。

空荡的会议室里，王主任与助手石海涛的对话就这样开始了。

意向初定

王主任：“小石呀，你看，今天招标效果怎么样？”

石海涛：“刚才郭副院长走的时候，说咱们这次搞得不错！”

王主任：“是啊，去年咱们太被动了。当时也是不了解这个计算机还有什么保修期、维护期、保证期等，也不清楚计算机这么复杂，看起来外表都不错，只是一用才发现不是这里有毛病，就是那里有毛病。”

石海涛：“还真是这样。刚才后勤中心的还问那个D品牌的，你们的操作界面是不是比较复杂。”

王主任：“其实，是去年他们用快蓝科技的计算机总是出故障，人家来维修的一看，在界面上点了几下就好了。因此，他们关心界面的情况。你注意到药剂科的老刘问快蓝科技的问题了吗？”

石海涛：“好像他们特别关注键盘，他们问D品牌键盘的保修能否延长。”

王主任：“去年那20台，他们分了8台，巧了，8台的键盘陆续都坏了，虽然快蓝科技还是给换了新的，但毕竟麻烦太多，当时就为这个事情，好像还要打官司，结果还是我出面，不过快蓝科技也是看重咱们后面还有比较大的采购，因此也就给免费更换了。”

石海涛：“我看他们倾向于要D品牌，D品牌也答应，键盘给3年的包换保修。”

王主任：“不见得，D品牌的机器贵呀，我看快蓝科技与咱们都熟了，你觉得快蓝科技的产品怎么样？”

石海涛：“主任，都是您定，虽然去年其他部门对计算机都有不同的意见，但是后来都解决了，关键看您这次的评价标准如何制定了。”

王主任："这样，你找D品牌的，还有快蓝科技的，同时找一下联想的，主要考核如下三个方面的问题：第一是维护、维修、保修、包换的问题；第二是网络支援问题；第三是价格问题，如果每台控制在8 000元以下，院里的预算就够了。"

石海涛："主任，第一、第三都没有问题，我去谈，可是第二，咱们招标中没有提到网络问题呀。"

王主任："他们供应商都有经验，我们去年买了20台，今年买40台，肯定不是分散使用的，肯定是通过网络来管理和信息共享的，所以看他们谁愿意提供支持吧。"

石海涛："那您的意思是我们将40台买了以后，让他们送货的时候就负责安装到网络上，对吗？"

王主任："对，这样咱们就可以将网络连接和网络安装的费用省下来了，反正像D品牌、联想，还有上次的快蓝科技都是负责安装到位的，等他们送货的时候再说。"

石海涛："好，我这就办，您倾向于这三家选哪家，我就重点谈。"

王主任："我没有倾向，从今天的招标会看，院里的人对这三家的提问比较多，D品牌的那个销售回答得还不错，快蓝科技是了解咱们了，因此回答得虽然不技巧，但是也都在点子上，就是联想的那个销售，术语太多。不过你先接触看看，总之，把握一个要点，质量上一定不能出问题，价格并不是最主要的，当然，最后的网络连接，是一定要让供应商顺便做到的。"

石海涛："好的！我清楚了。"

王主任："今天是周三，周五前咱们就定下来，周末让院里批一下，争取下周就能送机器。周一院里开会的时候，各部门都是这么安排的，科室放计算机的地方都腾好了，因此尽快为好！"

石海涛的活动

周三下午，石海涛致电D品牌的陆茵蓉。

接受了主任的委托，在医院工作了两年的石海涛当天下午就开始了他的工作，联系、落实最后的供应商，确定相关的条件，并选择一家。他率先打通了D品牌计算机中小企业事业部的北京高级销售顾问陆茵蓉的电话。陆茵蓉就是招标会上的D品牌销售顾问。

陆茵蓉："您好，我是陆茵蓉，您需要什么帮助？"

石海涛："您好！您是陆小姐吗？"

陆茵蓉："对，我是，你好像是康顺达的小石吧？"

石海涛："对，今天招标会结束后，还有点事情想最后协商一下。"

陆茵蓉："可以，这样，现在都5点了，你也该下班了，对吧？我正好在你们医院附近，我过来接你。"

石海涛："不用，咱们电话上说说就行了。"

陆茵蓉："嗨，是关于这次采购的事情吧，你们王主任可是操心大了，我也看出来，对去年采购的快蓝科技的机器好像院里其他部门的人也都不太满意，就冲这，咱们还是慎重一点，反正就是五六分钟，我到院里的大门，给你一个电话，是你现在打的这个电话吧？"

石海涛："那好吧，就是这个电话，我等你。"

挂断电话，石海涛旋即致电联想的夏侯山。

石海涛又拨通了联想北京地区的销售顾问夏侯山，一个严谨的技术出身的销售人员。

夏侯山："您好，我是联想夏侯山，您是哪位？"

石海涛："我是康顺达信息中心的石海涛，今天上午你们参加了我们的招标会，现在有一些问题，中心还想了解一下。"

夏侯山："哦，对，您好，石先生，您有什么问题？"

石海涛："中心主要想衡量的是联想机器的保修、包换的问题，还有就是技术支援等方面的问题，不知道联想如何保证我们使用机器上没有任何麻烦？"

夏侯山："哦，上午在招标会上，我在介绍公司的所有售后政策中都讲到了，24小时响应，3个月包换，一年保修，软件支援一年的收费是一台机器800元。我们是硬件提供商，但是为了客户的使用方便，我们还是提供软件支援的，但是因为有额外的支出，所以向客户收取费用，这也是今年才出台的规定，我也无权更改。您看，我留下的资料中特别注明了，用红笔画线的部分。"石海涛："哦，资料里都有是吧，那我就再看看吧。"

夏侯山："好的，这样，有什么问题，您再给我电话，我能做到的，肯定一定做到，好吗？"

石海涛挂断电话后的感觉并不好，看了一下手表，已经10分钟过去了，正在想的时候，电话响了起来。

与联想夏侯山通话结束。这时，快蓝科技的电话来到。

石海涛："您好！信息中心，您是？"

"王主任在吗？"对方急切地询问。

石海涛："王主任已经下班了，你是哪位？有什么急事，我可以转告。"

"哦，小石呀，我是快蓝科技的小张啊，就是下午参加招标会的，我们换了名片的小张。"

石海涛想起来了，快蓝科技对这次招标非常重视，特意派了4个人来。

石海涛："对，我记得，王主任回家了，要不你明天再打，但是，对了，我找你还有点事。"

小张："没关系，不找主任也行，找你也行，我的意思是咱们都合作快两年了，这次的招标走走形式就行了，你跟主任打个招呼，看明天把合同就定了吧，郭副院长那里我都说好了，我们这次的货比上次好多了，其实，你们用联想的戴尔的，还不都是深圳组装的，还不如我们的产品，我们现在是苏州工业园区加工，质量有了质的飞跃。你说呢？"

石海涛："要是郭副院长那里你都说好了，那你还是直接跟王主任说吧。我就没有什么问题了。"

小张："别呀，咱们都是不是外人了，合作有年头了，有话就说，我能办的，肯定办到。"

石海涛："好吧，那我就直说，如果还是你们供货呢，质量是一个问题，更重要的是这个售后的支援问题，你们的响应时间是多少个小时，保修和包换条款是不是可以修改，再有就是网络支援，能否提供网络方面、软件方面的支援？"

小张："这个好说。响应时间是小事，你一个电话，我就过来，没有问题，保修和包换也都不重要，咱们都合作两年了，你们叫我们过来，想换零件，还不是一个电话，哪次我们没有给换？再说了，去年的网络支援，不都是我们做的，网络连接都是我们做的，既然是我们的机器，还是我们做更好，对吧？"

石海涛："去年都要打官司了，你们才换的键盘，再说了，去年你们做网络的时候收的费用可不低。"

小张："那么今年这可是40台机器，这样吧，网络收费咱们就100元一台吧，你看怎么样？"

石海涛："不行，如果今年还是你们供货，网络支援就不应该收费了，去年都是你们铺线调试的，轻车熟路，免费。"

小张："石经理，您就别压我了，去年是400元一台，我都让到100元了，你要我免费，公司也不批呀，我答应了没有用呀。"

石海涛："我不是经理，别叫我经理，这样吧，这个事情回头再说，我明天向主任汇报，就这样吧。"

小张："唉，别，等一下，要不，这样，我明天过来，你看主任上午在吗？"

石海涛："你别过来，主任上午有会，下午也有约了，我们通知你，你的意思，我肯定告诉主任。"

小张："好吧，其实，你知道，郭副院长对我们也是非常肯定的，对吧？"

石海涛："明天给你电话再说吧，好吗？"石海涛看着手表，急促地挂断了电话。

与快蓝科技的通话结束。这时，敲门声响起。

石海涛心想这个时候谁会来，他起身开门，看到了气质、穿戴都那么恰当和专业的陆茵蓉。

陆茵蓉："等着急了吧，北京这个交通呀，实在是太堵了，要不说北京是'赌'城呢。"

石海涛听了一笑："没想到，你还进来了。"

陆茵蓉："走，我知道一家比较安静的西餐馆，你都饿了吧，走！"

石海涛与陆茵蓉共进晚餐，洽谈采购合同

在悠扬的音乐中洽谈30多万元合同的关键条款，严肃的话题在轻松的气氛下得到了有效缓冲，似乎代表采购和销售的两个方面的人自然而然进入了合作的氛围。

石海涛："主任关心的是服务，售后服务上面，去年是吃了大亏的，主任在院里也不好做人，这个你理解。"

陆茵蓉："当然了，计算机不是一个简单的家电。售后其实才是不同厂家的竞争点，作为D品牌来说，我觉得还是令人放心的，你说呢？"

石海涛："一个就是响应时间，另外一个就是保修、包换的事情，最后就是网络连接。"

陆茵蓉："保修、包换都是重要的条款，我们不仅确保现有设备的快速支援响应，还提供1年的保修、3个月的包换，说到网络连接问题，让我看一下你们要的设备的配置，我记得好像有网卡的要求吧。"

石海涛："对，有网卡配置。"

陆茵蓉："那没有问题，我们上门送货时负责连接入网，医院用什么网络？"

石海涛："我也不是很清楚用什么网络，是去年快蓝科技做的网络，还收了不少钱呢。"

陆茵蓉："没有留下一些网络说明资料吗？"

石海涛："好像没有，主任也挺头疼，一天到晚就担心网络出问题，可是也不知道谁可以解决。"

陆茵蓉："40台的订单确定以后，我们供货时负责接入网络，然后，协助你们制定一个网络使用指导手册，我估计要是快蓝科技做的网络，肯定是NT，应该比较容易，我们的工程师有办法。"

石海涛："那么，保修、包换的事情呢？"

陆茵蓉："订购40台，我们的保修、包换的条件我没有权力改动，但是过去的所有客户还没有对我们的售后有不满的情况出现。这样，确定了40台的合同以后，我可以额外提供两台作为备份件，可以放在你们中心的办公室，也可以放在使用机器最多的部门，随时有问题，在我们的工程师来到之前，都可以简单地更换备份设备上的零件，你看呢？”

石海涛：“这样我估计主任就没有什么说的了。价格方面呢？”

陆茵蓉：“D品牌的价格也是全国统一的，我没有多大的权力调整，你们要的配置不低，因此，8 999元的这个价格，我没有余地了，看医院方面的预算情况吧。”

石海涛心里粗算了一下，如果网络方面可以免费，医院的预算是够的，这样用的是国际品牌，再出问题应该没有什么说的了，按照这个结果，主任那里也不会有什么意见。于是说道：“好吧！其实，时间已经挺紧的了，下周各部门都希望用上这次的新机器，你们的供货时间怎么样？”

陆茵蓉：“你这可是问到强项了，D品牌还就是按需定制的高手，尤其是在物流时间控制上，因此如果明天确定合同，下周二肯定就可以送货了。”

为什么是D品牌？

一周以后，康顺达的40台台式计算机的合同落在了D品牌的手里。王主任及郭副院长并没有在采购决策中特别偏向快蓝科技。毕竟采购计算机是为了给院里医生、药剂师用的，如果在可以接受的价格情况下用上国际知名品牌，当然是最好的结局，不仅采购的个人不用承担以后出问题的责任，而且采购是光明正大的，得到了网络支援，额外的两台机器作为备份，机器又可靠，还有什么不满意的呢？唯一不满意的是快蓝科技的销售顾问，他疑惑的是，为什么明明他们有便宜的机器，而且有两年的合作基础，客户要换供应商呢？他向自己上司汇报时是这样解释的：“D品牌的销售顾问是一个女孩儿，我们搞的是副院长，她肯定把正院长搞定了，否则不会价格比我们贵，还买的是他们的。”因此，这个销售顾问的上司得到的印象是这样的：由于对方采用了女孩子做销售，搞定了院长，即使贵一些也可以卖出去，也许可能还有回扣。还有一个郁闷的人，那就是联想的销售顾问夏侯山，他在一周后的回访电话中得知院方已经采购了D品牌机器，非常不理解。在与D品牌机器的比较中，他非常清楚自己的优势，D品牌的服务并不比他们好，为什么还选中了D品牌呢？

快蓝科技、联想的销售在用同样的手法重复着自己日复一日、年复一年的销售工作，而没有机会真正了解到客户到底是怎么想的，自己到底是失败在哪里。

问题讨论

联想、快蓝科技的失败在哪里？D品牌成功的原因是什么？

模块知识要点

一、如何进行有效的语言沟通

无论你决定一生做什么，语言能力将对你成功的程度具有巨大影响。沟通清楚、反应迅速灵敏、讲故事有趣、滔滔雄辩的人有明显的优势。善说，可以寻求沟通的共鸣点，以婉转态度感化对方，让彼此间都有回旋的余地。

语言是智力、社交和情感成长中的中心，是所有领域学习的至关重要的工具。掌握了语言，就可以体会表达和沟通的威力，你就可以把语言作为快乐之源，也可以把它作为记录和交流观点与信息的重要媒介。

（一）语言环境

任何语言都发生在特定的环境中，如领导在会议厅中讲话、两个好朋友在咖啡馆里交谈、老师在教室里讲课。适合于一种环境的语言对另一种环境可能显得没有意义甚至可笑。例如，你在宿舍中使用的语言可能完全不适合用在教室中。

1. 人、目的和规则

语言环境由四种要素构成，即人、目的、实现目的所依赖的沟通规则和用于这种情景的实际谈话。为了说明这些要素，让我们举约翰和玛丽在街上相遇的例子。他们沟通的目的是相互问候。

玛丽：“嗨！你好吗？”

约翰：“很好。你呢？”

玛丽：“很好。”

这种交谈规则我们大家都非常清楚，因为我们自己经常参与这种交谈。然而，如果约翰没有遵循这些规则，停下来谈了五分钟关于自己的感觉多么糟糕，玛丽可能感到很烦，因为约翰超出了这种交谈的界限。

约翰和玛丽进行的这种交谈表明语言是一种仪式。礼仪式语言存在于期待我们做出例行性反应的环境中。问候是一种礼节仪式，我们简要地相互应答，通常只是把一半的注意力放在听上，然后去做自己的事。

我们使用的仪式是由语言环境决定的。如果参加一个聚会，我们被期望在场人说“他多潇洒”或“她多漂亮”。在婚礼上，我们会祝愿新婚夫妇幸福并对新娘说她很美丽。

任何社会的语言仪式都是由这个社会的文化观决定的。在东非的农村，遇到一个非常熟悉的人只是简单地说一声“你好”会被认为是无礼的，你应该停下来，询问对方的家庭、牲畜和健康情况。有些文化中，在婚礼上要对新婚夫妇说希望他们早生贵子，多儿多福，但在美国，这种问候方式会被视为极端不恰当。

在年纪非常小时，我们就学习礼仪性语言，我们从父母和周围的其他成年人那里学习它。例如，年幼的孩子不能对“你好”“再见”“谢谢”自动地做出习惯性的反应，尽管他们看到成年人这样做。如果要孩子们使用习惯性术语，就必须教他们。随着孩子们长大，他们开始学习和使用礼仪语言，他们会本能地表达问候和谢意。

2. 恰当的语言

（1）如何表述否定或消极的信息？

①避免使用否定字眼或带有否定口吻的字样。

例如：

否定：我们的促销计划失败了。

改进后：我们没能完成促销计划。

更好的：我们再过两个月就能完成促销计划。

例如：

否定：如果你不明白这个解释，随时给我打电话。

改进后：有什么问题，给我打电话。

更好的：省略该句。

②必须使用否定语言时，使用否定意味最轻的恰当词汇。

例如：

否定：你的835元的欠款该还了。

改进后：你的835元账单超过期限了。

③减少负面词汇的使用。

例如：

负面：我们转用自控系统后，敬请您保持耐心（意味着你预计肯定有故障发生）。

改进后：在我们转换为自控系统时，您有问题请致电给张小姐。

更好的：自控系统投入使用后，您将能准确、及时地了解所有房屋市场行情。系统转换过程中您有任何问题，欢迎致电张小姐。

例如：

负面：现在的马牌冰激凌味道好多了（意味着从前的味道很差）。

改进后：现在的马牌冰激凌味道更好了。

④用细节描述来取代否定。

例如：

否定：运动自行车没有终身保修。

同义：运动自行车保修10年。

例如：

否定：年龄在60岁以下的顾客不享受旺季大减价。

同义：60岁或60岁以上的顾客在旺季大减价时购物可节省10%。

⑤从正面阐述。强调对方可以做的而不是你不愿或不让他们做的事情。

例如：

负面：我们不允许你的Visa卡支付1 500元以上款项。

改进后：1 500元以上的付款，你须重开新Visa卡。

更好的：新Visa卡可以让你在全国万家以上的商店享有1 500元以上的信用额度。

例如：

负面：如果你不是全日制学生，一年的学生会费就不能只付25美元。

更好的：如果你是全日制学生，一年只付25美元，便得到学生会会员的所有待遇。

⑥说明负面情况的产生原因或将它与对方的某个受益方面结合起来叙述。

例如：

负面：我们不卖批量少于10片的计算机软盘。

有疏漏：为了节省包装、运输和提货的费用，我们以10片或以上批量出售计算机软盘。

更好的：为了降低包装成本和为顾客节约运输、提货费用，本公司只经营10片及以上批量的计算机软盘业务。

⑦如果消极面根本不重要，干脆省去。

例如：

负面：PC杂志的年度订费为49.97元，不像有些杂志的收费那样低。

修改后：PC杂志的年度订费为49.97元。

更好的：PC杂志的年度订费为49.97元，比年零售价格87.78元节省了43%。

例如：

负面：如果你对明日保险公司的服务不满意，可以终止续约。

更好的：省去。

(2) 语气和礼貌。有时我们使用直接语会显得不礼貌，这时我们使用不具有冒犯性的委婉语代替其他可能令人不愉快的词语。例如，我们问"洗手间在哪儿?"，即便我们并不想去洗手。如果某人死了，我们可能用"去世"这个词。

法国皇帝路易十四的御用画师夏尔·勒布伦（Charles Lebrun）在为路易十四画像时，路易十四突然问他："你看我是不是老了?"

勒布伦不愿说谎，也不宜说直话，于是他婉转地说："陛下额上不过多了几道胜利的痕迹而已。"

敢讲真话是一种精神，而会讲真话则是一种智慧。勒布伦用"胜利的痕迹"代表皱纹，表示"老了"，让对方不但接受，甚至满意。

有时政府部门或其他机构会创造一些委婉语掩盖事实。例如，一个国家意外地把一颗炸弹投到另一个国家，政府或许会用"偶发事件"这个词去描述这种行为。在英语里，"偶发事件"是指某种很小和无关紧要的事情。然而，在投下一颗炸弹时，"偶发事件"可能是指杀害了成百上千的人。

3. 业务人员不能说的9类语言

(1) 不说批评性话语。这是许多业务人员的通病，尤其是业务新人，有时讲话不经过大脑，脱口而出伤了别人，自己还不觉得。见了客户第一句话便说："你家这楼真难爬!""这件衣服不好看，一点都不适合你。""这个茶真难喝。""你这张名片真老土!""活着不如死了值钱!"这些脱口而出的话语里包含着批评，虽然我们无心去批评、指责，只是想打一个圆场，有一个开场白，而在客户听起来，感觉就不太舒服了。

人们常说，"好话一句，做牛做马都愿意"，也就是说，人人都希望得到对方的肯定，人人都喜欢听好话。否则，怎么会有"赞美与鼓励让白痴变天才，批评与抱怨让天才变白痴"这句话呢？在这个世界上，又有几个人愿意受人批评？业务人员从事推销，每天都是与人打交道，赞美性话语应多说，但也要注意适量，否则，让人有种虚伪造作、缺乏真诚之感。与客户交谈中的赞美性用语，要发自你的内心，不能不着边际地乱赞美，要知道，不卑不亢自然表达，更能获取人心，让人信服。特别要注意，赞美的言辞要尽可能明确，尤其要针对细节来赞美。如"我欣赏这份报告……尤其是一开始先有个提要，比较好读，这个构想不错"就比"这报告写得不错"要好得多。

(2) 杜绝主观性的议题。在商言商，与你的推销没有什么关系的话题，最好不要参与议论，如政治、宗教等涉及主观意识，无论你说对还是错，对于你的推销都没有什么实质意义。

一些新人从业时间不长、经验不足，在与客户的交往过程中，难免缺乏掌控话题的能力，往往是跟随客户一起去议论一些主观性的议题，最后意见便产生分歧，有的尽管在某些问题上争得面红脖子粗，取得“占上风”的优势，但争完之后，一笔业务就这么告吹，对这种主观性的议题争论有何意义？而有经验的老推销员在处理这类主观性的议题时，起先会随着客户的观点，一起展开一些议论，但在议论中适时将话题引向推销的产品上来。总之，我觉得，与销售无关的东西，应全部放下，特别是主观性的议题，作为推销人员应尽量杜绝，最好是做到闭口不谈，对你的销售会有好处。

（3）少用专业性术语。李先生从事寿险行业时间不足两个月，一上阵，就一股脑地向客户炫耀自己是保险业的专家，在电话中将一大堆专业术语塞向客户，各个客户听了都感到压力很大。与客户见面后，李先生又是接二连三地大力发挥自己的专业，什么“豁免保费”“费率”“债权”“债权受益人”等一大堆专业术语，让客户如坠入五里云雾中，似乎在黑暗里摸索，反感心态由此产生，拒绝是顺理成章的，李先生便在不知不觉中，误了促成销售的商机。仔细分析，就会发觉，业务员把客户当作同人在训练他们，满口都是专业，让人怎么能接受？既然听不懂，还谈何购买产品呢？要把这些术语用简单的话语来进行转换，让人听后明明白白，这样才能有效达到沟通目的，产品销售也才会没有阻碍。

（4）不说夸大不实之词。不要夸大产品的功能。这是不实的行为，客户在日后使用产品时，终究会清楚你所说的话是真是假。不能为达到一时的销售业绩就夸大产品的功能和价值，这势必会埋下一颗“定时炸弹”，一旦纠纷产生，后果将不堪设想。

任何一个产品，都存在着好的一面及不足的一面。作为推销员理应站在客观的角度，清晰地为客户分析产品的优势和不足，帮助客户“货比三家”，唯有知己知彼、熟知市场状况，才能让客户心服口服地接受你的产品。任何欺骗和夸大其词的谎言都是销售的天敌，它会使你的事业无法长久。

（5）禁用攻击性话语。我们可以经常看到这样的场面，同业里的业务人员用带有攻击性色彩的话语攻击竞争对手，甚至有的人把对方说得一钱不值，致使整个行业的形象在人心目中不理想。多数的推销员在说出这些攻击性话语时缺乏理性思考，对人、对事、对物的攻击词句，都会造成准客户的反感，因为你说的时候是站在一个角度看问题，不见得每个人都与你站在同一个角度，你表现得太过于主观，反而会适得其反，对你的销售也只能是有害无益。对于这种不讲商业道德的行为，相信随着时代的发展，各个公司企业文化的加强，攻击性色彩的话语，绝不可能大行其道。

（6）避谈隐私问题。与客户打交道，主要是要把握对方的需求，而不是一张口就大谈特谈隐私问题，这也是推销员常犯的一个错误。有些推销员会说，我谈的都是自己的隐私问题，这有什么关系？就算你只谈自己的隐私问题，不去谈论别人，试问你推心置腹地把你的婚姻、财务等情况和盘托出，能对你的销售产生什么实质性的进展？也许你还会说，我们与客户不谈这些，直插主题谈业务难以开展，谈谈无妨，但其实这种“八卦式”的谈论是毫无意义的，浪费时间不说，更浪费你的推销商机。

（7）少问质疑性话题。在业务过程中，你很担心准客户听不懂你所说的一切，不断地因担心对方不理解你的意思而质疑对方，“你懂吗？”“你知道吗？”“你明白我的意思吗？”“这么简单的问题，你了解吗？”，用一种长者或老师的口吻质疑这些让人反感的话题。众所周知，从销售心理学角度来说，一直质疑客户的理解力，客户会产生不满感，这种方式往往让客户感觉得不到起码的尊重，逆反心理也会随之产生，可以说是销售中的大忌。

如果实在担心准客户在听完很详细的讲解后还不太明白，你可以用试探的口吻了解对方，询问对方："有没有需要我再详细说明的地方？"也许这样会比较容易让人接受。客户真的不明白时，他们也会主动对你说，或是要求你再说明之。在此给推销员一个忠告，客户往往比我们聪明，不要用我们的盲点去随意取代他们的优点。

(8) 变通枯燥性话题。在销售中有些枯燥性的话题，也许你不得不去讲解给客户听，但这些话题可以说人人都不爱听，甚至是听你讲就想打瞌睡。但是，出于业务所迫，建议你还是将这类话语讲得简单一些，可用概括来一带而过。这样，客户听了才不会产生倦意，让你的销售达到有效性。如果有些相当重要的话语，非要跟你的客户讲清楚，那么我建议你不要拼命去硬塞给他们，在你讲解的过程中，倒不如换一种角度，找一些他们爱听的小故事、小笑话来刺激一下，然后再回到正题上，也许这样的效果会更佳。总之，我个人认为，这类的话题，由于枯燥无味，客户对此又不爱听，那你最好是能保留就保留起来，束之高阁，有时比和盘托出要高明一筹。

(9) 回避不雅之言。每个人都希望与有涵养、有层次的人在一起，相反，不愿与那些"粗口成章"的人交往。同样，在销售中，不雅之言对我们销售产品必将带来负面影响。诸如我们推销寿险时，你最好回避"死亡""没命了""完蛋了"等词语。然而，有经验的推销员往往在处理这些不雅之言时，都会以委婉的话来表达这些敏感的词，如用"丧失生命""出门不再回来"等替代这些人们不爱听的语术。不雅之言对于个人形象会大打折扣，它也是销售过程中必须避免的话，你注意了、改过了，便成功在望了！

（二）有效的口头表达技巧

语言的掌握需要多年的学习和实践。因为制定在所有场合和情况下如何选择语言的规则是不可能的，这里的讨论局限在语言选择的四个重要方面，即清楚、有力、生动和道德。

1. 清楚

清楚是思想依靠语言的精确和简单被以能立即理解的方式表达出来的风格特色。

一个飞行员死于喷气式飞机的坠毁事故，因为导航员在指导她怎样打开应急门时说得不太清楚，以致使她没有打开。尽管不清楚通常与死无关，但它能导致失败和误解。在大多数情况下，如果你希望得到理解，就必须尽可能清楚地说话。例如，如果你在说一些非常重要的事，或者进行一次正式的演讲，或者接受媒体采访，清楚是必需的，因为你或许没有第二次机会去澄清自己的观点。

(1) 行话。行话是一种非常专业化的语言，以至于在其他地方使用是不恰当的。例如，医生经常使用高度专业化的语言去描述病情。虽然医生们能相互沟通，但与病人沟通时就有障碍。

(2) 俚语。俚语不是每个人都能清楚的。当你与朋友非正式交谈时，可以使用俚语。然而，许多俚语具有非常广泛和模糊的含义，它们能适用于几乎所有的事物。如果你用漂亮这个词去指某个人的 T 恤衫，又用它去描述秀美的风景，你则把每一事物都变成了一般的要素。

(3) 长句子。有时人们感到，如果花力气学了长而复杂的词语，就应该尽可能地使用长句子。在一个氟化物溶液的瓶子上，广告词这样写道："把溶液在口里含一分钟后咳吐出。"在消费者不明白"咳吐出"这个词的情况下，应该使用"把它吐出"这个简单的短语。因为这条信息的目的是与消费者沟通，所以该使用简单的词语，通俗易懂。

只有当更复杂的词语有助于使你的意思更清楚时才使用它们。例如，假设你要把车漆成红色，如果使用一个比红色更准确的描述，最终结果将会更令人满意。你喜欢哪种色度？葡萄酒红色？深红色？朱红色？随着词汇量的增加，将意图传递给听者的可能性也增大了。使用的词汇越多，表达将会越准确。这并不意味着你应该寻找长的词语，相反，熟悉的词汇通常是最好的。

语言的一个充满乐趣的地方是，它提供很多含义上的细微和敏感的差别。选择同样的词语去表达我们的全部思想，就像每顿晚饭都吃一个巨无霸汉堡包一样乏味。语言是一个为我们的表达提供丰富选择的奇妙宴席。

2. 有力

有力的说话方式是那种直接表明观点的，即不使用含糊和限定性词语的说话方式。说话有力的人往往被认为更可信、更有吸引力和更有说服力。在大学课堂里，学生常认为使用有力语言的老师更可信和有更高的身份。

为了获得有力的说话方式，你应该避免一些特定的沟通行为。

（1）避免模棱两可的话和修饰性词语，如“我猜想”和“某种……”这些表达方式，因为它们会削弱你说话的威力。

（2）消除如“啊”和“你知道”这些含糊的表达方式，这些词语也使说话者听起来不确定。

（3）避开附加提问，即以陈述开始、以问题结束的表述，如“搞一次春游会很有趣，是吗?”，附加提问使说话者显得不果断。

（4）不要使用否认自己的表白，否认自己的表白是那些辩解或请求听者原谅自己的词语或表达方式。例如，“我知道你或许不同意我的观点，但是……”以及“我今天确实没准备讲话”。

有许多人用无力的词语或表达方式削弱了自己的交谈或讲话。然而，这些表达方式的使用主要是一个习惯问题，一旦认识到了自己的习惯，就能打破它们。

除使用有威力的语言外，还有使语言更鲜明的一些其他技巧。主要用动词，即语言的行动性词语来沟通，会造成一种紧迫的感觉。“老师指责他”和“孩子们跳上跳下”都是听起来有力的句子。当你把句子安排成主动语态而不是被动语态时，语言就变得更加鲜明。“这个男孩踢进了球”要比“球被这个男孩踢进”更有力。

3. 生动

生动是一种以引起逼真想象或联想的方式来表达思想的风格特色。

还记得自己在孩提时代听到的那些鬼怪故事吗？最好是那些令你感到恐惧的故事，即交织着使你血液凝固的尖叫声、悲哀的呻吟声和神秘的号叫声的故事。它们通常是在黑暗的地方，只有一个忽闪忽闪的怪异的灯或一道电光，如果有味道，那肯定是潮湿和发霉的味道。

讲鬼怪故事的人通常用第一人称说话，以“当时我在场”或“发生在我身上”的角度所做的叙述都是特别生动的。为听者重造一种经验，通常能使他们感受到你所感受到的，即一种使你的语言更生动的技巧。

生动也出自说话方式的独特形式。一些人会把一个讲得太多的人说成“像老鸨一样”，这一短语已变成陈词滥调。然而，如果这个人是个南方人，他就被说成是“闲谈”的人。当我们说语言生动时，经常是指某人发现了表达原事物的新方式。孩童语言的独特性经常使我们陶醉，因为他们太小，还不懂得各种陈词滥调和过分的表达方式。发现生动语言的一个最好的地方是诗词和歌曲，如网络歌曲《老鼠爱大米》。虽然与其他主题相比用于描写爱情的词语更多，但很多歌词作者为我们提供了新的表达形式，因此也为我们提供了看待这种经验的新方式，他们独特的看法使一个古老的主题听起来更新颖、更激动人心。

4. 道德

道德沟通是诚实、令人满意和考虑他人权利的沟通。当沟通者讲述真相时，沟通是诚实的；当沟通者考虑听者的情感时，它是令人满意的和为他人着想的。然而，有时诚实和令人满意是矛盾的。例如，当一个朋友向你展示他的新车时说："它很漂亮吧？"即便你认为它不漂亮，你也不应该告诉他。在中国文化中，这被称为"善意的谎言"，不伤害感情。因为这不是重要的问题，从道德上说，它是能够被接受的。当你的一个朋友每天晚上都喝得不省人事，然后问你是否觉得他是酒鬼时，你的回答应该是"是的"。诚实是重要的，因为它关系到另一个人的幸福。

一个叫雷·佩恩（Ray Payne）的沟通学教授指出，"词语的选择就是对世界的选择"。他提醒我们，因为选择了错误的词语，我们可能对他人造成很大的伤害。许多可能是善意的批评，想帮助对方改正错误，但措辞不当，导致对方怨恨，甚至关系破裂，真是"好心没好报"。引起他人痛苦的话在道德上是应该受到谴责的。

在人们的交往中，批评有时是重要的，但在使用词语之前应该考虑仔细。请看下面这个例子。

19 世纪意大利著名歌剧作曲家罗西尼（Rossini）对自己的创作非常严肃、认真，注重独创性，对那些模仿、抄袭行为深恶痛绝。有一次，一位作家特意请罗西尼去听他的新作。罗西尼坐在前排，兴致勃勃地听着，开始听得入神，继而有点不安，再而脸上出现不快的神色。

演奏按其章节继续演下去，罗西尼边听边不时地把帽子脱下又戴上，戴上又脱下……

那位作曲家感觉奇怪。就问："这里条件不好，是不是太热了？"

罗西尼说："不，我有一见熟人就脱帽的习惯，在阁下的曲子里，我碰到那么多熟人，不得不频频脱帽了。"

像罗西尼这样的作曲家，一听就知道这首曲子抄袭别人的作品，但他没有直接揭穿，而是用"碰到那么多熟人"这种话中有话、意在言外的方式表达他的婉转批评，这不仅没有伤害别人，反而增强了批评的分量。

佩恩也提醒我们，语言选择能影响人们的自我感知。他指出侮辱性词语能把一个人贬低成一种特征（"四只眼"和"肥胖"）。他们用非人类特性的词汇形容（"猪"和"鸡"）或绰号（"乡巴佬""三八婆""母老虎"）的手段告诉这个人："你的所有方面我都知道，你没有什么了不起的。"

佩恩的观点提醒我们，使用语言时要注意道德方面的选择。我们所做的许多选择不仅决定我们怎样向他人展示自己，而且决定在未来若干年里我们相互关系的本质。因此，明智和恰当地选择词语是非常重要的。选择词语的黄金法则是问一下你自己，如果别人对你说了同样的话，你会感觉怎样。

二、如何说服客户

说服力是让人改变态度和观点，认同自己的态度和观点的一种力量。

说服力是一个优秀的销售人员应具备的主要能力。在既具频繁沟通又具自由竞争双重性的商业社会中，每一次成功都要依靠一些协同效应。因此，说服力就意味着企业丰厚的利润和销售人员个人无穷的乐趣与巨大的成就感；反之，如果没有这种能力，销售人员上对上司、中对同事、下对下属，内对同行、外对客户，就会失去影响力、号召力、竞争力，甚至难以生存。

（一）说服力的作用

1. 说服力的效果

顾名思义，说服力是指说话者运用各种可能的技巧去说服受众的能力。

正如模块4案例2.2销售员卖卡车的例子，一般的业务人员会不断地向客户说明购买4吨卡车的好处，殊不知，越是这样，越会引起客户的反感，他们会想：你就为了多赚我的钱才让我买配置更高的商品。但是，这位销售人员却通过引导，激发出客户自身的购买需求，让客户自己做出了有利于销售人员的购买决定，这位销售人员用一流的说服技巧取得了强行性推销所期望却达不到的效果。

2. 说服力的来源

（1）诱之以利，让对方获得利益。没有利益的驱动，是不能说服对方的，在这里，权力和强制是不能起作用的。为了使顾客获得利益，你就必须确保你推销的产品是件好产品，绝不是次品；你就必须推销你自己有信心的产品，绝不能推销自己都感到怀疑的产品；你就必须善于发掘顾客的购买意图，使其产生真正的需求，获得新的满足和快乐，绝不能对顾客的购买欲望漠然视之，或者是像贪婪的鳄鱼一样张开血盆大口。

（2）投其所好，让对方感到亲切。当对方还处在警觉状态时，你是不可能说服对方的，必须不怕付出更多的努力来赢得顾客的信任。人们在决定接受某产品或某项服务时，都要事先确定其中不存在风险，那么你就必须耐心地对产品加以说明，进行充分的提示，使人们打消一切顾虑。

（3）动之以情，让对方消除心理障碍。情感是说服活动的媒介。当对方还处于厌倦你的状态时，你是不可能产生说服力的，必须尽量表现得友好。当顾客拿不定主意时，你要善解人意和富有同情心，一定要以诚相待。只有这样，你才能取得顾客的认同。

（4）善于折中，让对方感到双赢。当对方感到没有利益时，你的话自然不会有说服力；当对方感到只是他获利，而你无利可图时，你的话也是不可能有说服力的——你不会白做功，而他也不可能得到天上掉下来的馅饼。要善于谈判，审时度势地让价，让顾客感到减少了支出，你确实也接近了底线，双方就能愉快地成交。

（二）面对不同人际风格客户的说服方法

在工作生活中，我们都会遇见不同类型的人。只有了解不同的人在沟通过程中不同的特点，才有可能用相应的方法与其沟通，说服对方购买。

1. 人际风格的分类

在人际风格沟通过程中，我们可以依据一个人在沟通过程中情感流露的多少，以及沟通过程中做决策的速度是否果断，把我们在工作和生活中遇到的所有人分为四种不同的类型，即分析型、和蔼型、支配型和表达型。这四种不同类型的人在沟通中的反应是不同的，我们只有很好地了解了不同的人在沟通中的特点，并且用与之相应的特点和他们沟通，才能够保证我们在沟通过程中做到游刃有余，见什么人说什么话，遇见什么人都能够达成一个共同的协议。

（1）分析型。有的人在决策的过程中果断性非常弱，感情流露也非常少，说话非常啰唆，问了许多细节仍然不做决定，这样的人属于分析型的人。

（2）和蔼型。感情流露很多，喜怒哀乐都会流露出来，这样的人我们称其为和蔼型的人，他总是微笑着去看着你，但是他说话很慢，表达得也很慢。

（3）支配型。这类人感情不外露，但是做事非常果断，总喜欢指挥你、命令你，我们管这样的人叫作支配型的人。

（4）表达型。感情外露，做事非常果断、直接、热情、有幽默感、活跃，动作非常多，而且非常夸张，他在说话的过程中，往往会借助一些动作来表达他的意思，这样的人是表达型的人。

2. 各类型人际风格的特征及说服技巧

首先你要知道不同种类的人的特征，分辨出他们是什么样的人，然后以与之相对应的方法进行沟通。当我们辨别出这些人的类型后，怎么样去了解他们的特征和需求？采用什么样的方法沟通效果会更好？下面介绍各类型的人的特征。

（1）分析型人的特征及说服技巧。

①特征。严肃认真、动作慢、有条不紊、合乎逻辑、语调单一、语言准确、注意细节、真实、有计划有步骤、寡言、使用挂图、面部表情少、喜欢有较大的个人空间。

②说服这类人的技巧。我们遇到分析型的人，说服他们的时候要注意以下几项。

a. 注重细节。

b. 尽快切入主题。

c. 要一边说一边拿纸和笔记录，像他们一样认真、一丝不苟。

d. 不要和他们有太多眼神的交流，更避免有太多的身体接触，你的身体不要太多前倾，应该略微后仰，因为分析型的人强调安全，要尊重他的个人空间。

e. 同分析型的人说话，一定要用很多准确专业术语，这是他所需求的。

f. 在与分析型的人说话的过程中，要多列举一些具体的数据，多做计划，使用图表。

（2）和蔼型人的特征及说服技巧。

①特征。合作、面部表情和蔼可亲、友好、频繁的目光接触、赞同、说话慢条斯理、耐心、声音轻柔且抑扬顿挫、轻松、使用鼓励性的语言、办公室里有家人照片。

②说服这类人的技巧。我们遇到和蔼型的人，说服他的时候要注意以下几项。

a. 和蔼型的人看重的是双方良好的关系，他们不看重结果。这一点告诉我们在说服他们的时候，首先要建立好关系。

b. 要对和蔼型人的办公室照片及时加以赞赏。

c. 在说服和蔼型的人的过程中，要时刻充满微笑。如果你突然不笑了，他们会想很多。因此，你在说服的过程中，一定要注意始终保持微笑的姿态。

d. 说话要比较慢，注意抑扬顿挫，不要给他压力，要鼓励他，去征求对方的意见。因此，你看对方微笑地点头就要问。

e. 遇到和蔼型的人一定要时常注意同他们有频繁的目光接触。每次接触的时间不长，但是频率要高。不要盯着对方不放，要接触一下回避一下，说服效果会非常好。

（3）支配型人的特征及说服技巧。

①特征。果断、有作为、指挥人、强调效率、独立、有目光接触、有能力、说话快且有说服力、热情、语言直接，有目的性、面部表情比较少、使用日历、情感不外露、计划、审慎。

②说服这类人的技巧。我们遇到支配型的人，说服他们的时候要注意以下几项。

a. 你给他们的回答一定要非常准确。

b. 你说服他们的时候，可以问一些封闭式的问题，对方会觉得效率非常高。

c. 对于支配型的人，要讲究实际情况，有具体的依据和大量创新的思想。

d. 支配型的人非常强调效率，要在最短的时间里给他们一个非常准确的答案，而不是一种模棱两可的结果。

e. 同支配型的人沟通的时候，一定要非常直接，不要有太多的寒暄，直接说出你的来历，或者直接告诉对方你的目的，要节约时间。

f. 说话的时候声音要洪亮，充满信心，语速一定要比较快。如果你在支配型的人面前声音很小，缺乏信心，对方就会产生很大的怀疑。

g. 在同支配型的人沟通时，一定要有计划，并且最终要落到一个结果上，他们看重的是结果。

h. 在和支配型人的谈话中不要感情流露太多，要直奔结果，从结果的方向说，而不要从感情的方向去说。

i. 在和支配型的人沟通的过程中，要有强烈的目光接触，目光的接触是一种信心的表现，因此说服支配型的人时，你一定要和他有目光的接触。

j. 说服支配型的人的时候，身体一定要略微前倾。

（4）表达型人的特征及说服技巧。

①特征。外向、合群、直率友好、活泼、热情、快速的动作和手势、不注重细节、生动活泼、抑扬顿挫的语调、令人信服、有说服力的语言、幽默、陈列有说服力的物品。

②说服这类人的技巧。我们遇到表达型的人，说服他的时候要注意以下几项。

a. 在说服表达型的人的时候，我们的声音一定要洪亮。

b. 要有一些动作和手势，如果我们很死板，没有动作，那么表达型的人的热情很快就消失掉，因此我们要配合他们，在他们做动作的过程中，我们的眼神一定要看着他们的动作，否则，他们会感到非常失望。

c. 表达型的人的特点是只见森林，不见树木。所以，在说服表达型的人的过程中，我们要多从宏观的角度去说一说："你看这件事总体上怎么样。""最后怎么样。"

d. 说话要非常直接。

e. 表达型的人不注重细节，甚至有可能说完就忘了。因此，达成协议以后，最好与之进行书面的确认，这样可以提醒他们。

下面用表格的形式展现销售人员针对不同类型的人对其优点与利益不同的说服点（表 4-1～表 4-4）。

这里有一款手表，其特点是瑞士产的机件、14K 金、清楚的数字表盘。

表 4-1　分析型

产品特色	优点与利益
瑞士产的机件	手表可靠的证据
14K 金	表明物有所值
清楚的数字表盘	能准确、容易地读出时间

表 4-2 和蔼型

产品特色	优点与利益
瑞士产的机件	感受到由瑞士手表所带来的骄傲
14K 金	大多数人都喜欢真金
清楚的数字表盘	每个人都能容易地读出时间

表 4-3 支配型

产品特色	优点与利益
瑞士产的机件	走时准确
14K 金	不怕磨损
清楚的数字表盘	读数迅速简单

表 4-4 表达型

产品特色	优点与利益
瑞士产的机件	世界上最好的手表是由瑞士机件组成的
14K 金	真金，只用在最好的手表上
清楚的数字表盘	最时髦的样式

三、如何处理顾客异议

（一）正确认识客户异议

1. 什么是客户异议

异议就是客户的不同意见，其实质是客户对于产品或服务的不满。

人们平常见到的冰山只是冰山整体上露出海面的很小一部分，更大的部分都隐藏在水下，人们是看不到的。客户异议往往如同冰山，异议本身只是客户全部意思表达中很小的一部分，真正的异议是客户隐藏起来的更大的部分，需要销售人员去进行更深入的发掘。

对于销售而言，可怕的不是异议，而是没有异议，不提任何意见的顾客通常是最令人头疼的。因为顾客的异议具有两面性：既是成交障碍，也是成交信号。有异议表明顾客对产品感兴趣，有异议意味着有成交的希望。销售人员通过对顾客异议的分析可以了解对方的心理，知道对方为何不买，从而按病施方，对症下药，而对顾客异议的满意答复，则有助于交易的达成。

2. 顾客异议产生的原因

（1）顾客方面的原因。

①顾客本能的自我保护。

②顾客对商品不了解。

③顾客缺乏足够的购买力。

④顾客已有较稳定的采购渠道。

⑤顾客对推销品或推销企业等有成见。

⑥顾客的决策有限。

（2）产品方面的原因。

①产品的质量。

②产品的价格。

③产品的品牌及包装。

④产品的销售服务。

（3）销售人员方面的原因。

①销售员的形象不好。

②销售员的信誉度差。

③销售员缺乏经验、无法把握客户心理需求。

3. 顾客异议的几种类型

（1）需求异议。需求异议是指顾客认为不需要产品而形成的一种反对意见。它往往是在营销人员向顾客介绍产品之后，顾客当面拒绝的反应。例如："我的面部皮肤很好，就像小孩一样，不需要用护肤品。""我们根本不需要它。""这种产品我们用不上。""我们已经有了。"这类异议有真有假。真实的需求异议是成交的直接障碍。营销人员如果发现顾客真的不需要产品，那就应该立即停止营销。虚假的需求异议既可表现为顾客拒绝的一种借口，也可表现为顾客没有认识或不能认识自己的需求。营销人员应认真判断顾客需求异议的真伪性，对虚假需求异议的顾客，设法让其觉得推销产品提供的利益和服务符合自己的需求，使之动心，再进行营销。

（2）财力异议。财力异议是指顾客认为缺乏货币支付能力的异议。例如："产品不错，可惜无钱购买。""近来资金周转困难，不能进货了。"一般来说，对于顾客的支付能力，营销人员在寻找顾客的阶段已进行过严格审查，因而在营销中能够准确辨认真伪。真实的财力异议处置较为复杂，营销人员可根据具体情况，或协助对方解决支付能力问题，如答应赊销、延期付款等，或通过说服使顾客觉得购买机会难得而负债购买。对于作为借口的异议，营销人员应该在了解真实原因后再作处理。

（3）权力异议。权力异议是指顾客以缺乏购买决策权为理由而提出的一种反对意见。例如，"做不了主""领导不在"等。与需求异议和财力异议一样，权力异议也有真实和虚假之分。营销人员在进行寻找目标顾客时，就已经对顾客的购买人格和决策权力状况进行过认真的分析，也已经找准了决策人。面对没有购买权力的顾客极力推销商品是营销工作的严重失误，是无效营销。在决策人以无权作为借口拒绝营销人员及其产品时放弃营销更是营销工作的失误，是无力营销。营销人员必须根据自己掌握的有关情况对权力异议进行认真分析和妥善处理。

（4）价格异议。价格异议是指顾客因推销产品价格过高而拒绝购买的异议。无论产品的价格怎样，总有些人会说价格太高、不合理或者比竞争者的价格高。例如："太贵了，我买不起。""我想买一种便宜点的型号。""我不打算投资那么多，我只使用很短的时间。""在这些方面你们的价格不合理。""我想等降价再买。"当顾客提出价格异议时，表明对推销产品有购买意向，只是对产品价格不满意，而进行讨价还价。当然，也不排除以价格高为拒绝营销的借口。在实际营销工作中，价格异议是最常见的，营销人员如果无法处理这类异议，营销就难以达成交易。

（5）产品异议。产品异议是指顾客认为产品本身不能满足自己的需要而形成的一种反对意见。例如："我不喜欢这种颜色""这个产品造型太古板""新产品质量都不太稳定"等。还有对产品的设计、功能、结构、样式、型号等提出异议。产品异议表明顾客对产品有一定的认识，但了解还不够，担心这种产品能否真正满足自己的需要。因此，虽然有比较充分的购买条件，就是不愿意购买。为此，营销人员一定要充分掌握产品知识，能够准确、详细地向顾客介绍产品的使用价值及其利益，从而消除顾客的异议。

（6）营销人员异议。营销人员异议是指顾客认为不应该向某个营销人员购买推销产品的异议。有些顾客不肯买推销产品，只是因为对某个营销人员有异议，他不喜欢这个营销人员，不愿让其接近，也排斥此营销人员的建议。但顾客肯接受自认为合适的其他营销人员。如“我要买老王的”“对不起，请贵公司另派一名营销人员来”等。营销人员对顾客应以诚相待，与顾客多进行感情交流，做顾客的知心朋友，消除异议，争取顾客的谅解和合作。

（7）货源异议。货源异议是指顾客认为不应该向有关公司的营销人员购买产品的一种反对意见。如“我用的是某某公司的产品”“我们有固定的进货渠道”“买国有企业的商品才放心”等。顾客提出货源异议，表明顾客愿意购买产品，只是不愿向眼下这位营销人员及其所代表的公司购买。当然，有些顾客是利用货源异议来与营销人员讨价还价，甚至利用货源异议来拒绝营销人员的接近。因此，营销人员应认真分析货源异议的真正原因，利用恰当的方法来处理货源异议。

（8）购买时间异议。由于营销的环境、客户及营销方法等不同，顾客表示异议的时间也不同。一般来说，顾客表示异议的时间有以下几种。

①首次会面。营销人员应预料到顾客一开始就有可能拒绝安排见面时间。如果这个顾客非常具备潜在顾客的条件，营销人员应事先做好心理准备，想办法说服顾客。

②产品介绍阶段。在这一阶段，顾客很可能提出各种各样的质疑和问题。事实上，营销人员正是通过顾客的提问去了解顾客的兴趣和需求所在。如果顾客在营销介绍的整个过程中一言不发、毫无反应，营销人员反而很难判断介绍的效果。中国有句古话：“褒贬是买主，喝彩是闲人。”提出疑问，往往是购买的前兆。

③营销结束（试图成交）阶段。顾客的异议最有可能在营销人员试图成交时提出。在这一阶段，如何有效地处理顾客的异议显得尤为重要。如果营销人员只在前面两个阶段圆满地消除了顾客的异议，而在最后关头却不能说服顾客，那一切的努力都将付诸东流。

（二）处理客户异议四步法

1. 采取积极的态度

看下面一个情景：

手机专卖店，一名销售员正在向一个顾客推销手机。

销售：“我看，这款手机已经满足了你所有的要求，它真的很适合您。”

顾客：“可是它太贵了。”

销售：“什么？太贵了？你怎么不早说呢？我们有便宜的呀！这一款就便宜得多，只不过没有上网功能。”

顾客：“要是没有上网功能，我为什么要换一部新的手机呢？”

销售：“那你就买那款带上网功能的吧！”

顾客：“可是那又实在太贵了呀！”

销售：“一分钱一分货啊！”

顾客：“贵的我买不起呀！”

销售：“（非常愤怒）那到底买不买？”

……

首先，这名销售员在销售过程中态度恶劣，可能他从顾客的外表穿着上就瞧不起顾客，主观认定这名顾客买不起贵的手机，而且在顾客的反复询问中非常不耐烦，最后两个人都很气愤。正如前面所讲，只有在顾客反复对产品进行询问，甚至表示异议时，才说明顾客已经对产品发生了兴趣，否则不会关注产品。这名销售员没有从顾客的异议中发现商机，积极应对，而是以非常消极的态度甚至不礼貌的回应把顾客从身边赶走。

销售人员在开始处理顾客异议时，一定要保持正确的心态、积极的态度，不要只想着撇清自己的责任或自己从中能获得什么利益。如果这样，顾客很快就容易察觉，从而会使异议升级。

2. 认同顾客的感受

认同是销售人员站在顾客的角度、立场，理解顾客的情感，理解顾客所提出的异议。但是，认同绝不是赞同。赞同是你完全接受、同意对方的观点，那你就无法说服顾客购买你的产品了，看下面几组对话。

请判断哪个销售员的回答是正确的。

（1）客户：“我们研究了你们的建议书，这套员工保险计划花费太大了。”

销售员1：“对，我完全同意您的看法，花费实在是太大了，但是我们的服务的确是一流的。”

销售员2：“我明白您的意思，您认为这份保险计划的花费不是一笔小数目。”

（2）客户：“而且实施起来很复杂，附加条件太多了。”

销售员1：“对，我完全同意您的看法，确实有点复杂。”

销售员2：“我了解您的感受，您认为实施起来较复杂，而且附加的条款较多。”

（3）顾客：“这个产品价格太高了。”

销售员1：“对，你说的没错，这个商品价格确实太高。”

销售员2：“嗯，我明白你的意思，你是说这个商品价格有点偏高了，是吧？或我理解你的想法，站在你的角度，这个商品价格确实不低。”

当然是每组第二个销售员在处理顾客异议时说话更有技巧，应对得更到位。

3. 使反对具体化

客户异议就是对产品或服务的不满。我们只有知道了到底对哪个点不满，我们才能有的放矢，准确出击，给予顾客满意的回复。我们要做的就是拒绝模糊信息，让客户将异议具体化。请看下面的对话：

情景1：某客户的办公室

　　销售员：“我们的标书怎么样？”

　　客户：“还可以。”

　　销售员：“真的？太好了，那我们最快什么时候可以得到答复？”

　　客户：“我们会尽快做出决定的。”

情景 2：某客户的办公室

销售员："我们的标书怎么样？"

客户："还可以。"

销售员："您看我是不是可以这样理解，您已经认真考虑过我们的标书了，有可能会采用它？"

客户："还不能这么说，还有些细节我们需要考虑一下。"

销售员："那还有哪些细节您不能确定呢？"

客户："最主要的是担心供应商的信誉和是否有按时完工的能力。"

销售员："那对于我们公司呢？你们也有这两方面的担心？"

客户："我们担心你们不能按时完工。"

显然，情景 2 中的销售比情景 1 中的销售有经验得多，一次次将客户异议中的模糊信息具体化，销售成功的概率要高得多。

4. 给予补偿

补偿的方法有两个：一是用产品的其他利益对客户进行补偿；二是将异议变成卖点。

（1）用产品的其他利益对客户进行补偿。如一个客户提出："这部车价格不算高，但最快只能每小时跑 160 千米，太慢了。"销售代表就可以这样补偿客户："每小时 160 千米的速度不算高，但这种车设计时考虑的是经济性，非常省油。我想您也不会将钱浪费在很少用到的高速度上。"

其实，这种补偿就是从心理上对客户进行抚慰，让其将关注点从产品不利的方面转移到产品有优势的方面。运用这种方法要注意观察客户，确认其确实是对产品优势的方面有需求，只不过是想压价格，故意"挑刺"，这样回复就可以一击即中，让客户无话可说。像上面的例子，客户是一个把车作为代步工具的上班族，对经济型轿车有需求，如果他是一个酷爱高速车的时髦人士，这样说可能就没什么效果了。

（2）将异议变成卖点。如客户说："这件商品的价格太高了。"销售代表就可以这样回复："我了解你的意思，你是认为这个价格相对较高，那这说明我们是正规的进货渠道进货。所进的产品都是著名厂家生产的质量最优的名牌真货，该产品以其优异的性能确保能长期地为客户提供最优质的服务而不出任何质量问题。"

我们可以看出，给予补偿的惯用句型是"因为＋异议，所以＋利益"。前半段表示我们对客户的理解，但并不是说我们同意他的异议；后半段才是我们的真正目的所在，通过阐述产品或服务的优势，来说明其带给客户的价值和利益，最终使客户认同并购买。

四、如何处理顾客投诉

以"三株"为例，很边远的山区都能够在猪圈墙上看到"三株口服液"的广告。这个广告是谁刷上去的呢？是当地的村民和当地的营销人员。当年"三株"的营业代表每天穿梭于各家医院的病房，向病人推销产品，上大街做各种形式的义诊活动、咨询活动，搞得轰轰烈烈，现在却大不如前了。原因是什么呢？是一起投诉，当时许多新闻媒体报道这件事情。在湖南常德有一个人服用“三株”的“腹心康”后死亡。“三株”在这个事情上没有马上做出反应，后来被死者家属告上法庭。“三株”在一审中败诉，这件事情迅速被媒体炒作，使“三株”虚假宣传的泡沫被戳破，但二审的判决结果是这个人不是因为服用“腹心康”致死的，是因为其他疾病。这个结论出来和媒体炒作这件事情间隔将近一年的时间，而这一年“三株口服液”的销量急剧下滑。企业很多营销人员离开了，因为根本就挣不到钱，最基本的生活都维持不了。虽然这起投诉案件“三株”最后胜诉了，可最终给企业造成很大的打击和创伤。这个例子说明，不能有效处理投诉会给企业带来严重的危害。

（一）认知客户投诉

1. 什么是客户投诉

当顾客购买商品时，对商品本身和企业的服务都抱有良好的愿望和期盼，如果这些愿望和期盼得不到满足，就会心理失衡，由此产生的抱怨和想“讨个说法”的行为就是顾客的投诉。

2. 客户投诉产生的过程（图 4-4）

找上门来只是最终投诉的结果，实际上投诉之前就已经产生了潜在化抱怨，即产品或服务存在某种缺陷。潜在化抱怨随着时间推移就变成显在化抱怨，而显在化抱怨即将转化为投诉。例如，你购买了一部手机，老掉线，这时还没有想到去投诉。但随着手机问题所带来的麻烦越来越多，就变成显在化抱怨，显在化抱怨进而变成潜在投诉，最终看到的是投诉。

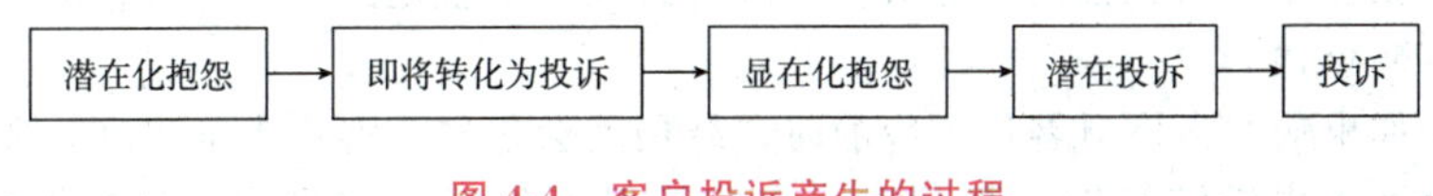

图 4-4　客户投诉产生的过程

3. 客户投诉产生的原因

（1）商品质量问题。

（2）售后服务维修质量。

（3）寻呼网络缺陷。

（4）客户服务人员工作的失误。

（5）店员及其他工作人员服务质量问题。

（6）顾客对于企业经营方式及策略的不认同，如交费时间。

（7）顾客对于企业的要求或许超出企业对自身的要求。

（8）顾客对企业服务的衡量尺度与企业自身不同。

（9）顾客由于自身素质修养或个性原因，提出对企业的过高要求无法得到满足。

4. 正确处理客户投诉的原则

无论你做得多好，总会有不满意的客户。如果解决了一个客户的问题，而引发更多的客户问题，就会给自己带来很大的麻烦。因此，应该既解决客户的问题，又不给自己带来麻烦。如果我们对一个难缠的客户做出巨大的让步，有可能就会面对更多的客户提出同样的要求，企业就会面临巨大的损失。

自测：简要回答表 4-5 中的问题。

表 4-5 情景处理及理由

情景设置	要是你，如何处理	理由
1. 有一个客户购买了一部手机。大概过了7个月，客户找来，说坏了，没有显示。拿到维修部门，维修部门发现是电池漏液导致电路板腐蚀，只能更换电路板。但是更换电路板需要返回厂家，可是恰恰这款产品厂家已经停产了。于是客户要求索赔并退货		
2. 这个企业说："我们给你调换一个，你可以选另外一款同等价格的手机。"客户说："不行，一定要退钱。"		
3. 后来发现，电池漏液造成电路板腐蚀不完全是这个客户的原因，和产品有一定的关系		
4. 经理没有答应，没想到这个客户特别难缠，天天闲着没事，就每天跑到企业闹，影响企业的正常工作		
5. 企业没办法了，就跟客户签了一个保密协议。你可以退货，但你不能把处理结果告诉其他客户		
请你想一想，企业为何要签这个协议？		

（1）我赢—你输。客户来投诉，企业百般推托，最后不了了之了。客户实在没精力耗下去了，就认倒霉。从结果看，好像是企业获胜了，但永远失去了这位客户。因此，我赢—你输也不是一个好办法。很多企业欺软怕硬，好对付的顾客打发一下就走了，不好对付的顾客就换货，更不好对付的顾客赔点钱。

（2）我输—你也输。当你对客户不冷静时，结局就会这样。客户告上法庭，造成两败俱伤。

案例：一个女士去饭馆买饺子带回家，在饺子里面发现有些异物，就找饭馆。饭馆认为："你拿什么证明这个饺子是我们的。"电视台去采访，饭馆说："你可以去找有关部门。"特别理直气壮。为什么？因为他们知道你找也没结果。无凭无据，哪儿都有卖饺子的，凭什么说就是这家饭馆做的呀？要是当场吃出来，你可以去投诉。你拿回家吃出来，没有事实根据。因此老板显得特别理直气壮："你去找吧。"对记者也不理不睬。客户以后恐怕再也不会到这个饭馆来消费，饭馆的声誉同样受影响。

（3）我赢—你也赢。我赢—你也赢——双赢原则。企业没有丧失尊严，客户也没有丧失利益，做到这一点是很难的。客户管理者甚至企业的高层管理人员需要在这当中寻找一个平衡点，尽可能维护企业利益，同时，也维护客户的利益。

（二）处理客户投诉的技巧

1. 平息怨气

客户在投诉时，多带有强烈的感情色彩，具有发泄性质，因此要平息怨气。在客户盛怒的情况下当客户的出气筒，需要安抚客户，采取低姿态，承认错误，平息怒气，让客户在理智的情况下分析、解决问题。

2. 澄清问题

需要给客户一个宣泄不满和委屈的机会，来分散心里积压的不满情绪，如果放弃这个机会，就不利于投诉最终的处理。用提问题的方法，把投诉由情绪带入事件。

通过提问题，用开放式的问题引导客户讲述事实，提供资料。当客户讲完整个事情的过程以后，用封闭式的问题总结问题的关键。例如："您刚才所说的情况是您在××出差期间，您的手机经常没有信号，是这样的吗？"

3. 探讨解决，采取行动

探讨解决是指投诉怎么处理，是退，是换，还是赔偿。很多客户服务人员往往是直接提出解决方案，客户失去了选择的余地，就没有做“上帝”的感觉。真正优秀的客户服务人员是通过两步来做。第一步是先了解客户想要的解决方案，客户服务人员主动提出：“您觉得这件事情怎么处理比较好？”然后第二步，才是提出你的解决方案，迅速对客户投诉的问题进行有效解决。

案例：赵先生买了一台便携式计算机，到家后却发现这台计算机的外壳出风口处有一处划痕。赵先生非常气愤，带着计算机找到了那家商店。根据规定，赵先生有三种选择：一是退货；二是换一台新的；三是由商店免费修理。赵先生想要第一种选择，然而出于面子的考虑，赵先生没有直截了当地提出要退货，而是反复强调不再信任这种品牌的计算机，买回去也不放心。由于赵先生没有陈述自己的真实要求，促销员又坚持免费修理，最后双方形成僵局。

在这个案例中，促销员没有了解顾客真正的意愿，其实促销员如果能听出赵先生反复强调的那句话的弦外之音，按其希望给予退货，事情很快就能得到解决（图 4-5）。

图 4-5　了解顾客真正的意愿

当顾客以坚定、高昂的语调一而再、再而三地重复陈述同一件事实时，通常可以判断出顾客的本意。

某位顾客如果一而再、再而三地强调“其实我并不是一定要你们赔偿我的损失”。事实上，他的本意恰恰正是希望店方赔偿他的全部损失。

当顾客反复强调商品的缺点却不主动提出或不强烈地要求退货时，说明顾客希望该商品能减价销售。

某位顾客买了一件丝绸衣料，回去后发现布料上有瑕疵点，顾客找回店里，再三声明这个瑕疵将会影响成衣的效果，却闭口不谈要求退货，这说明顾客希望店方能在价格上给予一定的补偿。

4. 感谢客户

感谢客户是最关键的一步，这一步是维护客户的一个重要手段和技巧。客户服务人员需要说三句话来表达三种不同的意思：

（1）第一句话是再次为给客户带来的不便表示歉意。

（2）第二句话是感谢客户对于企业的信任和惠顾。

（3）第三句话是向客户表决心，让客户知道商家会努力改进工作。

拓展训练

一、选择题

1. 跟忙碌的领导汇报工作，有时说了一大堆，结果领导却很不耐烦，原因是（　　）。

A. 领导没耐心

B. 领导要处理的事情比较多，时间比较紧张

C. 领导的时间成本比较高

D. 领导不喜欢和你说话

2. 怎样高效地跟领导沟通，以下正确的是（　　）。

A. 沟通简洁明了，不说无用的信息

B. 善用8分钟规律

C. 提前做好准备

D. 沟通内容条理要清晰，不要把内容一股脑地倒给领导，要学会把内容的条理梳理清楚

3. 如何与下属沟通，以下说法正确的是（　　）。

A. 表扬的话，公开地说　　B. 批评的话，委婉地说

C. 激励的话，高调地说　　D. 表态的话，谨慎地说

4. 领导给下属下命令，应该说（　　）。

A. “小李，给我去倒杯水，快点!”

B. “小李，给我订张去北京的机票，麻烦了。”

C. “小李，把这个拿去给王经理!”

D. “小李，把垃圾去扔了!”

5. 口头沟通的优点有（　　）。

A. 有较强规范性　　B. 经济性

C. 利于存档　　D. 迅捷性

6. 属于面谈的劣势的是（　　）。

A. 要求比较多的时间　　B. 缺少非语言信息

C. 不利于反馈　　D. 不容易控制情绪

7. 下列交谈方式中，正确运用了交谈技巧的是（　　）。

A. 话题乏味　　B. 主动地、适当地赞美别人

C. 把先到的客人介绍给后到的客人　　D. 对别人的谈话反应冷淡

8. 如何把握好与客户的说话时机，下列正确的是（　　）。

A. 当客户需要你提出自己的意见时，一定不能闭口不言

B. 在客户讲话的时候，千万不要插嘴

C. 认真倾听完客户所讲的内容后，再发表自己的看法

D. 不该说的时候，千万别说

9. 怎样做才能在面对客户提问时回答得更全面呢，下列正确的是（　　）。

A. 在见客户前做好充分的准备，要清楚了解自己产品的信息

B. 了解行业信息

C. 多看书

D. 关注时事新闻，增长自己的知识

10. 与领导意见不一致时应该（　　）。

A. 坚持自己的看法

B. 和领导继续争执

C. 撂挑子不干了

D. 首先要做的是沟通。如果沟通达不到共识，则需要执行

二、简答题

1. 请你认真挖掘你同宿舍某个同学身上的优点，并对其进行赞美。

2. 尝试一次说服与你想法不一致的人。

3. 假如你想成立一个社团组织，如何去和团委老师沟通面谈？

模块5

文笔不好，职场结果也不会好

职场文字沟通经常被忽视，但实际上下级之间的沟通中用得最多的就是文字，职场中大家都没有太多的时间进行面对面沟通。本模块将从沟通的角度，介绍职场书面沟通技巧，包括受众导向的文字组织原则，如何写作商务报告，如何用文字体现对对方的尊重，如何用文字传达坏消息等（图5-1）。

（a）

（b）

图5-1　书面沟通的形式——手写和打字

（a）手写；（b）打字

模块案例赏析

一、想象自己是阅读对象

案例 1.1 领导想看什么，就写什么

职场故事

杜拉拉升职记节选——受累又受气怎么办?

浴缸里的水温慢慢凉下来，拉拉也渐渐地理出了一条思路：因为自己和李斯特沟通不够，遇到事情都是自己默默干了，所以他根本没有意识到发生过多少问题、有多少工作量、难度有多大。于是，他就不认为承担这些职责的人是重要的。因此，他不认为你是重要的，他就不会对你好，甚至可能对你不好。王伟干的是销售，销售工作有一个显著特点，就是工作指标特别容易量化。每个月卖得多了或是少了，给公司赚了多少钱，一眼就看得清清楚楚。他卖得好，所以，他是重要的，EQ 低一点也没关系。拉拉找到李斯特不待见自己的原因后，忍着气，定下心来给自己规定了几条和李斯特工作的原则，试用之后，果然有效。

于是，拉拉的博客里就有了下面这段博文：干了活还受气该怎么办?

(1) 我把每一阶段的主要工作任务和安排都做成清晰、简明的表格，发送给我的老板，告诉他如果有反对意见，在限定日期前让我知道，否则我就照计划进行——这个过程主要是让他对工作量有个概念。其中提出日期限定，是要逼他去看工作表（老板很忙，你的 E-mail 他常常会视而不见，甚至有可能根本不看）；用简明的表格来表述，是为了便于老板阅读，使他不需要花很多时间就能快速看清楚报告的内容。

(2) 我刚开始接管这个部门的时候，本着尽量不给老板找麻烦的原则，我会尽量不把难题交给他，很多难题都自己想办法协调解决。但是这样做的结果，就是使老板轻视我，他根本不了解工作的难度。后来我就改变了这个策略，遇到问题，我还是自己想办法解决，但是每当这个时候，我会先带着我的解决方案去找老板开会。每次开会，我会尽量挑一个他比较清醒而不烦躁的时候，单独地只讨论某一方面的一个大的困难。我让他了解困难的背景。等他听着头痛的时候，我再告诉他，我有两个方案，分析优劣给他听，他就很容易在两个中挑一个出来了。这样，他对我工作中的困难的难度和出现的频率、我的专业，以及我积极主动解决问题的态度和技巧，就有了比较好的认识。

(3) 每次大一点的项目在实施过程中，我会主动地在重要阶段给老板一些信息，就算过程再顺利，我也会让他知道进程如何，把这当中的大事 brief（摘要）给他。最后出结果的时候，我会及时地通知他，免得他不放心，我从来不需要他来问我结果。这样，他觉得把事情交给我，可以很放心，执行力绝对没有问题。

(4) 在需要和其他的部门的总监们，或者与 president（总裁）和 VP（副总裁）一起工作的时候，我特别注意清晰、简洁而主动地沟通，尽量考虑周到。写 E-mail 或说话，都非常小心，不出现有歧义的内容，基本上不出现总监们抱怨我的情况，这样，我的老板就觉得我很牢靠，不会给他找麻烦。

故事简析

说到职场沟通，大家马上会想到说话办事，但是实际中，每个人在工作中都不可避免地要运用文字来沟通信息。一是因为书面文字表达准确，用词精准，阅读者可以更多地获取细节方面的信息。二是因为书面沟通的信息传递方式速度快（因为阅读比倾听更快），领导不可能有大量的时间去面对面和员工沟通信息，更多的是采用阅读报告的方式获取信息，做出判断。因此书面沟通在整个职场沟通中处于非常重要的地位。可以说，在职场沟通中，会做也要会说，会说更要会写。这段故事中的第（2）（3）点就是讲杜拉拉运用书面沟通技巧解决工作中的问题，与上司逐渐建立起信任。

方法解析

问题 1：职场中，如何使用报告、信件、商务函件、备忘录等书面沟通工具同领导沟通？

遵循受众导向的文字组织原则。如写述职报告，要先了解人事的说话重点。这个人事的说话重点就是公司、领导的考核要点。你的述职报告不是只写自己干了什么，而是要围绕考核要点讲自己干了什么。领导才能从你的 ABC 里迅速看到：哦，你这些工作完成了公司这个要求，你那些工作完成了公司的那个要求，你完成了公司的所有任务，你是 OK 的。这就是受众导向或领导导向的文字组织原则。

在书面沟通前，对阅读你报告的上级的分析是非常重要的，甚至超过了文字本身，因为如果你写的不是公司上级关注的重点，你写得再好，你的文字也没有沟通价值。如果你对上级了解不多或不清楚上级想通过你的文字了解什么情况，你就要花相当多的时间去分析上级了。

问题 2：如何让领导对我们的报告感兴趣？

这个报告是否值得看？如果上级认为这些文字对自己很有用，他们不但会认真地看，而且会积极采取行动。但如果上级在看到文字后，第一反应是似乎与自己没有关系，或者对文字没有兴趣，就给我们提出了挑战：如何才能让他们感兴趣呢？提供如下建议。

（1）用主题句或第一段向上级昭示该信息的重要性及与受众的相关性；如为了提高公司的市场竞争力，为了解决现有的某个严重的问题，让上级看到这个文字对自己很重要。

（2）把应付诸实施的内容尽量简化。

（3）为使信息内容得以实施，设定一个可行的截止日期。

（4）信息越短越好。

问题 3：用何种方式编辑信息激发受众兴趣呢？

在信息的编辑时，要注意上级对于文章的语言、结构和格式的偏好。具体在做法上，考虑以下五个方面的问题。

（1）上级喜欢何种写作风格。根据对上级的了解，选择不近不远、友善的风格。

（2）避免使用激进或禁忌的词汇令上级产生反感。

（3）了解上级所需信息的具体程度。

（4）根据上级个性和文化背景的不同选择直接的或间接的信息结构。

（5）根据上级对于表达方式（包括长度、版式、脚注等）的偏好编辑文字。

例如，给领导以工作邮件，一定在标题就是主题那里以这样的格式表达：

【请批示】××××××××××××，来自小李

【请审阅】××××××××××××，来自市场部

【请回复】××××××××××××××，来自小李

【请协调】××××××××××××××，来自市场部

一个小标题写清楚了上级需要做什么，邮件出处是哪里，以及邮件主题是什么，如产品推广方案等。

邮件开始要有“××您好”，结尾处要写“请审阅”然后跟着“谢谢”，如果有附件，在邮件正文里一定写明“××在附件中”。

案例分析与思考

小李写报告

小李所在的A商场通过市场调查发现，最近其市场份额正在向B商场转移，分析后认为，原因在于以下六点。

(1) B商场运用了彩色的广告方式。

(2) B商场重新布置了商场以吸引新的顾客。

(3) B商场的媒体曝光度提高了20%。

(4) A商场在库存、采购和促销方面能力较差。

(5) A商场降低了广告预算。

(6) A商场在维持商场整洁和有序方面有不良的记录。

小李是A商场的市场部主任，针对上述现实问题和所导致的结果，商场刘总经理要求小李完成一份书面报告，提出解决问题的对策。

问题讨论

根据受众导向的文字组织原则代小李写一份报告提纲，要求有标题、前言和两层级的小标题。

案例1.2　简洁而亲切

职场故事

明朝大臣茹太素的“报告”

《明史》里有个很有意思的“段子”，今天读来还让人会心一笑。1375年，刑部主事茹太素给朱元璋打了一份报告，长达上万字，朱元璋看得眼花，就让中书郎王敏念给他听，念到一半，朱元璋实在受不了，当场找人把茹太素狠揍了一顿。

第二天又让人接着念，发现茹太素提了一些工作建议，这些建议具有一定的前瞻性和可操作性，朱元璋采纳了其中4条。事后，朱元璋感慨说：“当大臣不容易，当皇帝又容易吗？我需要的是接地气、解难题的意见和建议，可明明500字就能说清楚，这老茹偏要整一大堆没用的，真耽误事。”

故事简析

朱元璋讲究实际，讲究精简凝练、直入主题。现代职场讲求工作效率，对职场中的文字更是要求简洁、清晰。

方法解析

问题1：职场文字沟通遵循哪些原则？

在职场中，想让自己的文字成为加大晋升机会的法宝而不是绊脚石，要谨记有效沟通的3C原则，我们写的任何东西都要符合以下三个原则。

（1）清楚（Clear）——易读、易懂。

（2）完整（Complete）——想要传递的信息要表达完全、不遗漏。

（3）简洁（Concise）——简短、切题。

例如，我们正在写一篇关于订单状态的备忘录，那就要写出订单号、下单日期、产品细节及其他相关信息。内容要有针对性，不要牵扯无关细节，以免影响读者阅读。优秀的职场文字的要求是越清晰越好。同时，写作时应避免使用繁复的句式或华丽的措辞，文章尽可能简短。

问题2：职场沟通的文字需要强调重点时怎么办？

（1）加粗标题。每个次级分论点另用不同的字体强调重点。纸质形式可以用荧光笔标注重点；电子版形式可以添加背景颜色或选择不同的字体、颜色加以突出。使用图形、图表或其他视觉辅助方式加强文字表达的效果。

（2）反复校对。即使我们在校对时已经检查过文章，也还是应当重读几遍，保证零错误。办公软件的文字处理程序中有拼写检查功能，可以找出错别字或错误的拼写，这对我们有很大帮助，但它不能确保万无一失。例如，当我们把“实践”错打成“事件”的时候，这个检查功能是无法将其辨别出来的。

要想保证文章当中不出现错误和疏漏，一个很好的方法就是大声朗读文章。这个方法有助于找出眼睛看不出的错误。

问题3：职场文字风格要很正式吗？

职场文字风格无须过于正式。以前我们的商务信函读起来都是这样的：“据当日通话之承诺，随发送整月完成工作之发票。”听起来挺傻的，不是吗？这样的风格实在生硬。虽然现在我们已经不再这么写了，但是有时我们在信函中使用的语言还是过于正式。很多人认为，我们在书写的时候应当比口头表达更正式一些，因此就在商务信函中使用正式的语言。事实上，这种风格会让对方感觉不自然、不真诚。倘若我们能够像讲话那样书写信函，那么信息也就更为清晰、更容易为读者所接受。刚才的那句话如果这样写：“我在刚才的通话中承诺过您，这就是我们为您本月完成工作所开具的发票。”这样就清楚多了。然而，电子邮件的便利和快捷也兴起了一种相反的写作习惯，就是语言过于随意。

尽管我们不想让语言读起来那么生硬，但也仅限于像口头表达一样流畅和自然即可，切勿太过随意。例如：

尊敬的张先生：

非常感谢您上周对我的接待。我们的谈话是那样愉快，在我回到办公室之后，我还情不自禁地回想着我们的谈话。此次谈话令我回味无穷，我相信您也是如此吧？

回来之后，我立刻检查了本公司的销售目录，查看了您所要的式样。但遗憾的是这种式样已经售完。但我们的习惯做法是留下部分产品以防不时之需。我不知道我们现有的尺寸是否符合您的要求，因为上次谈话时，您并没有告诉我您所需要的尺寸。故而请您来信将您的尺寸告诉我。

假如尺寸适合您，我将很高兴地以原价六五折的特价卖给您。尽管今天上午另一位客户来电询问与您相同的式样，我还是想征求您的意见，请尽快将您的决定告诉我。

既然是信函，毕竟还属于书面文字沟通。这封信第一段写的就过于口语化，像聊家常一样，也是不对的。此外，这封信太过啰唆，文字表达不够简洁。

书写表达在商务写作中，有些人容易过多使用不必要的正式表达。如果我们也有过类似的经历，可以通过情景想象的方式来克服这种习惯。假想我们当时不是在写作，而是在与人面对面谈话或是在打电话，只不过对方需要以阅读的方式接收我们传达的信息。怎么说就怎么写。

在写作时，无论是词汇表达、风格腔调、日常俗语还是表达方式，都应当选取我们常用的方式。我们在日常生活中绝不会以这种风格说话："敬请注意，受暴雪影响，您的货物将延迟至下周发送。"而是要直截了当地说："由于近日暴雪，您的货物将于下周发送。"这样写能够让我们的文章读起来更为亲切。

清楚、简洁而亲切，把自己想象成阅读对象，职场文字就是这么容易玩转。

案例分析与思考

两个需要修改的商务信函

(1) 尊敬的先生/女士：

我已间接获悉您在寻找一家公司为贵公司所有部门安装新计算机。我确信作为一个完全令人放心的公司，我公司定能被指派。尽管我们在贵公司义务方面经验有限，但为您服务过的人说我们能胜任此项工作。我是一个非常热情的人，对于与您相会的可能性，除非另通知，我在周一、周二和周五下午不能拜访你处，这是因为……

(2) 关于订购"牡丹牌"真丝女衬衫的复函。

××公司：

你们×月×日的来信我们刚刚收到，从信中我们了解到你们想购买我公司"牡丹牌"真丝绣花女衬衫一事。我公司生产的"牡丹牌"真丝绣花女衬衫质量上乘、款式高雅，犹如盛开的牡丹风靡世界，博得各国客商的青睐。在此，万分感激你们对我公司产品的好感。

由于今年的订单已超出生产能力，所以一律不接受新订单，请你们不要误解。凭着我们双方之间良好的贸易关系，你们不必担心，一等到有货，我们一定会首先通知你们的。

问题讨论：说说这两个商务信函违背了职场文字沟通的什么原则，并对其进行修改，以符合职场文字沟通要求。

二、文字体现尊重

案例　传达坏消息时要表现同情

职场故事

总经理助理的难题

有一段时间，公司有一个文字内容方面的业务，并请了一位内容总监，全权负责这项业务。这位总监入职的时候，约定了试用期是半年，试用期满，根据项目运营业绩决定是否转正。为了确保转正考核有据可依，内容总监和公司签订了一份绩效承诺书，将运营业绩以指标的方式写在承诺书里。

内容总监试用期满，总经理觉得他的业绩不是太理想，决定解聘他。这件事交代给了作为助理的我。为了把这项任务完成好，我去人力资源部找他的资料来看，并向相关同事了解情况。等所有信息收集汇总完以后，我发现，情况好像不太对。

首先，内容总监试用期满是在上个月，如果要严格地执行劳动合同法的规定，试用期满未予以解聘的，原则上他已经是公司正式员工了，不能再用无法满足录用要求这一条来解除劳动关系；其次，公司那项文字内容业务在内容总监入职第四个月，因为各种原因，最终取消了，这项指令是总经理下达的，作为补充，当时增加了另外一项业务，归口负责人是内容总监，但是总经理又没有对这项业务的运营业绩指标做明确的规定，这就使得公司在判定内容总监是否达到录用条件方面缺乏依据。

从相关同事那里了解到的信息是，内容总监到现在为止都还在信心满满地工作着，对新增的那项由他负责的业务充满热情。此外，由于试用期满没有立即找他谈解聘的事宜，他已经单方面地认为自己是公司正式员工了。

这个时候，我贸然地跑出来，告诉他说，对不起，你不符合公司要求，我们决定解聘你，可以想见，对当事人来说，这是一个什么样的打击。但是总经理的指令又不得不执行。

我开始想，这件事要怎么处理。

几番考虑之后，我去找总经理，把目前的情况详细地汇报给他听，征求他的意见。总经理听完我的话后，说这个事情虽然比较棘手，但还是要处理掉。

我说道：“从法律角度来说，我们解聘他已经站不住脚了，因此不能硬来，得让他自己提离职，但要他自己提离职，我需要有理由去说服他。”

总经理说道：“那是你的事。”

我说道：“虽然是我的事，但是需要你帮忙呀，我想知道，你究竟是因为什么原因要解聘他。这个问题的答案很关键，它决定我是否有足够的底气去跟内容总监谈。”

总经理一拍桌子，说：“什么原因不原因，我开除谁需要原因吗！你长得丑就是理由！我看你不顺眼就是理由！”

我气得笑出来。

事情走到这里算是卡住了，总监那里有法律，总经理这里有气场，两边都是硬骨头，我要怎么办？

我想了下，说道：“这样，是我没说清楚，员工出现以下这些情况，我们是可以劝退他的：第一，能力很差、业绩也差的人；第二，能力好但是业绩差的人；第三，价值观跟企业不相吻合。这三种原因分别对应三类人：不能干的人；不肯干的人；对企业有害的人。你看内容总监是哪一类人？”

总经理说：“他是一个不能干的人。除这个以外，我跟他沟通一直有问题，我讲什么，他要么是无法理解，要么是理解错误，有个别理解对的，也做不出我要的效果。”

我说道：“还有吗？”

总经理说：“有一次我上午10点打他电话，他还在家里没出门。”

我说：“这些都是原因。”

总经理说：“总之这个人，用得不顺手，要是他有业绩还算了，又没有业绩，我有什么办法，我是开公司的，又不是做慈善的。”

我说道："好，我来处理这件事。"

我做好了预案，准备妥当相关材料，就约那位内容总监来谈。

我把访谈的地方设在我的办公室里，另外，找了人力资源部的负责人来跟我一起。

等人到了以后，我们寒暄了两句。我说道："总监你来我公司也有半年多了，这半年来感觉怎么样?"

内容总监说道："我觉得这边的工作环境挺好的，也挺适应，就是跟总经理沟通有点不太顺，这方面还需要你多帮忙给建议啊。"

我说道："之前请你来公司的时候，是为了一个文字内容项目，后来那个项目取消了，真是有点遗憾，你是文字内容运营方面的专业人才，这方面的工作可以说是得心应手。"

我这是在传递好消息，充分表示我对他的肯定，接下来我开始为传递坏消息做准备。

内容总监听得很高兴，说道："是啊，那个项目取消我也觉得很可惜，已经做得差不多了，但是我也尊重公司的决定，说实话，当时那个项目取消，我有想过离职的。后来，总经理给了我现在这个项目做，这个项目我不太熟，目前还在预热阶段。"

我说道："这个项目做出业绩来大概需要多久?"

内容总监说道："这个不好说，一般来说，这种项目短期之内是很难见到效果的，得有一两年的投入期吧，现在我连预判它是否有前景都还没有办法做到。"

我说道："这样的话，事情就比较难办了。"

内容总监说道："什么意思?"

我说道："你目前负责的这个项目是公司的新业务，前期的预算是有限额的，从我了解到的情况看，这个项目的预算显然不足以支撑一两年的预热期。"

内容总监说道："那你的意思是什么？我告诉你，这个项目短期之内肯定不会有收益的。"

我说："现在公司的意思是，想换个人来运营这个项目。"

内容总监说道："那我怎么安排?"

我说："你本来是我们招聘来做内容业务的，现在这项业务取消了，你在这里就显得没有用武之地，新增的这项业务，你刚刚也说了，不是你的长项，加上公司也有意想找个熟悉这个领域的人接手。因此，一个妥善的安排是终止我们的合作关系。"

内容总监说道："你的意思是要解聘我?"

到这个阶段为止，坏消息传递完了。当事人已经理解了我的意思。

现在我要开始传递好消息。

我说："终止我们的合作关系并不一定是公司解聘你，对我们职业人士来说，履历上如果出现被解雇的经历，对个人发展是较为不利的。而且，最主要的是，公司真是没有觉得你不好，实际上在内容运营方面你是一个特别优秀的人，只是目前我们没有相关业务供你施展才华而已，将来如果我们这方面业务开展了，你肯定还会是不二的人选。"

内容总监说道："那你的意思是什么?"

我说道："我知道有另外一个Q公司，他们在找内容总监，刚好他们公司跟我们公司有过一些接触，我大概知道他们的用人要求，你要是有兴趣的话，我很愿意帮你写一份有针对性的推荐函。"

内容总监说道："那个公司我知道，那个岗位我也听说过，其实之前猎头已经给我打过电话，但是我没去。"

我说道："猎头显然是有眼光的。"

内容总监说道："我还想问下，如果我离职的话，有没有离职补偿？"

我说道："如果是你自己提离职申请就没有补偿，但是，我觉得一份有分量的推荐函比离职补偿更有价值吧，而且有助于你在新的工作岗位上更顺利地开展工作，你觉得呢？"

内容总监说道："那行，我主动提出离职吧，今天就办手续，工作什么的，找人跟我交接吧。"

我说道："好，推荐函我会写好，加盖公司章，连同离职证明一起给你。"

第二天，内容总监拿着推荐函和离职证明平静地离开了公司。

故事简析

总体来说，传递坏消息的时候，光秃秃地说坏消息，十有八九会使沟通双方不欢而散；用好消息开头，把坏消息放中间，再用好消息结尾，可以使沟通双方都会觉得很体面。

方法解析

问题：如何用文字传达坏消息？

在职场中，我们不仅要制作促销信、录用信这样的积极信函，还要通过制作含有拒绝和否定内容的文字，需要传达负面的、不愉快的、读者可能会失望的信息，如拒绝录用的信函。传达坏消息要特别注意文字表达技巧，不要让对方难受。体现你对对方的尊重。先以缓冲语言开头，然后说明理由，接下来清楚、简洁地表达负面信息，最后是积极肯定的结尾。

简单来说，传递负面消息要以积极、肯定的消息做开头、结尾，负面消息放中间，但是必须清楚、准确地表达负面消息，不能含糊。

其实，文字是沟通的一个载体，是正确的沟通思路的体现。在实际沟通中，我们传递负面信息的策略和前面是相同的。

案例分析与思考

一封拒绝录用信

尊敬的李瑞先生：

非常感谢您前来恒安保险公司应聘，我们很高兴与您会见并讨论职业机会问题。

通过对您的测试结果分析，我们发现您是一个善于独立工作，而且分析能力很强的人。您的性格特征表明您具有一定的创新精神，但团队意识不够。

由于人力资源部门的员工需要具有较强的团队合作精神，这次我们很遗憾不能与您共事。我公司每年都要雇用很多各类人员，我们将把您的资料放入人才资料库。等我们发现有适合您的职位时，我们将会及时联系您。

再次感谢与您共度的时光，希望您很快可以找到满意的工作。

恒安人力资源部经理　李勇

问题讨论

结合这封拒绝录用信，谈谈它每部分传达了什么信息。

三、文字实现价值

案例　文字功底好，甩人几条街

职场故事

会写材料的同事 A

我有一个同事 A，普通院校中文系，毕业后进入了一家央企，从事行政职能工作，主要负责文字材料的撰写。

自从入职起，他有幸每年参与公司两会工作报告的编撰工作。他坦言，每次写完报告内心都有汹涌而来的成就感，感受着公司这一路走来成长蜕变的点点滴滴，回想起来就像是一个大师。

一方面，撰写报告让他高屋建瓴地通会公司的发展定位、战略布局；另一方面，报告最终都要报公司主要领导核定，与公司核心人物有密切接触，对公司的发展也有了更深一层的认知。

2014 年，我刚刚通过社招进入这家央企的时候，A 同事还只是某个部门的小科员一枚。

这家单位 2013 年重组，管理基础薄弱，战略规划、组织机构、规章制度等一系列系统工程都有待建设。A 同事所在的部门正好统筹负责这些工作，因为文字功底好，所有的统稿都由他来负责。

那段时间，公司主要领导亲自牵头，同事 A 天天抱着笔记本在会议室负责码字。

2014 年出战略思路，2015 年出规章制度。那年，公司规章制度先后在集团获管理创新奖，刊登在国家级期刊上，载入“两学一做”手册。同年，他也因此被推荐为集团最佳文明职工。

经过两年的时间，他的公文水平在整个公司范围内都得到了认可。大家每每提起文字功底，都会说 A 同事是公司的“一支笔”。

他因为文字功底扎实、出彩，在职场顺风顺水。2014 年，升为部门主管；2015 年，升为高级主管；2016 年，升为部门副主任。

我后来才知道，A 同事经常看上级公司及公司领导的各种讲话，学习规章制度，订阅专业资讯专栏等，而且在其他领导有需求、找他帮忙写材料的时候也是来者不拒。

故事简析

难道仅仅凭着文字功底好就能够在职场平步青云吗？同事 A 的经历告诉我们，不是的！文字不仅仅是如何堆砌辞藻、写出一篇漂亮的文章那么简单。在动笔之前，需要大量的专业积淀；在这个过程中，需要厘清脉络逻辑。如果要写一份投资方案，而你不懂投资专业，也不熟悉投资业务流程，更不知道要把控哪些关键环节和主要矛盾，可想而知，你的报告根本无从输出。

方法解析

问题 1：文笔和职场能力有关吗？

但凡在职场，都须练就文字功底，毕竟所有的沟通汇报最终都要通过文字进行呈现。古人说见字如见人，那是对一个人的字体从美观和力道上加以判定。如今很少需要亲笔书信了，基本都靠计算机代劳，但是文本所反映的问题一点也没有减少，反而更多了。别人要通过你的文案来判定你的专业水平、逻辑表达、遣词造句，这都是思想的具体表现。

我有一个朋友，开始在咨询行业，后来去了企业，自认为文字功底可以，在写的第一份报告被领导退回，要求重新核定格式后再行反馈的时候，他有一种很强烈的抗拒感，其实他是忽视了角色转换需要做出一些改变。

以前在咨询做得好，咨询那套标准和模式却不一定适合企业。况且每个企业都有自己的行文格式标准，即使按照咨询标准排版得再好看、再完美，都不能符合领导的心意。

正因为这样，一个不符合公司公文格式的公文，领导甚至都没有心思看上一眼，所以只顾文案内容的价值是不对的。这是一个“看脸”的社会，如果没有一张漂亮的“脸蛋”，谁又会想去探究你内在的品质呢？

因此，文字功底好，不在于一成不变，要善于学习，也要善于根据环境做好应对。

问题2：文字能力是天生的吗？

在职场中，一旦固有印象形成，再想要去推翻认知、重塑形象，就会显得异常艰难。因此，我们步入职场的第一步就应该树立好自己的良好形象，而文字就是我们的首张名片，不要亲手毁了它。

我教过一个学生，一到小组汇报，他总是抢先上台，说得头头是道，可每每要求落到纸上就有了非常大的落差，正可谓满肚子的蝴蝶，飞不到纸上。

于是，我就要求这个同学，把每次口头汇报的内容录下来，按照录音整理就可以了。

这个学生按照这样的方式训练了一段时间以后，果然有成效。他进入工作单位后成为一名优秀的项目经理。

因此，文字功底的优劣其实还是重在练习，没有人天生就是神童。况且，公文的撰写和美文还有所区别，公文并不需要华丽的辞藻，逻辑严谨、语句通顺就很好。

可是就是这么简单的要求，很多人都不能够做到。

当今职场，文字已经成为最具有价值的竞争力了。

无论在任何行业，写作无疑都是我们这一生应该精进技能的必需选项，而且是所有必需选项里面的首要选项，越早开始，越少走弯路，越早弯道超车。

全球知名经管类书籍《重来》里这么写道：“如果你要从一堆人中决定出一个职位的合适人选，雇那个写作最厉害的人。”

写作是最低成本，最高效率，最能让别人认可你专业能力的一种方式。所有的沟通，最后都要通过文字进行表达和传输。

案例分析与思考

唐经理的一早

星期一早上，××公司营销部唐经理一边喝着茶，一边掏出备忘录检查今天的工作安排。他的下属小王上午将向他提交一份客户交流季度综合报告。中午，唐经理需要提交本部门每两周一次的时事通信稿。另外，下午唐经理需要两个半小时来准备月末部门会议方案。在此项任务旁边，他又加了一条：下午和小朱共同研究编写新产品促销宣传手册。

放下手中的备忘录，唐主任打开计算机看看有没有新邮件。小王发来的邮件说他要同一位客户共进早餐，因此要晚半个小时提交季度报告。他看了看组织留言板，没有什么新的内容。唐经理关掉了电子邮件，打开 Word 窗口。因为今天是星期一，他打开了工作日记文件夹。在过去的半年里，每当唐经理想出一个好主意，他的第一反应就是先在工作日志里写下它。刚开始做工作日志的时候，他有些敷衍，但是现在这已经成为他日常工作的一部分，这样做有助于他集中精力工作。每周的工作不再模糊不清，本部门的职能及他本人的工作职责在头脑中也越来越清晰。

唐经理喝完茶，关上计算机，大致浏览了一下《新华日报》的目录。他正要阅读一篇关于营销渠道的文章，他的秘书小李走了进来，交给他一些需要签署的文件和一封信函。一周的工作就这样开始了。

问题讨论

唐经理在周一一早进行了哪些书面沟通工作？谈谈你对职场书面沟通重要性的理解。

模块知识要点

一、书面沟通概述

（一）书面沟通的作用和类型

书面沟通作为一种传统的沟通形式，一直是作为最可靠的沟通方式为大家所采用，每个人在工作中都不可避免地要运用文字来沟通信息。现在的商业活动中，商务函件、协议、单据、申请报告等，都要以笔头记录的方式加以认同，并成为约束大家行为的手段。“口说无凭，落笔为准”就充分说明了书面沟通在现实生活中的重要作用，而且以文字作为表达方式，是最有效的整理思路和建构严密信息逻辑的手段。

1. 书面沟通的作用

（1）沟通信息容易记录，并能得到永久保存。

（2）书面沟通保存性强，且不易“污染”，可以保证在信息扩散过程中，使不在沟通现场的受众（读者）能够得到真实的信息。

（3）对读者来说，书面沟通的信息传递方式速度快（因为阅读比倾听更快）——当然对整个沟通系统来说效率不一定高（因为这还涉及信息发送者的沟通效率问题）。

（4）书面沟通可以特别关注问题的细节，而且就读者来说，也可以更多地获取细节方面的信息。

（5）书面沟通比口头表达采用更为精确的用词。

也正因为书面沟通有这些优点，它在以后的沟通中仍将处于重要的地位。

2. 书面沟通的类型

根据书面沟通渠道的不同，书面沟通可以分为纸张沟通（包括正式和非正式报告、信件、商务函件、备忘录等）、传真沟通、电子邮件沟通和电子会议系统沟通等。其中前两种方式以纸张做媒体，后两种方式以网络做媒体。这四种沟通方式的特点见表 5-1。

表 5-1　四种沟通方式的特点

纸张、传真	电子邮件、微信、QQ 等即时通信工具
（1）读者参与程度低，反应慢； （2）对于信息的接受情况缺乏控制； （3）难以隐姓埋名； （4）更可能受到约束； （5）较为保守，搞得好可能更为清晰，搞得不好则过于死板； （6）要求更符合逻辑和语法规范； （7）需要更多的时间准备； （8）不太可能与组织中的各层次接触； （9）缺乏非语言性沟通，没有口头沟通那么丰富； （10）机密性强； （11）传递速度慢	（1）读者参与程度高、反应快； （2）信息能立即接受到，且能自己控制； （3）可以隐姓埋名； （4）不易受到约束或显得保守； （5）搞得好，富有创造力；反之，也可能产生极大的破坏力； （6）语言不整洁，错误较多； （7）比传统书面沟通花的准备时间少； （8）可能同组织中的各层次接触； （9）可以使用情感符号来显示非语言性的信息传达； （10）可能比传统的书面沟通的机密性差； （11）比书面沟通传递得快

（二）受众导向的文字组织原则

书面沟通作为职场沟通活动中一种常见的沟通形式，必须从受众导向去收集信息、组织信息和编辑信息，为此，对受众的分析同样成了书面沟通的重要前提。如果对受众了如指掌而且语言能力较强，对受众的分析过程完全是下意识的，但如果对受众了解不多或所提供的信息十分重要，就要花一定时间去分析受众，并根据受众特点来组织文字信息。一般来说，受众导向的文字组织原则包括三个方面。

1. 受众对信息的第一反应

这个报告是否值得看？如果受众认为这些文字对于自身事业的发展很有用，他们不但会认真地看，而且会积极采取行动。但如果受众在看到文字后，第一反应是似乎与自己没有关系，或者对文字没有兴趣，就对我们提出了挑战：如何才能让他们感兴趣呢？提供如下建议。

（1）用主题句或第一段向受众昭示该信息的重要性及与受众的相关性。

（2）把应付诸实施的内容尽量简化。

（3）为使信息内容得以实施，设定一个可行的截止日期。

（4）信息越短越好。

在信息表达方式上，要能引导受众产生对信息的好感，尽量避免用词傲慢、粗鲁、含敌意、冷漠或像家长一样的教训；通过强调积极面来减少对方原有的敌意；要充分表现逻辑和对方能感受到的好处。

2. 受众到底需要多少信息

受众需要具体分析以下三个问题。

（1）受众对于讨论主题知道多少。一般来说，受众对于主题的了解程度往往很容易被高估，组织以外的人很可能不了解你从事的工作，即使是在某部门工作过的人，现在也可能已经忘记了从前每天的工作细节，更不要说组织之外的人了。如果你所提供的信息完全是新的内容，必须做到以下四点。

①通过下定义、概念解释、举例子等方法将主题表达清楚。

②将新的信息与受众已有的常识相联系。

③通过分段或加小标题的方式使信息易于理解。

④用文件草稿在传递对象的抽象人群中进行试读，看他们是否领会和运用你所写的内容。

（2）受众对信息主题的常识来自平时的阅读还是个人经验。亲身体验直接掌握的知识往往比间接从书本中学到的知识更实际、更可信。尽管有些人会把这些经验视为例外、谬论或侥幸，我们自己依然会视之为将来更好地开展工作的基础。要想改变受众对某一信息的认知，必须做到以下三点。

①在表达的信息中先对受众的早期认知予以认可。

②用理论、统计数据说明长期和短期效果之间的差别，受众的经验在此不适用。

③在不伤面子的前提下，提示受众情况已经发生变化，方法也要做相应的变化。

（3）要受众支持你的观点，他们需要你提供哪些信息。为了弄清楚受众所需要借助的信息背景，要做好以下三点。

①用“如你所知”或“正如你记得的那样”的字眼开始提醒对方的有关信息，避免让对方觉得你认为他们根本就不理解你在说什么。

②把已为大家所接受的或显而易见的内容放在你的句子中。

③需要提示的内容过长时，可以用加小标题、单独成段，或列入文件和备忘录的附录等形式表达。

3. 以何种方式编辑信息以激发受众兴趣

在进行书面沟通的过程中，如何减少受众的抵触情绪，消除受众的负面反馈可能给沟通带来的困难，是考虑如何激发受众兴趣的首要切入点，因为如何让消极受众转化为中立受众甚至积极受众，是沟通中最困难的。首先要考虑的是受众会持哪些反对意见，如已有主见的受众通常对变化反感，为此要考虑以下两方面的内容。

（1）要站在受众的立场给他们提供积极信息。具体策略如下。

①把好消息放在第一段。

②把受众可能得到的好处甚至放在好消息之前。

③开头先讲你们之间的共同点和一致之处。

在讲双方之间的一致之处时，不妨向受众提供你们共同的经历、兴趣、目标和价值观。因为一致的感觉有时比文件的内容更能说服对方。具体在沟通相互之间的一致点时，建议做到以下三点。

a. 采用生动、短篇、有趣的故事谈论你们的共同之处，情节应有趣、新颖，不要给人感觉在作报告。

b. 写作风格应尽量友善、非正式。

c. 文章结束语和敬称等要让读者感觉到在这个正式或非正式群体中的归属感。

④观点要清楚明确。

⑤不要使用煽动性的言论。

⑥减少说明或提出要求等内容的篇幅，若可能，在下次沟通时再提出此类内容。

⑦说明你的建议是现有最好的解决办法，当然这也不是十全十美的。

（2）在信息的编辑时，要注意受众对于文章的语言、结构和格式的偏好。具体在做法上，考虑以下五个方面的问题。

①受众喜欢何种写作风格。根据对受众的了解，选择不近不远、友善的风格。

②避免使用激进或禁忌的词汇，以免令受众产生反感。

③了解受众所需信息的具体程度。

④根据受众个性和文化背景的不同选择直接的或间接的信息结构。

⑤根据受众对于表达方式（包括长度、版式、脚注等）的偏好编辑文字。

（三）书面沟通的语言组织技能

书面沟通的语言逻辑、整个文章或报告的组织、信息的结构安排，要远比口头沟通“考究”得多。书面沟通的语言逻辑性表现在三个层次上。

1. 最高层次

整个文章或报告的前后逻辑性要强，要融为一体、一气呵成。一个报告的写作首先要确定文章所要解决的目标。为达到这个目标，要充分地收集各方面具有说服力、与主题紧密相关的材料来佐证或论证你的观点。而且在论据的组织上，要具有说服力。通过提出问题、分析问题、解决问题的逻辑思路，统筹把握整个文章的结构。

2. 中间层次

在整个论证展开过程中，每个论点要有其系统逻辑结构。当你提出一个论点，就必须对每个论点通过“论点—论据—论证”的结构组织信息。

3. 基础层次

每个完整的句子，也要有逻辑性。当一个句子没有表达完整时，不要轻易断开，一个段落内部不要前一句子和后一句子出现完全不同或不相关的意思。正如建设性沟通所要求的连贯性一样，书面沟通更要强调连贯性。

为增强文章的说服力，一种有效的办法是运用演绎、归纳等推理方式。一篇文章的思维模式直观地反映出了沟通者的思维方式和技巧，这里简要地以例子进一步探讨如何通过论证、论据和结构的有机结合组织信息的内容。

［例］ A商场通过市场调查发现，最近他们的市场份额正在向B商场转移，A商场经过分析后认为，原因在于：

- B商场运用彩色的广告方式；
- B商场重新布置商场以吸引新的顾客；
- B商场的媒体曝光度提高了20%；
- A商场在库存、采购和促销方面能力较差；
- A商场降低了广告预算；
- A商场在维持商场整洁和有序方面有不良的记录。

假如你是A商场的市场部主任，针对上述现实问题和所导致的结果，你应该如何提出解决问题的对策？

显然，上述这些观点为你的论证提供依据，当你准备报告时，通过列举这些关键的依据，可以使你的论证有一定的说服力。但这些依据并不能充分地组织信息以支持你的观点，在识别出各种依据后，还得组织一个清晰的结构框架。

（1）主题和目的：如果我们不改变现实，B商场将继续侵蚀我们的市场份额。（引入）

（2）假设（大前提）：B商场正在侵蚀A商场的市场份额的原因在于A商场的内部问题。在采购、库存、促销、整洁和组织方面缺乏控制，顾客在逐渐疏远，他们不能发现想要的东西。

（3）主体：当我们在减少广告预算时，B商场加大其在媒体上的投入，设计更好的广告，重新布置商场以吸引新的顾客。

因为（小前提）：尽管改变会提高A商场的成本，但这些成本能从长期收益中得到补偿。

（4）因此（结论）：我们应该采取以下一些措施。

（四）书面沟通的写作过程

书面沟通的写作过程可以划分为收集资料、组织观点、提炼材料、起草文章、修改文稿五个阶段。不管你花多少时间、写作的难易程度如何，你都会经历这样一些阶段，只是不同的沟通者，在每个阶段上花费的时间和精力不同而已，有时也可能会在次序上颠倒，但总体过程如此。

1. 收集资料

资料来源主要有两类：一类是文献资料；另一类是调查材料。文献资料包括以前的信件、文档、文章、数据、财务报告、万维网上下载资料等；调查材料包括与各类人员面谈、电话访谈、个人自己的笔记或采用头脑风暴法得到的信息等。在信息收集时，要训练两个基本功：一是勤写笔记的基本功，尤其是有新的想法和灵感出来时，要尽快记录下来；二是以带问题的方式与人沟通的基本功。

2. 组织观点

组织观点是最重要也是最困难的任务。如果在起草文稿之前能把观点组织好（也就是平时说的打好腹稿），写作的效率将大大提高。尽管在文稿修改过程中可以修正观点结构，但如果有一个系统的观点结构，将非常有利于提高写作效率。观点组织可分为四个步骤。

（1）分组：以问题和原因、时间和步骤、主要观点和次要观点的思路，将相似的观点和事实组合成一体。

（2）选择观点和素材：根据分组的结果，提出初步的结论和建议。

（3）归纳标题：将结论归纳成一个简短、明了的标题。若想介绍某个信息，标题就是你的结论，如以“过低的广告投入”为标题，表明问题的关键。

（4）论据和结论的合理编排：对于不同的报告及沟通对象，要策划相应的编排次序。如果公司的高层领导没有太多时间来阅读上万字的报告，你就应该先把结论提出来，放在开头；如果是公司内部具体操作人员在阅读你的报告，可能更关心的是理由、操作方式，因此要把依据放在前面。

3. 提炼材料

在材料提炼方面要注意四点：第一，要概括文章的主要观点，善于用一两句话来概括整篇文章的主要观点，同时分清主要和次要观点；第二，要根据不同的对象选择论证材料，有的喜欢理论性的材料，有的喜欢实证性的材料，要根据对象的特点组织提炼材料以提高说服力；第三，要以尽可能快的速度来表达观点说服对方；第四，用最精练的词句说明观点，做到惜字如金。

前面三个阶段属于写作的准备阶段，一般来说是每个人写作之前要思考的问题。有专家认为，对于高效的写作者来说，在文章正式起草前的这三个阶段所花的时间是全部过程所花时间的50%。要说明的是，这三个阶段是准备阶段的一般次序，在特殊情况下，这些阶段是相互交叉的。例如，收集资料和组织观点是一个相互交叉的过程。可能是先收集资料，组织观点；也可能先有观点，再去发掘资料。例如，你要写一份关于现有管理中存在的实际问题的解决报告，你其实早已收集了初步材料，在写作过程中，不断充实这些支持性的资料。但如果你为了提出一个全新的观点，可能你先形成的是观点，然后收集有关文献来支持你的观点。前一种情形在企业解决实际问题过程中用得较多；而后一种情形在理论性较强的报告或论文中出现得较多。

4. 起草文章

在文章起草过程中，建议运用四个方面的技巧：一是不断训练用计算机直接写的习惯。在计算机上直接写可以大大提高写作效率，其中最大的好处在于修改的方便；二是不要一边写一边改。文章的写作过程是一个创造性过程，连续的思路比语句的润色更为关键，如果在写的过程中去改，就会局限在细节性的问题上，中断你的创造力；三是不要拘泥于写作顺序。你可以从结尾开始写，也可以从中间开始写，总体来说，你应该从自己最有把握的地方开始写；四是不要断断续续地写，最好能够一气呵成。“打补丁式”的写作风格会使你的思路经常中断，逻辑性会下降，效率也降低。

5. 修改文稿

修改要注意时间间隔。当文章写完后，最好放一两天，使得你有时间思考新的观点，或更好地理清你的观点。另外，注意修改的层次性。先从整体上修改文章的观点、逻辑性，再修改文章中的词句。要避免冗长的语句，注意文体。最后修改文章的具体措辞、语法和标点符号。在措辞的使用中，要尽量避免“我认为”“笔者提出”……这样的语气，而尽可能用中性的表达方式。

二、报告的写作技巧

一方面，在现今的日常工作生活中由于通信技术的不断发展、生活节奏的不断加快，人们对于书面沟通这个基本技能越来越“荒疏”了，很多人对写正式报告，有时甚至是非正式报告，感到头疼。另一方面，可能是因为报告是一种不太常用的交流方式。写信、开会、在各种非正式场合与人交谈，对于大多数人来说都是比较常见的活动，因此不那么可怕。但我们平时不经常写报告，于是当我们必须拿起笔完成一份报告时，由于没有经验，不知从何入手。我们发现，大多数职场人士在口头沟通方面有较好的技能，但在笔头沟通方面就很欠缺，要他们亲自完成一篇像样的总结报告，简直是在受罪。因此，下面就来讲解报告的写作技巧。

报告是一种收集研究事实的人与由于某种目的而要求看报告的人之间的信息或建议的交流形式。报告的最终作用通常是作为决策和行动的基础。

报告根据采用的形式不同可分为口头、示范、信函、便笺、表格、文件。具体来说，报告有以下七种分类方式。

(1) 根据长度指标不同，可分为短报告和长报告。

(2) 根据语气指标不同，可分为非正式报告、一般报告和正式报告。

(3) 根据主要内容指标不同，可分为工程报告、财务报告、营销报告和事故报告。

（4）根据时间或进度指标不同，可分为每天报告、每周报告、月度报告；或中期报告、进度报告、最终报告。

（5）根据重要性指标不同，可分为日常报告、特殊报告和紧急报告。

（6）根据写作风格指标不同，可分为叙述性报告、说明式报告、评述性报告、图画式报告和统计性报告。

（7）根据流通范围指标不同，可分为办公室报告、私人报告。

无论报告采取什么形式，都必须适合沟通对象的特点和他们的目的，并据此进行计划和交流。如有的报告几乎不需要什么计划，有的则需要很详细；有的采用口头形式，有的采用书面形式；有的较短，有的很长。本节主要针对比较难的一类报告——书面报告，讨论有关的技巧。

（一）报告的目的和成功报告的必备条件

1. 报告目的

当你写一份报告时，首先你需要准确地知道要写些什么内容及其原因，这是最基本的要求。如果这是领导布置给你的任务，你还得弄明白授权调查的范围，即确定调查范围和限制，使得调查对象能够清楚调查的背景，因为调查得到的资料将为你提供沟通目标，指导调查和报告写作。

授权调查范围常常在报告开始时加以引用，如果你得到的指示是很正式的书面形式，并且措辞合理，那么可以直接写进报告。如果你得到的指示很清楚但比较冗长，可以在写报告前进行一下精简。如果你不清楚授权调查范围是什么，必须向要你提交报告的人或委员会询问以下三个问题。

（1）为什么需要这份报告？

（2）到底报告是为谁写的？

（3）想用这份报告干什么？

2. 报告必备条件

一个成功的报告具备以下六个方面的条件。

（1）报告内容应该统一，一般只涉及一个主题，不应包括读者不需要的内容和与主题无关的内容。

（2）报告内容应该完整，包括读者需要的所有内容。

（3）所有的信息应该准确，根据事实做出的推理应该正确。

（4）应按照基于逻辑分析和材料分类的计划描述主题内容。

（5）内容表述方式应使计划清楚，以便读者很清楚有关内容所在及原因。

（6）报告应以简单、精练的风格写作，要便于阅读，不会令人误解。

（二）报告的基本结构

1. 报告简介

报告简介的目的是为读者引入报告的正文部分。内容简介一般按以下格式来写，这种格式可以较好地解决开头没有条理、比重失调、重点不对称的问题。

（1）清楚说明真正的主题。

（2）指出报告的目的，并介绍有助于理解这一目的的必要背景信息。

（3）简介如何去获得这些信息。

（4）以最简单的形式提出结论、事实和建议等。

（5）说明据以安排正文的计划。

总体而言，报告简介应做到以下三点。

（1）越简单越好，但要清晰。

（2）正确地把读者的注意力吸引到你真正的主题和目的上。

（3）与后面的内容相协调。例如，不要提及那些后面没有解决或不能解决的问题，也不要出现与后面部分不一致的说法。

2. 报告正文

报告的正文部分是在内容简介和最后部分之间的内容，其中列出所有的事实（例如调查的性质、有关采用方法的详细解释、整个程序、得到的结果），并分析这些事实，引导读者合乎逻辑地得出最后部分的结论和建议。

3. 最后部分

最后部分的作用在于简要、清楚、总结性地提出得到的结论建议；一个成功的结论部分的特征如下。

（1）不要再引入任何新的观点。

（2）与内容简介和正文部分相协调。

（3）给读者留下你想留下的印象。

（三）报告的格式

1. 信函、便笺式

短小报告最简单的格式可以信函或便笺的形式来写。这种格式不一定要设立小标题，但仍具有上面讲到的报告基本构成部分。

2. 长篇正式报告格式

一份长篇的正式报告的典型结构如下。

（1）前页。

①扉页。

②授权（授权调查范围、区域）。

③目录。

④附表与附图一览表（如果合适）。

⑤前言、引言。

⑥致谢。

⑦摘要。

（2）主报告（所有的报告至少需要如下三部分）。

①内容简介。

②事实与讨论。

③结论和建议。

(3) 附页。

①参考书目与文献。

②附录。

③索引。

当然，上面的格式是可作为参考的典型格式，也可调整，以适应不同类型、不同长度的报告。在学术性论文中，“授权”部分可以没有。

3. 几个需要说明的点

(1) 扉页是读者阅读报告时首先接触到的内容，因此值得花工夫设计它的布局。扉页的功能在于帮助读者从一大堆报告中找出所需要的报告，因此，扉页中应说明以下几个问题。

①关于什么内容的？（报告的主题）。

②谁写的？（作者）。

③为谁写的？（要求提交报告的人或团体）。

④从哪儿来的？（写作人所代表的机构的通信地址）。

⑤什么时间？（报告完成的日期）。

扉页中的标题是最重要的部分。尽管标题很短，一眼就可以看完，但是也应该仔细设计。第一，标题应在一页中间位置；第二，标题的字符应居中；第三，如果标题超过两行或更多，应注意把重要的词放在一起，不能把语意拆开，放到两行。

(2) 如果在写报告时使用了别人的著作和观点，应在报告中予以声明，列入后面的参考书目和文献中。这对于学术论文和毕业论文来说非常重要。如果引用他人的观点，又没有标识出来，可能被认为是剽窃他人的成果，侵犯他人的知识产权。要求大家在平时的写作中就注意这个问题。在报告写作中，应该严格遵守下面几条规则。

①任何不是自己的工作都应清楚地注明参考文献，以免被认为是剽窃他人作品。

②引用他人的话时请用引号，即使只有一个词，如果是反映了别人的主要观点，也必须用上引号。

③报告中的文字和插图的每个参考文献都应列入参考书目中。

④参考书目中的每一项在文字中都应该涉及，要养成在文字中说明引用出处或数据来源的良好习惯；所有的数据和图片必须在文中注明出处。

(四) 报告的标题

在报告的写作过程中，只考虑格式还不够，更主要的还是报告的主题内容。在主题内容的安排上，要强调其内在逻辑关系，使得读者看了之后能马上明白报告的内在联系。因此，在写作的过程中，要强调各部分标题的设计。

标题设计的目的是便于读者的阅读和理解——如果没有一个统一的标题体系，会使读者搞不清楚主题内容之间的关系。具体在标题设计上要注意以下几个问题。

(1) 标题的排版和空格应该反映报告的内在条理性。

(2) 避免激怒性的标题，尤其当报告是针对矛盾事物的解释时，一定不能采用有损读者尊严的标题。

(3) 标题应富于启发性，且让人容易理解，否则就失去标题的价值。

（4）标题一般应由单词和短语构成，尽量避免用句子。

（5）标题应准确，但又要简洁。

在标题设计中，很重要的一点是要注意一致性原则。这是合乎逻辑的内容组织的基本要求。通过一致性的标题把整体的不同部分联系在一起。当然，在通常情况下，即使不用标题，仍要求写作时在上下文之间使用承上启下的词句及前后引用，以帮助读者能有机地从前一部分过渡到后一部分。这种过渡性的句子，在大型报告中，可能是“功能性”段落，这些段落不增加新的信息，只是起介绍、总结、过渡的作用。

标题的一致性是以标题编号来实现的。标题的编号方式可以根据个人不同的偏好来选择。有些写作者喜欢用编号体系来强调不同层次标题的重要程度；有的写作者喜欢用数字和字母混合使用的编号方式来说明重要性递减变化。当然，假如标题的外观已经足够清楚，也可以不用编号。

（五）如何起草公司年度工作报告

可能对于一般的管理者来说，很少碰到写年度工作报告的情况。但对于部门经理，尤其是公司高层经理，每年都会遇到写年度工作报告的事。即使你自己不写，而由你的秘书负责讲话稿的起草，你也需要清楚年度工作报告的写作技能。

1. 充分准备、领会目的

年度工作报告可以说是每个公司最重要的正式报告之一。为此，要写出一份好的工作报告，必须要有充分的准备。具体准备工作包括以下几项。

（1）思想准备。一般要求提前一到一个半月就为年度工作报告做思想准备，要对报告的写作充分地给予重视。在思想准备过程中，一个重要的问题是弄清楚报告的性质，是阶段性、半年性还是年度报告；是董事长的报告、总经理的报告还是部门经理的报告。对于不同的报告，要注意不同的写作风格。

（2）材料准备。对于经常写报告的职场人士来说，材料准备已经成为一项基本功。材料准备主要包括两个方面。一是平时要建立自己的信息库。管理者要写出内容充实，论点、论据、论证合理的报告，在平时就要养成良好的收集信息的习惯，要有专门的数据库，把平时积累的信息放在数据库里，这样当需要的时候就可以比较方便地调取，为你所用。有经验的领导秘书告诉我，在平时，不但自己要建立信息库，还要团队人员都去建立信息库。二是在开始写报告之初，先听取领导的意图，再有针对性地去收集补充信息。材料准备的技能，概括起来，可以总结为“平时积累、资料收集、建立数据库、归类整理”。

（3）明确受众。即弄清楚谁来听报告。

（4）明确目的。在正式动笔前就要与领导沟通，听取领导的要求，去体会领导到底要讲什么。领导工作忙，也没有多少时间来系统考虑讲什么问题，因此需要深入去捕捉领导的观点，去体会领导在这个报告中期望达到什么目的，这是非常重要的。作为领导的秘书，有时也需要帮助领导来厘清讲什么问题。同样，对于如何明确报告目的，可以总括为“高屋建瓴，领会意图，提炼核心，把握主要思想”。

2. 全面酝酿、构筑框架

对于有经验的报告写作者来说，酝酿和写作的时间比例为 1∶1。换而言之，如果构思好了整个报告，等于完成了整个报告的一半。

报告酝酿的核心任务是构筑整个报告的框架，并选择合适的素材。整个报告大的框架思路设计一般也可以是提出问题、分析问题和解决问题的思路。这个思路具体落脚到年度报告中，可以是前一年工作的总结和回顾，发现优点和缺点；确定下一年的工作目标，发扬优点，克服缺点；明确下一年的工作任务，分步落实，贯彻实施。

进一步地，在更为细化问题上的框架设计，主要包括确定标题和主体。这最好由团队全体成员来讨论。

（1）具体题目的设计。包括报告题目、一级子标题、二级子标题。其中一级子标题可以是单层式，也可以是复合式。

（2）素材的初步考虑。在框架设计阶段，不要求有很详细的设计，但要有计划。一般来说，素材选择是为观点服务的，但也不排除根据素材来提炼观点。素材和观点之间是相辅相成的。

（3）常见的年度报告一般性框架。

①框架。

第一部分：过去一年的工作回顾。该部分对前一年的工作要充分肯定成绩，鼓舞士气。在肯定成绩时，要配以必要的数据说明。这部分的篇幅约占整个报告的1/3。

第二部分：提出下年度工作总体思路。在企业内外部环境分析的基础上，分析现在存在的问题和优点，从而提出下年度的工作目标和指导方针。

第三部分：确定下年度的工作目标和工作任务。对于工作目标要明确具体，简明扼要；对于工作任务要明确、有条理、思路清晰。

第二部分和第三部分的内容约占整个报告的1/2。明确完成上述目标和任务的措施，可以从人、财、物、党、政、工、团、妇等方面来分析。尤其要考虑整个公司全部员工的明年工作安排，这部分内容要尽量面面俱到，尽管篇幅不多，但应将各个部门都写在完成框架里，写作过程的主要任务是“填充”，根据主题和标题充实内容。

②要求。

a. 在内容结构上，可以采用多种方式，如正叙、倒叙、插叙、演绎、归纳、例证（枚举）、反证（排除）等。

b. 在表达方式上，注意内容与表达的结合。不同的报告有不同的写作风格。即使同一个内容，也可以有不同的表达方式。如前面所提到的年度报告的一般性写法，也可以改变为“现状分析”“目标确定”和“措施选择”三部分。这在某种意义上，与领导的要求一致。

c. 在文字多少上，要根据领导的意图合理布局。对于领导希望重点突出的观点，可以采用“铺张式”写法；对于一般性内容，则要采用“扼要式”写法。要“惜墨如金”和“挥毫泼墨”相结合。

拓展训练

一、选择题

1. 书面沟通的优势有（　　）。

A. 表达准确　　B. 用词精准　　C. 获得更多细节　　D. 相对高效

2. 根据受众导向的文字组织原则，我们进行书面沟通时，应该（ ）。
   A. 用主题句或第一段向上级昭示该信息的重要性及与受众的相关性
   B. 把应付诸实施的内容尽量简化
   C. 为使信息内容得以实施，设定一个可行的截止日期
   D. 信息越短越好
3. 有效的书面沟通应该遵循的原则是（ ）。
   A. 文采　　B. 清楚　　C. 完整　　D. 简洁
4. 书面文字强调重点时，可以采取的方法是（ ）。
   A. 电子版加粗标题　　B. 电子版用不同字体和背景
   C. 使用图形、图表　　D. 纸版用光笔标注
5. 用文字传达坏消息的步骤有（ ）。
   A. 缓冲语言的开头　　B. 说明理由
   C. 表达负面消息　　D. 肯定的结尾
6.（ ）是最低成本、最高效率、最能让别人认可你专业能力的一种方式。
   A. 会议　　B. 面谈　　C. 写作　　D. 倾听

二、判断题

1. 办公软件的文字处理程序中有拼写检查功能，可以找出错别字或错误的拼写，可以确保书面报告不出错。（ ）
2. 为了让书面语言读起来不那么生硬，在写作中要随意些。（ ）
3. 书面报告是作者想怎样写就怎样写，可以更好地表达主题。（ ）
4. 判断：如今很少需要亲笔书信了，基本都靠计算机代劳，因此文本所反映的问题减少了。（ ）

三、简答题

1. 假如你准备撰写一份申报优秀班集体的材料，如何组织思路？
2. 假如你是某社团社长，某位同学不适合做社团副社长，你如何与他沟通？
3. 谈谈商务类文书写小标题的意义。

模块6

会带团队，你才是职场牛人

职场小白一路过关斩将，打怪兽，斗恶魔，终于开始带团队了。组建团队要了解好团队的标准，要学会处理团队冲突，特别是要学会授权，掌握了这些团队管理和沟通技巧，才能成为职场牛人。

模块案例赏析

一、团队沟通：职场终极沟通术

案例 1.1　西游记取经团队是一个好团队吗？

职场故事

养食客三千的孟尝君

战国时代，齐国公子孟尝君养食客三千，各色人才集聚一堂，有任务便各显其能，有效合作，甚至对“鸡鸣狗盗”之徒也善加利用。在一次出使秦国时，突然事情有变，秦国欲加害于他，他的一位手下善偷，就盗来狐裘贿赂秦王宠姬，让孟尝君得以逃出秦都。到达秦国边关时，天还未亮，关门不开，后面追兵渐进，形势危急，有手下善口技，就学鸡鸣三声，守关士兵以为就要天明，便打开关门，孟尝君得以顺利出关，逃过一劫。很显然，孟尝君个人的显赫离不开他拥有的这个优秀团队。

现代人力资源提倡的是系统开发、协调发展、选贤任能、适才适能、扬长抑短、群体相容。不同年龄、不同专业、不同个性、不同性别的组合可以互补增值，团结就是力量，“1+1>2”就是优秀团队的核心思想。

故事简析

充分发挥团队成员之间优势互补的作用，让全体团队成员尽可能地发挥各自的才能，使整个团队产生整合后的聚变，具有超级战斗力。

方法解析

在一个组织或部门中，团队合作非常重要，因此具有与他人合作的能力，也是取得事业成功的重要因素。当你奋斗拼搏，一步步从职场小白完成蜕变后，承担起带团队的重任，你会发现仅仅个人能力强，团队不一定优秀。

问题 1：什么是好团队？

西游记团队你一定非常熟悉。这个团队里，四个角色没有一个是完美无缺的，总表现出来这样或那样的缺点，不尽如人意，让人遗憾。唐僧人妖不分，没有法术；悟空脾气暴躁，点火就着；八戒好吃懒做，爱打小报告；沙僧能力普通，只管挑担牵马。每个人都有自己的缺点和不足。可是就是这么一个团队，出色地完成了西天取经的任务。大家想过没有，如果缺少唐僧、孙悟空、猪八戒、沙和尚中某一种角色，那么西天取经的任务是完不成的，因为他们当中每个人的身上都不具备他们四个人的所有优点。整个团队绝对是有战斗力的，因为各成员的特点是互补的，这个团队基本具备了好团队的特征。

那什么是好团队呢？

（1）有明确的团队目标。取得真经，就是西游记团队的共同明确目标。

（2）共享。

（3）不同的角色。

（4）良好的沟通。

（5）共同的价值观和行为规范。

（6）归属感。

（7）有效的授权。

问题 2：团队中有哪些角色？

西天取经团队的四个人分别扮演了不同的角色。唐僧身先士卒，忘我工作，起着凝聚和完美的作用。孙悟空能力超群，敢打敢拼，起着创新和推进的作用。猪八戒好打小报告，嘴巴甜，深得唐僧的喜欢，而且因为曾经是天蓬元帅，人脉极广，会办事，总是代表团队出去化缘，起着传递信息和监督的作用。沙和尚任劳任怨，群众基础好，当团队不和谐时，总是出面调解，起着协调和实干的作用（图 6-1）。

图 6-1　西游记团队

这个由不同角色组建的团队虽然也有分歧和矛盾，但是，他们有着共同的目标和信念，那就是去西天取经。在关键时刻，他们总能相互理解和团结一致，最后形成一个有力量的团队。组织作为一个团队，更是由不同的角色组成，一项国际性研究表明，团队中一般有八种不同的角色，它们是实干者、协调者、推进者、创新者、信息者、监督者、凝聚者、完美者。团队中有了创新者，可以不断地给团队未来的发展、管理及信息技术方面带来创新，使这个团队能不断地吸纳新的内容往前走。团队中有了监督者，使得团队规则的维护、成员之间的正常交流，以及管理是否得当有了人的监督。完美者的挑剔，可以使工作能够非常完美。对八种不同的角色研究表明：每一种角色的作用是不同的，但他们的工作推动着团队走向完美。

问题 3：团队中每个人的价值观都不尽相同，该符合谁的价值观呢？

大家都想为组织经营目标而努力，各个不同部门主管有不同专长及立场，但各个部门间的工作流程又是环环相扣的，大家以什么方式进行合作，如何分配有限资源，遇到问题又以何种方式或态度来解决，各部门主管彼此间如何协调配合以求步调一致，这些都与价值观有关。

每个人的价值观都不完全相同，谁该符合谁的价值观呢？一般来说，组织内的价值观应以组织实际掌权领导的价值观为准，除非组织领导愿意接受团队成员共同认可的价值观，否则以领导的价值观为准最适宜。同时，我们也应了解价值观的形成与组织的性质及市场的传统习性有关。

案例分析与思考

L 集团的团队优势

L 集团创始人曾把 L 集团解释为“一个人与别人相比，比人家弱，合在一起就比较强”的企业。L 集团汉卡的成功就是“合在一起”的优势的体现。直接从事研究的有一个近十人的小组，L 集团还专门请来倪光南，发挥他在中文信息处理技术方面的特长，完成将汉字系统向 PC 移植的工作，把汉字系统集成到一块芯片上，不到半年，研制成第一块汉卡。还有数十名具有研究员、副研究员这样职称的专家带领一支上百人的队伍，分别把守着采购、生产、销售、培训和维修等环节，这才保证了 L 集团汉卡的全面成功。

L 集团培养人才也特别注重协调作战能力的训练。1994 年，L 集团成立了总裁办公室，将一些在各方面有良好可塑性的人才集中到总裁办，这些人中有一线业务部经理，有职能管理部门的经理。凡总裁需要决策的项目都会事先拿到总裁办讨论，因为这些成员将来极有可能要管理整个公司，现在提前把大家捏合在一起碰事议事，逐步在脾气秉性和价值观上融合，在能力上能够相互补长，形成有机、高效的协作方式，搭成一个团结有力的工作班子。

问题讨论

请分析 L 集团作为一个优秀团队具备哪些方面的特点。

案例 1.2　学会化解团队冲突

职场故事

王总的苦恼

雪后的满觉陇空气格外清新，站在农家茶舍的顶楼阳台上，龙井村的美景尽收眼底。新年的第一天天气格外晴朗，碧蓝、澄澈的天空中没有一丝云彩，好像置身处在丽江。

我和王总相约一起，去杭州上天竺祈福，为来年讨个好彩头，一边品味满觉陇茶，一边享受冬日阳光的温暖。

茶还没喝两口，王总的手机就开始响个不停，电话那头尽是情绪激昂之声。王总显得很不耐烦，没等对方把话说完，就打断说：“好了，我知道你想说什么，一切等节后我们一起坐下来再商议吧。”放下电话，王总苦笑着说：“最近我们在调整公司的组织架构，人事部提了一个初步方案，其他各部门都不买账，大家为此开了好几次会，每次都吵成一锅粥，没法进行下去。每个部门的老大都想找我谈，弄得我不胜其烦。唉，改革不容易啊！别说这么大个国家，在我们这样一个不大不小的公司都困难重重。”

故事简析

团队冲突是一种内耗还是一种变革推动力？对于组织调整这样的大事，团队成员有些不同意见是完全正常的，不用太担心，关键是管理好冲突，别让它伤害了团队的健康，并利用冲突推动共识的达成。

方法解析

问题：职场中团队领导如何解决团队冲突问题

冲突和对抗是生活的一部分。当人们一起工作时，会有许多差异，如意见分歧、性格差异、技能差异和经验差异，以及年龄、性别和国籍等方面的明显差异，正是这些差异导致冲突可能随之出现。

在团队中，冲突可能发生的地点、时间和人群都有很多可能性。它不仅会存在于团队领导和团队成员之间，还会存在于团队成员之间。例如，在一个 6 人团队中，有 30 个可能的相互关系，所有这些都有可能发生冲突。团队也可能与其他团队发生冲突，与组织或组织内部的某些人发生冲突，与外部利益相关者——消费者、客户、供应商发生冲突。无论是哪种情况，无论是什么原因，无论涉及谁，领导者及其团队都必须知道冲突发生的时间，了解冲突性质并有能力解决冲突。许多职场人士对冲突视而不见，指望它自动消失。这几乎不可能实现，因为功能失调的冲突很少能自我解决。而且经过不断发酵，这一冲突往往会升级为一个更大的问题。如果在首次发现时迅速有效地处理它们，也就不会演变成一个更大的问题。

1. 良性与恶性冲突

一个良性冲突的例子就是团队成员对开发新方法以提高工作效率的想法持不同意见。当所有相关方分享他们的想法，然后为实现总体目标而前进时，这种分歧（或想法冲突）可能会引起一个更好的结果。当然，这需要领导者和团队有一个明确的目标，以制订并采用一个流程，使相关各方能分享他们的想法，并探索可能的最佳结果。这听起来很简单，但它确实需要制订解决冲突的良好原则和流程。

处理冲突的第一阶段是确定它是良性冲突还是恶性冲突。作为团队领导者，如果这是良性冲突，你应该带领团队认真讨论问题，得出结论。如果这是恶性冲突，你需要帮助团队解决这一冲突。

2. 潜在冲突的特征和标志

认识到冲突的特征和标志可以帮助你尽早诊断和处理冲突。冲突的明显特征——人格冲突、愤怒、争论不休，零和博弈——相对容易发现。

有一些不太明显的特征你也必须意识到。作为一名团队领导者，你可能会观察或感受到团队中日常行为或工作方式的一些变化。因为这些标志可能非常微妙，并且需要你熟悉团队和其中的个人的日常情况，所以挑选这些标志可能十分具有挑战性。

作为一个起点，你可能会发现在冲突中反思自己的行为以及导致你陷入冲突的行为是有用的。反思过去几周或几个月，找出工作中感到矛盾的时刻。你能辨认出是什么让你有了这种感觉吗？想想具体的情况：谁参与了，说了什么，你的感受如何，你的想法是什么样的，你做了什么以及哪方面尤其让你感觉到冲突。

通过了解自己在冲突中的行为，并更加自觉地了解自己行为的变化，可以更好地理解他人所经历的变化。但是，正如我们已经确定的那样，冲突的原因和随之而来的变化因人而异。重要的是你要认识到，行为变化可能是人们摆脱舒适区并进入冲突的一个指标。

任何这些感受如果得不到重视，都可能导致冲突升级。波特理论认为，人们通常不会直接从有效行为转向冲突行为，他认为我们倾向于经历一段时间的过渡。这段时间可能很短，变化发生得很快，或者可能经历较长的一段时间。

认识到冲突的特征和信号在某些情况下可能很容易。例如，团队成员之间的大声争论，从团队成员或其他利益相关者那里收到愤怒的电子邮件，在团队会议中发现成员间态度冷漠，团队间的竞争变得不健康，甚至在你处理表现不佳的成员时，他不愿意接受你的反馈。

一些冲突迹象变得愈加明显，例如，缺勤和病假越来越多。但其他更微妙的冲突或潜在冲突迹象可能不太明显。以下例子是你可能需要注意到的各种微妙的行为变化。

你观察到团队内部行为发生以下细微变化。

（1）闲聊变少。

（2）沉默时间增加。

（3）一些团队成员不愿与他人交往。

（4）团队士气普遍低落。

（5）团队成员积极性降低。

作为一名团队领导，应该通过以下方式帮助自己提升解决冲突的能力。

（1）培养敏锐的观察能力。

（2）熟悉团队成员日常工作中的行为模式和行为动机。

（3）能够察觉到团队变化并及时做出处理。

（4）采用适合你的解决冲突的方案。

3. 冲突解决过程

以下七个步骤供参考。其中一项必需阶段是诊断冲突是良性还是恶性，然后制订解决冲突的流程。冲突的本质表明事情进行得并不顺畅，因此你可能会发现，在使用该过程时，你必须随时对其进行调整以适应特定情况和相关人员。

第一步：诊断问题。在此阶段，你已经意识到团队中存在一些分歧、冲突或其他反常行为。这里你所面临的问题是需要明确分歧的程度，以及它是否仅仅是良性辩论，还是正升级为一场全面冲突。

观察十分关键。明确你的所看、所思、所感是否表明团队中存在潜在冲突。重点关注涉及的问题和成员，通过与所有相关成员沟通交流以确定关键问题，了解实际情况。

第二步：深思熟虑。在这一阶段，你必须密切注意这是否是一场良性争论。如果你认为这只是同事间的激烈争论，那么你对相关成员的了解以及明白他们通常如何应对争论和分歧将会十分有用。此外，争论的话题也可能有一定的影响，例如，相关成员为达到自己的目标所期望的自由程度。你可能需要对这一过程进行引导，使分歧转向良性方面，或者争取解决冲突。

深思熟虑之后，如果你认为冲突已经发生，那么你必须对此进行干预以确保问题得以解决，而且要让所有相关成员都明白你的目的是帮助他们解决问题并继续前进。如果是这种情况，要确保所有成员都能随时随地开始实施你们的冲突解决流程。

你也可以提出你打算如何制订解决方案，每个人都应该积极发言讨论问题所在，并以专业的方式提出解决问题的想法。你的任务是与他们一起解决问题，而非告诉他们该做什么。

第三步：阐明情况。在这一步中，提问、倾听、测试、理解和阐明是关键所在。你目前的任务是从所有相关人员的角度清楚地了解冲突问题，但无须做出判断。

实质上，作为团队领导（并假设你自己没有参与冲突过程），你的职责是作为调解者鼓励参与冲突的成员从自己的角度描述真实情况。你应该鼓励成员进行开诚布公的对话（尽可能是面对面对话），每个人都要解释自己的观点、对这个问题的想法和感受，以及对未来的设想。现在最重要的一点是鼓励所有相关成员公开讨论冲突问题，倾听他们的想法并试图理解他们，以便你能帮助他们制订一个所有人都能接受的解决方案。

第四步：探讨方案。一旦你和卷入这场冲突中的成员都认为你已经对情况有了充分了解，那么就可以探索解决方案或途径了。有时你可能在前一阶段已经开始制订解决方案了，并且想从这些方案入手。

如有必要的话，接下来就需要与其他成员进行集体讨论，以帮助你完善解决方案。在这一步，你的职责是帮助团队挖掘新想法，达成一个所有成员都能接受的结果。

第五步：做出抉择。假设你已经完成了前面的步骤，那么接下来应该让所有涉及者开始相互理解彼此对这个问题的不同看法，并认识到最好的解决方案应该是能够达到让双方都能接受的结果。这一解决方案应该是每个人都可以接受的，但通常需要做出一些妥协。

这个阶段不能操之过急，因为要确保每个人都对结果有所了解，这一点至关重要。这一步你要做到表达清晰（重申决定），倾听别人意见，最后阐明和总结观点。确保涉及冲突的每个人都能够同意（并在必要时以书面形式）解决方案，并且能够理解大家所商定的共同利益。如果这一阶段做不好，就可能会导致冲突升级。

第六步：实施方案。在这一阶段，你的任务是观察实施过程。通过观察解决方案在实践中的实施情况，评估冲突解决过程是否成功。因此，你的倾听和观察能力对于判断相关成员是否共同努力以确保问题解决是非常重要的。

第七步：回顾反思。任何一个冲突解决过程都不容易。要解决冲突通常需要做出妥协和让步，而且几乎所有人在工作中都会遇到冲突。这同时也是一个很好的学习机会。

因此，我们需要重新审视这一过程，以了解哪些步骤行之有效，哪些步骤并无明显作用，以及未来应该做出哪些改进。生活中不可避免要发生一些冲突，而开发一种卓有成效的处理方式会帮助你成为一名更加优秀的团队领导者。

案例分析与思考

陷入困境的王经理

俗话说，屋漏偏逢连阴雨，身为某民营制药企业项目研发部经理的王平被接二连三的坏消息给搅得焦头烂额：先是某项历时一年多的新药研制项目遭遇技术难关，只得中途搁浅；紧接着，他又获知国内另一家知名药厂，通过引进国外先进技术，已经研制成功同类品种的新药，并通过了医药审批，即将生产上市。

两年前，王平被这家企业的老板以高薪从我国某省一家国有大型制药企业技术科长的位置上挖来，为了充分体现对他的信任，老板将项目研发部的管理权、人事权甚至财务权都一股脑交给了王平，并委派了一名海归硕士李翔协助其项目研发。

在立项之前，王平和李翔各自提出过一套方案，并且都坚持不肯让步：李翔主张在引进国外现有的先进技术基础上改进配方和生产工艺，这样不仅见效快，且技术风险较小，但缺点是要支付一大笔技术转让费；王平主张自力更生，自主研发具有独立知识产权的全套生产技术，这样做的缺点是技术开发风险较大。

按公司规定，如果双方都坚持己见，那么就要将这两个方案拿到项目研发部全体会议上进行讨论，最后做出集体决策。以王平多年的国企管理经验，如果正、副职在业务上产生分歧，当着下属的面各执一词、激烈讨论，必然会不利于整个部门的团结，对领导的权威也是一大挑战。实际上，他也缺乏足够的信心说服李翔和整个部门的同事，于是他找到企业老板，使出浑身解数，甚至不惜以辞职相逼，最终迫使老板在方案提交之前将李翔调离了该部门，从而避免了一场激烈“冲突”。

这是一个很奇怪的现象，团队的管理者往往会对于冲突讳莫如深，他们会采取种种措施来避免团队中的冲突，而无论这种冲突是良性还是恶性的。

管理者们的担忧不外乎三个方面：一些管理者把冲突视为对领导权威的挑战，因为担心失去对团队的控制，对于拍板和讨论，他们往往会果断地选择前者；另外，过于激烈的冲突往往会引发团队内部的分裂，带来不和谐音符；还有，在冲突中受打击的一方不但会伤及自尊，而且其自信心会受到很大的影响，不利于团队整体工作效率的保持和提升。

要让团队成为一个高效、统一的团队，领导就必须学会在缺乏足够的信息和统一意见的情况下及时做出决定，果断的决策机制往往是以牺牲民主和不同意见为代价而获得的。对于团队领导而言，最难做到的莫过于避免被团队内部虚伪的和谐气氛误导，并采取种种措施，努力引导和鼓励适当的、有建设性的良性冲突。将被掩盖的问题和不同意见摆到桌面上，通过讨论和合理决策将其解决，否则，隐患迟早有一天会爆发！

问题讨论

如何看待王平和李翔的冲突？你认同王平的想法和做法吗？假如你是企业老板，你怎么做？

二、诸葛亮是累死的吗？

案例 2.1　充分信任与授权

职场故事

不懂授权的诸葛亮

《三国演义》中，诸葛亮是一代名相，运筹帷幄，决胜千里。刘备死后，蜀汉基本由诸葛亮全盘管理。诸葛亮的工作态度无可挑剔，兢兢业业，鞠躬尽瘁，死而后已。但是在诸葛亮去世之后，蜀汉已经到了“蜀中无大将，廖化作先锋”的地步了，直至最终“兴复汉室”的宏愿落空。小说中，蜀汉的将军们会在出征时随身携带诸葛亮赐予的锦囊，遇到困难打开锦囊。通过这种方式，诸葛亮代替将军们决定战局走向，即使不在现场也可以指挥千军万马。

故事简析

小说中的诸葛亮不懂授权。他一生太过谨慎，身负托孤重任，不愿蜀汉出一点儿闪失，因此事必躬亲。在诸葛亮的治理之下，蜀汉的将军们多为执行命令的机器，他们手中无权、无从成长，很少有人被培养成治国之才，蜀汉的衰落已成定局。

方法解析

问题 1：团队领导管得越多越好吗？

授权的成功与否，从大的方面来说，决定着企业的兴衰成败；从小的方面来说，影响工作的顺利开展。世界 500 强企业通用电气公司总裁杰克·韦尔奇（Jack Welch）说过："管得少，就是管得好。"

很多团队领导者，具有强烈的"掌控感"，需要每件事都在自己的可控范围内。他们怀疑员工的能力，认为员工做事拖沓，不合自己的心意，与其到后来还要自己修补，不如一开始就自己接手。

员工遇到这样的管理者，会感觉得不到信任，工作积极性受挫，主动工作的热情逐渐消失；管理者每天被琐碎的工作支配得团团转，根本无暇做出一些战略性的全局规划。

因此，授权必不可少，也势在必行。

问题 2：如何授权？

授权的基础是一种相互信任，也是一种契约。在授权的同时，应该明确责、权、利三个方面，建立双赢协议，厘清共同的利益点，以及共同的目标和考核机制。

例如，5 月 4 日之前不惜一切代价解放南京。这就是一条典型的授权命令，这里面包含了几个维度。第一个维度就是时间节点 5 月 4 日；第二个维度就是我们的目标，要解放南京；第三个维度就是在这个过程当中，我给你的限定条件就是不惜一切代价，只要达到那个结果就好。

当你决定授权给这个将军，而他决定接令的时候，你们就达成了一种契约关系，也就是授权的成立。从这之后，将军负责实现目标，在规定的时间内，不惜一切代价，实现你给他的既定目标，而你也需要做到对这个将军充分地信任，对中间过程保有知情权，而不过多地参与打仗过程中的决策。你们双方直接对结果负责，将军攻不下城，自然有军令处置，而如果结果不是你最终想要的那个，那你应该也为自己选错了人而承担这个授权的代价和责任。

最可怕的就是将军在前面打仗，而领导在后面不断插手指挥，当团队出现两个核心的时候，就好像一个人戴了两块手表，指针是不一样的，你自己也不知道是几点了。团队的迷茫带来的是军心不稳，而军心不稳，带来的就是失去目标。这种危害轻则失威，重则失信，有时甚至会因为人心崩坏而满盘皆输，不可不察。

案例分析与思考

李嘉诚的授权之道

李嘉诚麾下有一员"大将"，叫周年茂，他的父亲是长江"老臣"周千和。周年茂还在学生时代时，李嘉诚就把他作为长江实业未来的专业人才来培养，送他与其父亲一起去外国专修法律。

周年茂学成回来后，李嘉诚就指定他为公司发言人，两年后就被选为长江实业董事，1985 年后与其父周千和一起被提升为董事副总经理，那时周年茂才 30 岁出头。

长江实业原本参与政府用地的拍卖，都是由李嘉诚一手包揽，后来就变成由周年茂负责。周年茂外表文质彬彬，却有大将风范，临阵不乱，该放弃就放弃，能较好地把握分寸。经过观察，李嘉诚看他处理得当，就全部交由他处理。

李嘉诚为了从塑胶业脱身，投入房地产业，聘请两个美国人，一个做总经理，一个做副总经理。李嘉诚只参与重大事情决策，因为这两个美国人是掌握最现代化生产技术的专家，李嘉诚支付给他们的酬金远高于他们的前任，并赋予他们实权。

问题讨论

通过李嘉诚的案例，谈谈对管理大师史蒂芬·柯维（Stephen Cover）所说的“有效授权也许是唯一且最有效的高杠杆作用行为”的理解。

案例 2.2 团队赢才是真的赢

职场故事

六名应聘的大学生

一个外企招聘白领职员，吸引了不少人前去应聘，应聘者中有本科生，也有研究生，他们都很聪明、博学多才，是同龄人中的佼佼者，聪明的董事长知道这些学生有渊博的知识为后盾，书本上的知识是难不倒他们的，于是公司人事部就策划了一场别开生面的招聘会。

招聘会开始了，董事长让前六名应聘者一起进来，然后发了 15 元钱，让他们去街上吃饭，且要求必须保证每个人都要吃到饭，不能有一个人挨饿。

六个人从公司里出来，来到大街拐角处的一家餐厅，他们上前询问就餐情况，服务员告诉他们虽然这儿的米饭面条价格不高，但是每份最低也得 3 元，他们合计，照这样的价格，六个人一共需要 18 元，可是手里就有 15 元，无法保证每人一份，他们垂头丧气地走出了餐厅。

回到公司，董事长问明情况后摇了摇头说：“真的对不起，你们虽然都很有学问，但是都不适合在这个公司工作。”

其中一人不服地问道：“15 元怎么能保证六个人全部吃上饭？”

董事长笑了笑说：“我已经去过那家餐厅了，如果五个人或者五个以上的人去吃饭，餐厅就会免费加送一份，而你们是六个人，如果一起去吃，可以得到一份免费的午餐，可是你们每个人只想到自己，从没有想到凝聚起来成为一个团队，这说明一个问题：你们是以自我为中心，没有一点团队合作精神的人，而缺少团队合作精神的公司又有什么发展前途呢？”

听闻此话，六名大学生顿时哑口无言！

故事简析

光凭一人之力不可能做到尽善尽美，因此要集思广益，一个集体必须步调一致，团结合作，才能取得更大的成绩。

方法解析

问题 1：团队运作只适用于工作领域吗？

情感、工作、学习、娱乐等都需要一个团队或同伴们一起来运行。不要只身一人走向战场，因为如果那样，会因为各种迎面而来的危险而招架不住，丧失信念，失去希望；会因为持续的攻击而分身乏术，高度紧张，失去能力；会因为缺少同伴而最终成为一个各方面失败的孤胆英雄或失意者。

虽然说《英雄联盟》2018 年季中邀请赛已经过去很长时间了，但是在 MSI 纪录片中的一句“团队赢才是真的赢，自己对线赢没用”又一次感动了很多网友。

严君泽在纪录片中说："当我碰到一些比较强劲的上单选手的时候，大部分人都会感觉我是打不过的，当我对线赢了那些实力很强的上单选手的时候，他们就会无话可说了。团队赢了才是真的赢，就是你自己一个人对线赢了，队伍到后面输了，还是没用，我觉得。"确实，在电子竞技的小宇宙中，游戏都是靠团队运作的。

在学习环境里，我们更要有同伴，同伴之间有意义的竞争、沟通、实践是最好的学习方式。这样才可以有学习的动力，有坚持的理由，有讨论的机会，有发现错误的镜子。

在工作的领域里，我们需要一个团队，我们要做的就是作为这个团队中某个角色的特定任务。如果没有团队，你要事事亲为，也许你很能干，但我想你会被忙死。因此，我们在工作环境里，要迅速融入团队中，找到自己的角色定位，完成角色赋予我们的工作任务。在公司里，永远要记住自己有一个团队，遇到难以解决的问题可以靠团队解决，团队遇到问题要主动去想办法解决，不要做高冷的团队陌生人。

问题 2：假如你穿越到《三国演义》，成为谋士或者武将，你会选择魏、蜀、吴哪个团队？

我问过很多人这个问题，大多数人选择的是魏——曹操集团。曹操的品行可是没有刘备好，但为什么大多数人要追随曹操呢？因为曹操领导着一支强大的、有战斗力的团队，曹操格局大，锐意进取；"挟天子以令诸侯"，实力强劲；谋士排成行，武将列成团，人才多多。一言以蔽之——是一家有前景、上升空间大的公司（退可以保半壁江山，进可以鲸吞天下）。在曹操集团工作，取功名、谋富贵的概率要大很多。刘备集团精英不多，但各个闻名于世。可是老板太过仁义，迟迟没有像样的一块地盘，团队整体战斗力不足。因此，最后蜀汉和吴国相继被魏晋所灭。抛去被司马氏篡权不说，魏国算是三国的赢家。因此，如果选择了曹操集团，作为个人也终究是赢了。

《西游记》就为我们很好地展示了团队的重要性。猪八戒好吃懒做，论个人能力，他是最没有资格去西天取经成功的，然而团队赢了，团队历经九九八十一难，西天取经成功，他也就跟着成功了。孙悟空再厉害，也不是完美的，性格急躁，遇事容易感情用事，但是有唐僧组织的团队，最终还是取经成功。团队力量大于个人，团队赢才是我的赢！

案例分析与思考

中国载人航天的成功

从"神舟一号"到"神舟六号"，我国载人航天工程所创造的奇迹般的辉煌中，凝聚着亿万人的汗水心血。航天英雄身后，有着无数默默无闻的幕后英雄。据载人航天工程办公室不完全统计，直接参与载人航天工程研制工作的研究所、基地、研究院一级的单位就有 110 多个，配合参与这项工程的单位达 3 000 多个，涉及数十万科研工作者。他们的心血凝结在了运载火箭 20 多万个零部件上，凝结在了火箭和飞船等上天产品 12 万多个元器件上，凝结在了飞船系统那 70 多万条软件语句、北京航天指挥控制中心的 140 万条重要软件语句，以及更多的常人所不知的地方……

现在，全中国甚至全世界都知道中国人花巨资进行了一个万众瞩目的航天项目。在世界看来，中国成功了；在中国看来，航天工程成功了；在航天项目组看来，每个小组、成员都成功了。

在我们看来，中国载人航天的成功与所有人都发扬了团队协作的精神有着密不可分的关系。

什么是团队精神？团队精神就是指组成团队的各个成员发扬团结协作的精神，紧密配合，协作分工，从而使整个团队的事业发展壮大。在此过程中，始终以团队的利益为重，不计较个人利益的得失。在当今社会，在经济全球一体化的趋势下，企业对良性发展的重视程度越来越高，因此企业的发展迫切需要发挥团队精神。

充分发挥团队精神的例子有很多，“神舟六号”飞船载人航天取得圆满成功，更是发扬团队精神的典型代表。载人航天是一个非常复杂的浩大工程，各方面团结协作确保了整个航天工程的成功，任何一个环节出问题就可能前功尽弃，使整个载人航天事业遭受挫折。

问题讨论

你怎样理解“在世界看来，中国成功了；在中国看来，航天工程成功了；在航天项目组看来，每个小组、成员都成功了”这句话？

模块知识要点

一、团队概述

（一）团队的概念

团队是按照一定的目的，由两个以上的组织成员所组成的工作小组，他们彼此分工合作、沟通协调、齐心协力并共同承担成败责任。一个真正的团队一般是由技能互补、相互信任，有共同目的、共同业绩目标，相互负责的少数人组成的。高效的团队具有竞争的优势，并能极大地提高企业的绩效。

（二）团队的特点

1. 团队有共同的愿望和目标，并能全身心地投入

共同的愿望使团队的存在有了基本的主观条件，共同的愿望和目标中包含着团队成员个人的愿望和目标，反映了成员个人的意志和利益，从而使成员具有了强烈的认同感、归属感、责任感。只能这样，团队成员之间才能肝胆相照、同舟共济，面对问题才能积极参与、共商大计，为团队贡献自己全部的聪明和智慧。

2. 高素质的队员

团队每位成员都有着过硬的专业知识、独到的技能和经验，团队的成员相互负责、相互学习、相互帮助。他们讨论并决定任务和角色，一旦达成一致，所有成员都会全力支持、热情高涨地投入工作。

3. 高效而成熟的团队领导

领导者的角色在团队中的作用举足轻重。领导者个人的素质、性格、管理方式和风格对团队的形成与效率有着决定性的影响。如果领导是高素质、民主型的，就能使团队内部的沟通顺畅而充分，就能将自己的理想、热忱、活力传播到整个团队中；如果团队领导者是专制型的，团队成员就不会畅所欲言，就不会富于创造精神，信息就会堵塞，不能畅达；如果领导者是放任自流型

的，团队沟通就会漫无目的，缺乏自觉性、主动性，就不可能及时得到反馈意见，团队的沟通就会效率很低。

4. 高效的沟通

团队拥有全方位的、正式的和非正式的沟通渠道。团队始终是企业内部的“问题的发现者和解决者”“任务的接受者”“思想的创造者”。团队可以拥有这些功能，正是因为团队的沟通基本是无滞延的，沟通的气氛是充分坦诚、开放的，沟通的层次是少而精的，信息的传递、反馈和保真度是极高的，而且速度快捷。成员可以通过团队会议充分发表自己的意见，也能接纳他人的意见，并能建立起有效的反馈系统。团队内部有一些约定俗成并共同遵守的规范、条例，并有一些集体默认、心照不宣的行为方式，即所谓的“惯例成规”。

因此，有效的团队应有共同的愿望和目标，成员应能够团结一致、互相负责，领导者应工作效率高，富有远见和热忱，能够很好地“授权”，而其沟通渠道应是畅通开放、少层次、全方位的。此外，团队成员间的角色因为经常发生变化，所以团队所有成员都应具备充分的谈判技能，并且团队应能赢得团队内外的充分支持。只有这样的团队才是一个高效成功的团队。

（三）团队的分类

根据职能、目标和任务划分，企业中的团队主要有以下四种类型。

1. 工作型团队

工作型团队是为了完成企业基本的工作任务而组成的，它从事制造、装配、销售工作或向内部/外部顾客提供某种产品和服务，它的任务一般比较具体，团队的结构一般也比较稳定，其工作成效可从产品和服务的质量、成本、交货期限和顾客满意度等方面明确衡量。

2. 项目型团队

项目型团队一般根据具体项目和任务而组建，时间多为几年，它灵活性很强，组成成员一般需有专门的知识和判断力，常常来自不同的部门和岗位。当项目结束或产品开发完毕后，即可解散，新的团队又会因新的项目而组建。

3. 整合型团队

整合型团队的主要表现形式是企业里各个层次的管理团队。其主要任务是使企业内部不同部门的工作相互协调，形成整体的战斗力，管理团队对下属部门进行指导，使其成为一体。高层管理团队制定组织战略，指导公司整体的绩效。整合型团队指导和协调工作型团队之间的关系，解决它们之间的矛盾冲突。

4. 促进型团队

促进型团队是为了提高企业的能力和效率而组建的。团队成员往往来自组织内部同部门和岗位。其基本工作方式是通过重新设计和改进组织内原有的基本工作方式来促进效益的提高。主要活动是对各种方案的设计与实施进行改进。

另外，还可以根据团队成员的来源、拥有自主权的大小及团队的目的分为以下三种类型：

（1）问题解决型团队。团队成员往往就如何改进工作程序、方法等问题提供建议。

（2）自我管理型团队。团队组织成员共同决策，探讨问题的解决方案，并承担具体工作的实施以及全部责任。它强调团队成员既要独立自主，又要紧密协作。

（3）跨功能型团队。这种团队由于来自同一等级、不同工作领域，能够使组织内的员工加强交流，相互激发新的观点，共同解决面临的问题，联手完成复杂性的工作。

二、好团队的特征

（一）有明确的团队目标

一个好团队，大家一定有共同的、明确的目标，是大家都认可的，是一面旗帜，大家都朝着旗帜的方向前进。

（二）共享

一个好团队，就在于团队成员能够把为了达成团队共同目标的资源、知识、信息及时地在团队成员中间传递，以便大家共享经验和教训。

请思考：公司销售部的业务员小王从展览会上拿到一批有关客户的资料，回到公司后赶紧锁到自己的抽屉里，小赵问："有没有什么资料？"小王不想把资料拿出来，就打岔说别的事。小赵明白是怎么回事了，心想：以后你也别想从我这里得到任何信息，我就是用不上也不告诉你。这种现象你认为对吗？

提示：许多企业把个人业绩作为考核指标的绩效标准。于是内部成员间就出现了不愿与别人进行业务交流，并想方设法保护自己已经占据的各种资源，不愿与其他成员共享的现象，造成资源的浪费。

（三）不同的角色

好团队的特点就是大家的角色都不同，每个团队成员都要扮演好自己特定的角色，角色的互补才会形成好团队。

组织作为一个团队，更是由不同的角色组成，一项国际性研究表明，团队中一般有八种不同的角色，它们是实干者、协调者、推进者、创新者、信息者、监督者、凝聚者、完美者（图 6-2）。

图 6-2　团队八种角色

团队中有了创新者，可以不断地给团队未来的发展、管理及信息技术方面带来创新，使这个团队能不断地吸纳新的内容往前走；团队中有了监督者，使得团队规则的维护、成员之间的正常交流，以及管理是否得当有了人的监督。完美者的挑剔，可以使工作能够非常完美。

对八种不同角色的研究表明：每一种角色的作用是不同的，但他们的工作推动着团队走向完美。

（四）良好的沟通

良好的团队首先能够进行良好的沟通，成员沟通的障碍越少，团队就越好。这也是每个处在企业中的人的深刻体会。

（五）共同的价值观和行为规范

现在所倡导的企业文化实际上是要求企业有共同的价值观。价值观对于企业，就像世界观对于个人一样，世界观指导个人的行为方式，企业的价值观指导整个企业员工的行为。

小故事："谁的价值观算数？"——清朝皇宫逸事

电视剧《雍正王朝》中有一个小故事，清朝康熙四十六年秋天，康熙皇帝带领十四个皇子及二十多位皇孙到热河打猎，在打猎比赛前，康熙皇帝拿出一只如意作为冠军的奖品，由于奖品贵重，而且本来是蒙古王公献给太子的礼物，让人认为是继承皇位的象征。狩猎开始，各皇子拼命快马加鞭追逐猎物。

比赛时间终了，要计算谁打的猎物最多，三皇子的猎物有九只，八皇子的猎物有十只，九皇子的猎物有七只，十皇子的猎物有十二只，十三皇子的猎物有十八只，十四皇子的猎物有十六只，其余皇子的猎物都在五只以下。

康熙皇帝问大臣及蒙古王公，在这些皇子中谁应该获得这冠军的奖品如意，有大臣认为礼品应归猎物最多的十三皇子，但绝大多数的大臣及蒙古王公认为礼品应归八皇子，因为他掳获的猎物都是活的，表示八皇子仁心仁德、好生爱物，将来继承大位，必定是一位仁德之君。

此时有位皇孙弘历（四皇子的第四子）提出异议，弘历认为射杀猎物是爱新觉罗氏的传统，是维护万物自然生态均衡的一环，他举出康熙皇帝及清朝前代帝王以前打猎的辉煌狩猎纪录。因此，皇孙弘历认为礼品应归猎物最多的十三皇叔。康熙皇帝龙颜大悦，他说："知我者，弘历也。"康熙皇帝最后决定将如意赐给弘历。弘历就是后来的乾隆皇帝。

（六）归属感

归属感是团队非常重要的一个特征，当成员产生对团队的归属感时，他们就会自觉地维护这个团队，愿意为团队做很多事情，不愿意离开团队。当项目完成后，团队解散，大家想到的不是终于结束了，终于解散了，而是依依惜别、恋恋不舍。

（七）有效的授权

有效的授权是形成一个团队非常重要的因素，通过有效的授权，才能够把成员之间的关系确定下来，形成良好的团队（表 6-1）。

表 6-1 好团队与差团队的特征对比

好团队的特征	差团队的特征
①有明确的团队目标：成员对团队的目标十分明确，并且自觉地献身于这个目标	①没有共同的目标：团队中各有各的目标而没有共同的目标

续表

好团队的特征	差团队的特征
②共享：团队成员能够共享团队中其他人的智慧、团队的资源和信息	②团队成员之间利益不能共享：成员之间很少谈与自己的工作有关的话题，你防着我，我防着你
③不同的角色：团队需要成员担任不同的角色。有实干者、协调者、推进者、创新者、信息者、监督者、凝聚者、完美者	③团队中角色单一："咱们都是螺丝钉，组织让干啥，咱们就干啥。"虽然具有不同的分工，却只有两个角色：领导与群众、管理者与被管理者、老板与打工仔
④良好的沟通：成员之间公开并且诚实地表达自己的想法，主动沟通，并且尽量了解和接受别人	④沟通不畅：少主动交流，有人挑拨关系；有问题互相推诿和埋怨；背后议论别人
⑤共同的价值观和行为规范：为不同的团队成员提供共同的、可兼容的统一平台	⑤没有共同的价值观：团队成员各有各的价值观
⑥归属感：归属感也就是凝聚力。成员愿意属于这个团队，团队成员之间愿意帮助别人克服困难，或是自觉自愿地多做工作	⑥一盘散沙：成员之间互相钩心斗角，你争我斗。成员把在团队中工作作为谋生的手段，成员与团队之间完全是一种雇佣关系
⑦有效的授权：成员有渠道获得必要的技能和资源，团队政策和做法能够支持团队的工作目标。在团队中能够做到人人有职有权	⑦不授权：职业经理的工作越来越忙，下属们却每天优哉游哉，无事可做

在工作中，常会看到这种事情发生，也许就发生在你自己身上：当你做错一件事时，你会极力找各种理由为自己的错误行为进行辩解，以减轻自己的责任；而当别人做错事时，你会毫不留情地指责人家，不听辩解，甚至怀恨在心。现在想一想，为什么会存在这种做法？

这种"严于律人、宽以待己"的做法实际上是出于人的本性，但在处理团队成员关系上是极其有害的。团队成员间要学会严于律己、宽以待人，这是团队成员间拥有融洽工作气氛的前提，如果做不到这一点，团队就不会成为好团队。

阅读材料

从我做起

一个团队中最怕的是出现这样两个问题：一是有些人个性特别张扬，经常不顾别人的意见，特立独行；二是利益不一致的时候，会出现一种互相倾轧的现象，非常影响团队的一致性。对于这两个问题，最理想的办法是使团队具备好团队的七个特征。在实际工作中，我们往往看到的是差团队，往往看到的是大家没有沟通，没有共享，经常看到每个人在想自己的事，追求自己的利益，不能容忍别人，看到缺点就横加指责，而对自己的缺点，往往容易忽略，这当然形成不了好的团队。

要形成一个好团队，关键要从我做起。差团队的根源，实际上不在于团队成员不好，而在于“我”自身。

看到别人在追求私利，不顾团队利益，或者有些人疏于与别人沟通，不与别人分享的时候，反观自己是否也这样。

当议论别人的时候，是不是经常回避自己的缺点，或者希望别人能够理解自己的缺点。看别人的时候，往往理解成别人主观上不愿意把事情做好。

当我们谈到沟通障碍的时候，反观自身是否主动地和别人沟通，是否主动地克服沟通的障碍?

是不是公司的很多规则我们也没有做好?我们是不是不和别人分享成果?是不是不能容纳跟我们不一样的人?当别人的性格或处理事情的方式和自己不一样时，甚至不愿意和对方交往。

现在的企业里，包括职业经理在内，看到差团队的时候，要做的事情不是抱怨别人，而是要反观自身。是不是我们自己没有做好?如果没有做好，就要从“我”做起。

三、团队领导

20世纪90年代，组织结构的扁平化倾向日趋明显，许多企业的领导都认识到有一批积极、运转灵活的团队，将使企业真正个性化，这是企业可持续发展的重要保障。美国福特公司早在20世纪80年代就已经把团队管理模式运用于全面质量管理的过程中，并取得显著成效。

团队的管理需要一定程度的授权。从根本上说，团队工作的主旨是委托和授权。因此，在一个高效的团队，领导者所起的是教练和后盾的作用，他们对团队提供的是指导和支持，他们必须经常性地在权力下放与权力控制、指令式风格和协商式风格之间做出分析判断与比较，领导者的主要任务不是去控制下属，而是改变组织内部权力的运用方式，改变对员工的绩效评估体系，为团队营造一种相互尊重的人际氛围，以确保团队成员的自信心，让他们拥有共同的信念。

（一）领导者的五种影响来源

（1）奖赏权。

（2）强制权。

（3）法定权。

（4）专家权。

（5）模范权。

（二）领导方式

1. 专制型领导者

专制型领导者对团队保持最大限度的控制，这种领导者通过决定应该讨论什么和谁应该发言来承担责任，他们赞同某些观点而放弃其他特点。团队中的绝大多数决定都要得到这个领导的认可。

2. 民主型领导者

民主型领导者是让所有观点都被听到的人。这种领导者不是个人决定事情，而是提出观点并让团队对它们做出反应。从理想的角度来说，这样的领导者能够使讨论处在轨道上，并且真正尝试让每个人的声音都被听到。尽管这种领导者可以对行动方向做出建议，但绝不命令团队去做什么。

3. 自由放任型领导者

自由放任型领导者进行非常少的实际领导活动，这种领导者可能把团队成员召集在一起，但仅此而已。这样的领导者既不对方向做出任何建议，又不对团队强加任何命令。

（三）团队领导建立高效规范团队的主要措施

（1）使团队成员互补。

（2）明确团队目标，成为民主型领导者。

（3）使团队维持小规模。

（4）维持团队进入的高门槛和高标准。

（5）在团队内部建立促进开放、建设性信息交流的气氛。教育团队成员学会积极倾听；注重细节，尝试换位思考；选择合适的时机要求说话者“复述”等。

（6）形成含考核细则的团队制度。“员工不会做领导想做的事情，而是做领导要考核的事情”，这就是制度的好处，也是团队进行有效沟通的必要保障。

（7）从团队外部引入挑战。

四、团队决策技巧

有效的团队一定是自主型的、自我管理型的群体，团队的成员不仅亲自去执行解决问题的方案，承担工作的全部责任，而且积极参与有关团队目标和问题解决方法的决策。团队的领导由管理者逐渐地将权力、责任和控制转移给自我管理的团队成员，使自己成为团队的教练或促进人员，而不再做监管者。

团队决策属于群体决策或集体决策的一种。群体决策可集中各类专家，不同知识结构和专业背景的专家会为群体决策带来不同的知识、信息、经验和看问题的不同角度，这样的决策比单一知识和学科的决策更全面、有效。群体成员之间相互对立的意见和矛盾，会刺激、启示和弥补他人的想法。群体决策更具有效性、开放性和稳妥性，能避免失误，提高效率。

（一）团队决策的优点

团队决策使团队成员各自的利益需求得到了充分地表达，每个成员都能深入理解决策的意图，也就自觉地成为团队利益的表达者和实现者。

团队决策还能较好地避免“团队偏移”“屈服压力”等群体决策通常存在的缺陷。所谓“团队偏移”，是指在群体决策过程中，因为某些原因会出现趋于冒险，或是群体决策偏于保守的倾向。但参与决策的成员意见不同时，常常为了达成一致而做出有限度的妥协和让步，这样就容易出现保守倾向。另一种情况是人们可能会因为“人多胆壮”的心理，而偏向冒险一端。

所谓“屈服压力”，是指群体成员的“从众心态”，使他们避免说出与群体不同的认识；而对群体之外的人或反对意见又往往带有偏见，其他成员不愿承认其合理性。

团队决策鼓励决策的理智性和个人独立的思维能力，强调成员尽量保持平和心态，敢于发表自己的意见，能够在一个充分民主、气氛和谐、充满包容性的群体中畅所欲言，避免矛盾和对抗带来的相互攻击、互相拆台等内讧。经过优化的团队决策能将好的意图变为有效的承诺，进而转化为行动。

（二）团队决策的基本内容和程序

（1）辨明问题和目标。

（2）收集处理有关的信息。

（3）决策方案的制定和选择。

（4）决策方案的实施与评估。

（三）团队决策的主要技巧

（1）头脑风暴法。

（2）列单法。

（3）德尔菲法。

（4）决策树。

五、处理团队冲突技巧

（一）处理团队冲突的五种方式

按武断性程度和合作性程度可以画出一个矩阵，表示出来的模式就是“托马斯—基尔曼模型”。从这个模型可以看出，团队冲突有以下五种处理方式（图 6-3）。

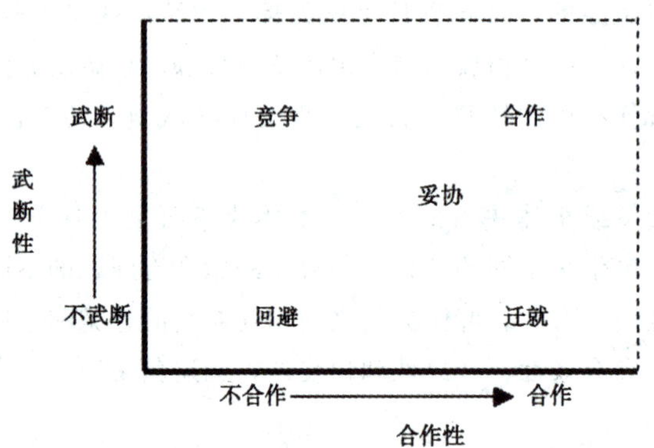

图 6-3 团队冲突的五种处理方式

1. 竞争

竞争是由于团队冲突的双方都采取武断行为造成的，双方都站在各自的立场，各不相让，“要么你们对了，要么我们错了”，一定要分出个胜负、是非、曲直。

例如，肖经理坚持要今天报销，财务部的柴经理坚持到周四才能报销，双方都坚持自己的观点，谁也不想放弃。

2. 回避

回避是双方都想合作，但既不采取合作性行为，也不采取武断性行为。“你不找我，我不找你”，双方回避这件事。

例如，软件部提出要招聘几个程序员补充力量，已经过了 10 月了，程序员还没有到岗，负责人阮经理虽然一肚子气，但就是不找人力资源部，抱着“管它呢！老总问起来再说吧”的心态。人力资源部的任经理也采取多一事不如少一事的态度，不找阮经理商量怎么招聘程序员。想一想，这种解决问题的方式有什么弊端？

回避是日常工作中最常用的一种解决冲突的方法。但采用回避的方式，会有更多的工作被耽误、更多的问题被积压、更多的矛盾被激发，解决不了问题。

3. 迁就

团队冲突的双方有一方高度合作，不武断，也就是说，只考虑对方的要求和利益，不考虑或牺牲自己的要求和利益；而另一方则是高度武断的、不合作的，也就是只考虑自己的利益，不考虑对方的要求和利益。

例如，在上一个案例中，阮经理终于还是问了任经理，任经理说：“不太好招。”阮经理就说：“实在招不到就算了。”如果你是阮经理，你是否也是这样处理？

工作中常有一些因故没能处理的问题，但以为不是重要问题就可以迁就对方是不对的。虽然有些矛盾问题化解了，但也有一些问题积压下来了，而且这一次迁就对方，对方会认为下次还可以这样做，会导致再次的冲突。

4. 妥协

冲突双方都有部分合作，但又都有武断。这种情形下双方“你让三分，我让三分”，双方都让出一部分要求和利益，但同时又保存了一部分要求和利益。

例如，销售部和软件开发部都到行政部申请明天上午 9 点至 11 点派车，可行政部只有一辆车可以外派。这时，销售部就与软件开发部商量，软件开发部做出一点牺牲，明天早上早一点，8 点至 10 点用车，销售部明天 10 点至 12 点用车，牺牲一点自己中午休息的时间。这种处理方式是否妥当？

这是职业经理与其他部门打交道时常用的方式。虽然通过妥协可以降低成本，会达成一种新的规则，但是有时会出现这样的情况：别人会和你讨价还价，并再次对你提出更高的要求，强迫你让他三分，最后达到他的目的。

5. 合作

冲突双方高度合作，并且高度武断。就是说，冲突双方既考虑和维护自己的要求与利益，又要充分考虑和维护对方的要求与利益，并最终达成共识。

例如，在之前的案例中，阮经理与任经理一起组织程序员的招聘工作，终于按期招聘到合适的工作人员。你认为他们的合作是不是必要的？

合作是一种理想的解决冲突的方法。就是双方彼此尊重对方意愿，同时不放弃自己的利益，最后可以达到双赢，形成皆大欢喜的局面，但不容易达到。

合作是最该提倡的方式，合作包括团队合作、上下级合作、与客户合作等。但是，合作方式的使用会有以下两种情况。

（1）通过合作确定一个新的规则。例如，肖经理要提 100 万元货款，但财务部规定要提前一周打报告。因为事情紧急，财务部请总经理批示后，给肖经理提出货款。财务部的柴经理就对肖经理说：“再遇到这种事，你该怎么办？”肖经理就说：“下一次，我一定提前一周给你打报告。”

（2）在事情开展之前进行沟通，确定一个游戏规则，为合作打基础。例如，最近销售部的往来业务量非常大，肯定需要财务上给予支持，肖经理就找到柴经理进行协商，最后商定：支付货款高于 20 万元的，需提前 3 天打报告；高于 100 万元的，要提前一周打报告。

（二）对五种处理方式的分析（表 6-2）

表 6-2 解决冲突的五种方式实例分析

实例	解决方法及行为特征	选取方法的理由
由于客户坚持要求一次付清货款，销售部的肖经理到财务部要求马上提出货款 200 万元，财务部的柴经理说高于 100 万元的款项，必须提前一周向财务部打报告。两人都认为自己是为公司争取利益，谁也不让步	方法一：竞争 特征： ①正面冲突，直接对抗。 ②双方高度武断、高度不合作。 ③双方都试图以牺牲他人的目标为代价而达到自己的目标，试图证实自己是正确的，他人是错误的。 ④只顾胜负、曲直，不顾后果。 ⑤各不相让，团队冲突表面化	适者生存。一定要证明自己的优越性，在道德上与专业上你的坚持都是正确的
柴经理今天要组织财务部针对今年的年度审计开个会，为此他已经做了一些准备，他说先放一放，财务部先召开会议。肖经理正好来了一个客户，就没再坚持	方法二：回避 特征： ①既不合作也不武断。 ②双方试图忽略冲突。 ③双方都意识到冲突的存在，但都希望回避，不发生正面对抗。 ④团队冲突被掩盖	差异因为太小而不用解决，或因为太大而无法解决，这种解决方法可能会破坏关系，甚至制造出更严重的问题
来找肖经理的客户是公司的老客户，这一次来是想和肖经理商量，可否先发货，过些日子再付款。肖经理很为难，因为公司一直是款到付货，可是这个老客户确实对公司的作用很大，肖经理就咬咬牙答应了	方法三：迁就 特征： ①高度合作、不武断。尽管自己不同意，但还是支持他人的意见。 ②把对方的利益放在自己的利益之上，一方愿意做出自我牺牲。 ③这是一种彼此同意，但并不是彼此信任的行为	冒险破坏彼此的关系与整体和谐是不值得的
肖经理待柴经理开完会又来找他，因为和外出开会的总经理联系不上，柴经理就想了个办法：根据公司规定，肖经理有 100 万元的紧急签单权，按理要总经理口头同意，但现在无法得到这种许可。肖经理可以先动用。肖经理虽然想到这要以自己的股权作为担保，还是同意了	方法四：妥协 特征： ①介于武断与合作中间。当冲突双方都放弃某些东西，而共同分享利益时，就会带来妥协的结果。 ②没有明显的赢者和输者。他们愿意共同承担冲突问题，并接受一种双方都达不到彻底满足的解决方法。因而妥协的明显特点是，双方都倾向于放弃一些东西。 ③冲突双方的基本目标能达成，团队成员之间的关系也能维持在良好的状态。 ④团队冲突得到暂时解决	没有一个人或是一种想法是完美无缺的，能够圆满处理问题的好方法不会只有一个，你必须先付出，才能有所收获

续表

实例	解决方法及行为特征	选取方法的理由
与此同时，柴经理紧急与总经理进行联系。经过多方联络，总经理通过电话对柴经理进行了授权：批准肖经理的紧急签单权，并先动用总经理基金补上另外的 100 万元。柴经理马上着手，终于在规定时间之前付足了货款	方法五：合作 特征： ①对于自己和他人的利益都给予高度关注。冲突双方均希望满足双方利益，并寻求相互受益的结果。 ②合作的双方都试图找到双赢的解决办法，使双方目标均得以实现，寻求综合双方见解的最终结论。 ③相互尊重与信任。 ④团队冲突得到完全消除	当双方都能坦诚地讨论争执点时，就可以找出一个双方都能获益的解决办法，并且不会让任何人做出重大让步

1. 五种处理方式的优缺点

（1）竞争：处理事情的办法就是要么你对我错，要么我对你错。

优点：快，能立即分出胜负。

缺点：不能解决任何问题，全凭的是权力的压力。

（2）回避：处理事情时不合作也不武断，你不找我我也不找你。

优点：不发生冲突，回避矛盾，个人得益。

缺点：公司受到损害，很多工作没有人去做，工作积压。问题积压下来更容易激化，而且总要解决。

（3）迁就：牺牲一方的利益，满足对方的要求。

优点：尽快处理事情，可以私下解决，不用找领导，可以维护比较好的人际关系。

缺点：本身并没有解决问题，岗位职责没有得到维护。迁就是公司比较忌讳的一种方式，因为岗位的职责不维护，会对公司的管理造成损害。

（4）妥协：双方各让半步，在一定程度上满足对方的一些要求。

优点：双方的利益都照顾到了，比较快或能够及时达成共识。

缺点：一些根源性的问题没有解决。

（5）合作：双方彼此尊重，不牺牲任何一方的利益。

优点：能够彻底地解决冲突双方的问题，并找出解决此类问题的办法，而且通过事先的约定，防止下一次类似问题的发生。

缺点：成本太高，双方需要来回地沟通。

2. 五种处理方式的运用

这五种方式各有优点、缺点，那么，什么情况下该采用哪种方式呢？这和时间管理中的第二象限工作法（图 6-4）有相

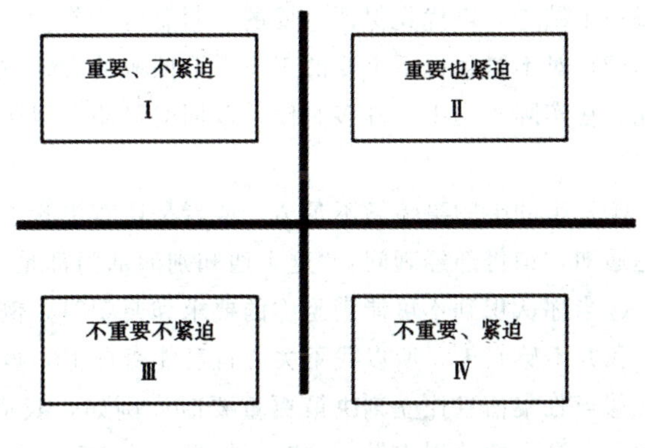

图 6-4　第二象限工作法

通的地方。

（1）既紧急又重要的工作采取竞争的方式解决。一提起竞争，就让人想到两败俱伤的结局，就认为竞争是不好的、不可取的。其实并非如此，并不是在任何情况下采取竞争的方式都是不可取的。在某些情况下，采取竞争策略是行之有效而且十分必要的，在有些情况下必须使用竞争方式。

那么，在什么情况下应采取竞争策略呢？

①处于紧急情况下，需要迅速果断地做出决策并要及时采取行动时。

例如，"有一份重要合同明天就要与其他公司签约了，你们部门如果不管这件事，我们部门就要管了。"在这种情况下，最好的策略就是竞争。

这时，假如双方都采取回避策略，你们部门不管，我们部门也不管，势必会影响公司按时签约，从而使公司的利益受到损失。

这时，假如其中一个部门想与另一个部门进行合作，但首先需要两个部门进行沟通，而沟通本身要花费时间。在明天就要签合同的紧急情况下，没有时间等两个部门沟通好了再来合作。

②你想要实施一项不受团队成员欢迎的重大措施时。

例如，财务部决定缩减公司开支，严格公司报销制度。

在这种情况下，财务部必须采取竞争策略。

对于公司员工来说，没有哪一个员工不希望公司的规章制度松一些，但公司要缩减开支就必须这样做。这时，假如财务部采取迁就或妥协策略来对待公司的财务制度，就是对公司不负责任。久而久之，必定会造成公司制度的混乱，甚至给公司带来财务危机。

③在你知道自己是正确的情况下，并且问题的解决有益于团队，需要对付那些从非竞争性行为中受益的人时。

如在 9 月，阮经理的部门有五名软件工程师不能到岗，工作计划就要拖延，整个公司计划受影响，这是绝对不允许的。

如果这时采取回避、迁就、妥协策略，软件开发工作可能会被拖延，就会使公司的利益受到损害。

自测：公司与其他公司签了一个重要的协议，要交付一定的预付款，必须在签协议的同时将款项打入对方的账户，因为已来不及打报告，负责的经理只好动用所有的资源来筹款，以配合这个协议的签订。这时候只能按照这个经理的意图来办，如果非要按别人的意图，必然要争出个输赢。你是否同意经理的意见？

提示：竞争方式适用于紧急又重要的事情，它能够节省时间，节省决策的成本，可以尽快地达成一个结论，以优先保证重要的、紧急的工作。

（2）对不紧急也不重要的工作采取回避的方式解决。不要以为回避就是不负责任，其实并非如此，在实际工作中，许多时候采取回避策略会得到意想不到的结果。什么情况下应采取回避策略呢？

①发生冲突的事情微不足道，或者是还有更紧迫、更重要的问题需要解决时。例如，行政部下达通知，销售部经理问："这个通知别的部门都是 15 日收到，我们怎么是 16 日收到？"

②当你认识到不可能满足你的要求和愿望时。例如，我今年关心的是涨工资，而今天是评先进，我并不感兴趣，所以我不关心自己能否评上，也就没有劲头去跟他们争论。

③当收集信息比立刻决策更重要时。例如，我们感觉销售部在东北区的市场推广计划中存在问题，没有按计划来做。这时，如果直接指责他们，就会引起冲突，因此我们要事先搞清楚是怎么回事。

④当一个问题是另一个更大问题的导火索时。例如，销售部的销售奖励政策大家都很不满意，以前讨论过多次要改，这时，如果销售部经理提出对手下的某一个特别优秀的或特差的业务员，采取特别的奖励或惩戒办法，就会引起更大的冲突。因此肖经理不急于处理某个业务员。

⑤你认为部门之间职能划分不清楚，但现在又不影响工作时。例如，在一个新成立的公司，财务部就年度审计问题给各部门下达了详细、规范的要求，但目前各部门还没有搞，双方不必现在就纠缠此事。

这时，假如利用竞争的方式解决部门之间的冲突，就不太合适。因为公司刚刚成立，要做的事情有很多，这时，部门职能划分与公司的其他事情比起来是小事，没有必要在这点小事上花费太多的时间和精力。

⑥发现不是解决问题的最佳时机时。例如，人事部经理没有按计划为软件开发部招聘到程序员。软件开发部经理正想去找他问。走到路上，他听说人事部经理正在为某个事情生气呢！于是决定不去了。

如果软件开发部经理采取竞争的方式与人事部经理正面接触，去谈为软件开发部招聘的事，本来人事部经理心里正有气没有地方撒，搞不好会把矛盾引到自己身上，甚至还会产生更大的冲突，会成为其他问题的导火索。在这种情况下，最好是采取回避策略，暂时先回避一下，以后再说。

自测：有一个职业经理说，我需要做的沟通工作太多、太累。有个做 IT 的员工工作有问题，但他找的参考书不对路，我得告诉他怎么找书；有个材料上周交给关系部门了，过了一周还没有答复，我得去问一问；部门的耗材需要购买，打了报告给行政部，一周过去了也没有买回来，我还要去问一问……而且我有很多重要的事情，一些问题只能先放一放。你用什么办法把这位经理从这么多事情中解放出来呢？

提示：使用回避方法。在处理不重要也不紧急的工作的时候，回避效果是最好的。有些没必要今天去解决的事情可以放到明天或更晚一点。因为人的精力是有限的，解决的问题总要有个先后顺序，先解决重要、紧急的，其他不重要、不紧急的事情，可以采取回避方式，先把它放一放，等有时间了再去处理。

(3) 对紧急而不重要的工作采取迁就的方式解决。不要以为迁就说明自己软弱，就是害怕对方。迁就往往是先退一步，为的是再进一步。什么情况下可以采取迁就策略呢？

①当你发现自己是错的时。例如，市场部本月有好几次加班，由于他们没有把加班单及时交给人力资源部，因此加班费没有按时发下来。这显然是市场部的责任，这种情况下市场部应该去找人力资源部说明是自己没有及时交加班单引起的，并承认错误。

②当你想表现出自己通情达理时。例如，像前面的例子，既然市场部已经承认是自己的错，责任在自身，以后早点把加班单送过来，人力资源部就应该原谅对方，表现出自己的通情达理。

③你明知这个问题对别人比对你重要时。例如，前面例子中人力资源部坚持的是公司的考勤制度，制度是绝对不能随便破坏的。显然，制度比几十元钱的加班费更为重要，你显然应该知道不要向制度挑战。这时，你可以迁就人力资源部的态度不好等问题。

④当别人给你带来麻烦，但这种麻烦你可以承受时。例如，本月销售部交来的报表，有许多格式填得不对，财务部人员想销售部也不常犯这种错，于是他们就花了一个多小时的时间改报表。

⑤融洽和稳定至关重要时。例如，公司进行一项重大的推广计划，这项计划关系到公司的生死存亡，市场部和软件开发部为谁写这个产品说明书争论不休，这是没有必要的。这时，采取迁就策略是最恰当的。

⑥当你允许别人从错误中得到学习和经验时。例如，人力资源部收到各部门报来的人员需求表，看到上面填得五花八门。这时，可以采取迁就的办法，以后在适当的时候再和他们讲清楚应该怎么填写。

⑦为了对以后的事情建立起责任感时。例如，刚刚来到公司的任经理为软件开发部招聘软件工程师，但任经理对情况不熟悉，结果软件开发部对招来的人不满意。任经理主动上门检讨自己，听取软件开发部对招聘工作的意见和要求。

自测：公司规定周四报销，结果销售部的肖经理周二就来报销，这段时间他一直在外面跑，天南海北的，好不容易才在公司里露上一脸，明天还要到上海去出差。柴经理认为他确实很急，就给他报了账。柴经理是否违反了原则？

提示：一些职能部门就是给其他的部门提供服务的，很多情况下采取迁就方式其实是一种变通，这不是对原则的违反，也许有些规定本身就不适用于所有的情况，采取迁就方式很容易化解冲突。

（4）对紧急而不重要的工作采取妥协的方式解决。妥协表面上看是双方都后退了一步，好像是双方都吃了亏，实际上是双方都达成了目标。什么情况下应采取妥协策略？

①当目标十分重要，但过于坚持己见可能会造成更坏的后果时。例如，计算机公司的软件开发一部、二部就联合开发一种新软件的具体合作事宜想达成一个协议，由于种种原因一直没有达成，而双方又都不具备独立开发的实力。这时，国家一项重点工程正准备招标这种新软件产品，于是两个软件开发部决定在双方合作条件上各做出一些让步，使双方达成协议共同开发这种新软件产品，以便在竞标中获胜，从而使双方获利。

在这种情况下，如果软件开发一部、二部采取竞争策略，双方谁也不让步，双方的实力又都不够，可能中标的就是其他具有实力的公司。最后的结局会是双方都劳民伤财，而没有结果。

如果两个部门都采取回避策略。两个部门谁也不理谁，自己又都知道自己没有竞标的实力，而默默地放弃参加竞标。这样两个部门都会失去一次发展的机会。

最好的办法就是双方都采取妥协策略，你让三分，我让三分，从而使两个部门增加了竞标的实力，使双方都能获利或减少损失。

②当对方做出承诺，不再出现类似的问题时。例如，如果销售部的报表需要财务部花很大的力气来修改，这时如果销售部经理承诺以后不再发生此类问题，财务部可以采取的办法是："好，这次就算了，下不为例。"

③当为了对一个复杂的问题达成暂时的和解时。例如，由于用人部门对于职位说明书的填写不准确，人力资源部招来的人往往不能满足用人部门的准确要求。但是，如果要解决这个问题，就需要公司进行整体的组织设计和职位分析，而这项工作没有几十万元和几个月的时间是完不成的。这时用人部门可以和人力资源部达成暂时的和解：由用人部门先提出招聘的条件，由人力资源部进行修改完善，再由用人部门加以确认即可。

④当时间十分紧迫需要采取一个妥协方案时。例如，我们经常在工作中会出现第一套方案、第二套方案、第三套方案，就是为妥协用的。

（5）对不紧急而重要的工作采取合作的方式解决时。合作是五种冲突处理策略中最好的一种。通过事先的沟通达成共识，既满足了自己的愿望，同时站在对方的立场上为对方的利益考虑。对于很重要，但不是特别紧迫的，有时间进行沟通的问题，必须采取这种策略。什么情况下可以采取合作策略？

①当你发现两个方面都很重要并不能进行妥协时。例如，财务部要出台新的财务管理办法，这件事与销售部、行政部的关系最为密切，因为销售部和行政部在费用方面比较特殊。财务部事先与这两个部门进行沟通，为的是既能坚持财务制度，又便于这两个部门报销费用。这两个部门要考虑怎样才能既使本部门报销时方便又要遵守公司的财务制度。

在这种情况下，如果采取回避、迁就、妥协策略来处理冲突，就会使双方的利益，以至公司的利益受到损害，造成公司的财务制度不够严密，或是销售部、行政部的工作效率被人为地降低。

②当你需要了解、综合不同人的不同意见时。例如，公司将进行整体的品牌推广，这件事不只是企划部的事情，它涉及产品开发、市场定位、销售、企业文化……也就是说，需要听取发展部、市场部、销售部、人力资源部的意见。这就需要合作。

③当部门之间在主要的职责上相互关联时。例如，市场部做一个大的推广计划，这个计划的成败实际上要在销售的业绩上得到体现和检验，而销售业绩又是销售部工作的结果，这时，市场部不能离开销售部。两个部门的业绩是相关的，这时就必须采取合作的方式。

④当有可能扩大双方共同的利益时。例如，前面例子中软件一部、二部可以不合作，各自有各自的业务范围，但是合作可以扩大双方的利益。对于软件一部、二部来说，及早建立合作关系和战略，比应急的妥协要好得多。

合作需要成本，需要时间和精力，因此应该用于处理不紧急的工作。另外，合作的方式是用来解决原则性的、重要的工作，事先要规定一些重要的内容，把合作的模式建立起来，以达到更好地管理和团队合作的目的。

自测：市场部前段时间在华东区做的广告效果不好，影响了销售部的业绩，这个区是重点，因此销售部非常有意见，销售部经理找了多回市场部，也争吵了好几次，像这种情况，有没有合适的方式来解决？

提示：企业里面，类似这样的冲突有很多，对于这种问题最好的解决办法是采取合作的方式。

第一，企业在华东区投放了广告，销售效果不好，关键是要弄清楚效果不好的原因是广告本身，还是其他原因。

第二，这个问题很重要，不但涉及销售部门，而且涉及整个公司年度的业绩，要慎重地去处理。

第三，像这类问题，要拿出一定的时间来进行研究和处理。因此，采取合作方式来处理是最佳的一种处理方式。

这种重要的问题是不能回避的，因此回避是不可取的；采用竞争方式，可以争一争是谁的责任，但不能解决问题，因此不能使用这种方式；另外，市场部精通广告，但不懂销售，销售部又不可能是广告专家，它们是两种不同的领域，无法通过迁就达成一致，因此不能采用迁就的方法；而且，这种事情根本不是各自退让半步就可以解决的，不能采用妥协方式。因此，这类重要而不紧急的问题要采用合作的方式去处理。

案例分析：为了提高软件部的开发能力，阮经理向人力资源部提出了用人申请，很长时间过去了，人力资源部没有能够招到这样的程序员。下面来看看阮经理和人力资源部的任经理是怎么对待这件事的。

1. 如果采取竞争方式（表 6-3）

表 6-3 竞争方式

阮经理	任经理
阮经理说："开始让你们招时，你们可没说这么多，你们也没说招不到。这么长时间，才招到一个人，真不知你的人力资源部整天都在忙什么！" 阮经理生气地吼道："不管怎么说，软件开发部要是完不成任务，你们人力资源部有不可推卸的责任……"	任经理辩解道："现在做广告效果也不好，人才交流会哪有什么好人才。请猎头公司招，老总又觉得费用高，不同意。我们怎么办？" "你们部门提出的用人要求不对，条件太高了，你们要求的那种人以咱们公司的薪资水平人家根本不来。招到人，你们又不满意。"

结果一：发生激烈的争吵，甚至将"官司"打到老总那里去，让老总评出一个是非曲直，双方的裂缝和矛盾不断加大，可能会影响到其他的合作，甚至因这次冲突会产生个人恩怨。

结果二：问题得不到解决。争吵半天，问题一个都没解决，而且在争吵中，不仅浪费时间和精力，还造成新的问题。

结果三：通常只好由双方的领导来"摆平"。如果人力资源部上面有人事副总，软件开发部上面有技术副总或总工，可能会产生高层之间的矛盾，由招聘的事影响到业务推广的大局。

结果四：也许会将两个部门的各自成员都拖入这场冲突中，引发更大范围的不和。

结果五：问题的根源还在于，即使老总采取强硬或怀柔的办法消除了这场冲突，将来在其他工作上可能仍会出现冲突。其实，这场冲突是结果，不是原因。

2. 如果采取回避方式（表 6-4）

表 6-4 回避方式

阮经理	任经理
"你们人力资源部不能按时给我招聘到程序员，我也不去找你要。我该怎么干还怎么干，软件开发部现在有几个人，我们就干几个人的活，那没办法，谁让你们招不来人啊！到时候完不成任务，公司总经理问起来，我也有的说，是人力资源部招不来人，不是我们软件开发部不干活。"	"我也不说你软件开发部职位描述不清楚等问题。我就按你提出的条件帮你招，招来你愿不愿意留下，那是你软件开发部的事。反正省下招聘费用也是公司的，我自己一分钱也拿不回家。只要有人才招聘会，能给你招尽量给你招，这也是对工作负责任，但实在招不到我也没办法！到时候公司总经理问起，我就实事求是。现在人才市场竞争这么激烈，软件开发方面的人才本身就少，再说软件开发部要求又那么高，招不来是正常的。我也尽心尽力了，也对得起公司了！"

结果一：矛盾潜伏下来。等到某一日回避不了时，冲突就爆发了。

结果二：问题一个也没解决。有的问题拖得时间长了，就成为更大的问题。有些问题会引起连锁反应，甚至导致形成一种团队规则，凡遇到可能引起冲突的工作都躲着走。最终导致整个团队绩效降低。

结果三：解决问题的时机错过或拖延，增加了今后解决问题的成本。

结果四：公司的事情没人管。团队成员失去共同的目标。明哲保身，不求有功，但求无过。

3. 如果采取迁就方式（表 6-5）

表 6-5　迁就方式

阮经理	任经理
软件开发部阮经理对人力资源部不能按时招到五位程序员，采取迁就的态度，在公司总经理面前为人力资源部任经理说好话："任经理他们也不容易，又是联系打广告，又是上人才交流会，连星期六、星期日都不能休息，还要忙着面试。虽然只招到一个人，也比一个没招到强。现在人才市场竞争这么激烈，软件开发人员本来就缺乏，再加上咱公司给的工资也不多，哪那么容易招？他们也确实尽力了，再给他们一个月时间吧！"	任经理对阮经理在总经理面前为他们人力资源部说好话毫不领情："我们每次有招聘会都会为你们招，实在招不到我也没办法，不用说再给我一个月的时间，你就是再给我十个月的时间，就是把我们杀了，该招不到也招不到。"

结果一：冲突暂时被防止，也许以后不再发生此类矛盾，也许以后又会重复发生。

结果二：一方总要做出牺牲和让步，这种让步表面上看来是以牺牲某个部门或某个团队成员的要求、权利和利益为代价，实质上是牺牲了整个团队的利益，换取了暂时的合作。

结果三：管理严谨的企业是环环相扣的，一般很难做出较大让步，或者说，让步几乎没有余地。这说明这些或这个团队成员要么工作并不重要或必要，要么说明整个公司的管理是懈怠的。

结果四：如果让步总能换来安稳和团队，谁不愿让步呢？当让步形成一种团队风气或传统时，团队绩效无疑会不断下降。

结果五：团队成员平等关系破坏。

4. 如果采取妥协方式（表 6-6）

表 6-6　妥协方式

阮经理	任经理
阮经理找到人力资源部任经理："你们虽然没有按时为我们招到人，我们也很清楚你们也确实做了许多工作。你不知道，这一阵要开发新软件，每天一大堆事，又是技术问题，又是人员安排问题，手底下的人手又不够用，事太多，真是忙不过来！我抽时间把职位描述写得再清楚点，这事就先这样吧！招来一个人先让他干着，下个月你们一定得尽量帮我们招到人。否则到时候完不成工作任务，公司老总怪罪下来，我们谁都不好交代。你说是吧？"	任经理见阮经理很给自己留面子，也表现得很有风度："上个月没给你们招到五个人，真是不好意思，影响你们工作了，我有责任。你可能不知道现在人才市场竞争有多激烈，新成立了许多软件公司，你知道本来软件开发人才就缺乏，再加上咱公司给的工资又不算高。我说咱们用人这么急，又想要水平高的，就找猎头公司帮我们招，可老总又嫌费用高！这个月我再去找老总说说，多拨点招聘费，努力一把争取这个月把人招到。你看怎么样？"

结果一：起码表面上，事情得到了"圆满"解决。团队的团结与"友爱"得到维护，一团和气，甚至皆大欢喜。

结果二：处理冲突的成本较低，既能维护团队成员的面子和平等关系，又能很快处理分歧，操作容易。

结果三：可能丢失原则。本来应该坚持的制度、规则和目标要求等，可能就在妥协当中被放弃，从而引起公司管理松懈、纪律松弛、目标降低等一系列“并发症”。

结果四：以延误工作为代价。

结果五：问题没有得到根本解决并且积累下来，到双方都无法妥协的时候，可能会出现爆发。

5. 如果采取合作方式（表 6-7）

表 6-7　合作方式

阮经理	任经理
软件开发部阮经理抱着一种为解决问题而来的平和心态事先找到人力资源部任经理：“你们人力资源部一向对我们软件开发部的工作很支持，我们真是从心里表示感谢！可这次招聘程序员的事可能有些问题，例如，软件开发部对职位描述得不太清楚，我回去把职位描述重新写一份。你看还有什么不太清楚的地方，或是需要软件开发部配合的地方，你别不好意思说，咱们不都是为把工作做好吗！”	人力资源部任经理：“招聘的职位描述是写得简单了点，其实，这也不能全怪你们。我向搞人力资源管理的专家咨询了一下，关于职位描述说明书的事，应该由人力资源部来组织，总经理参与，并组成包括你们软件开发部专家在内的专家组来评议。这件事我马上就办。我也向总经理请示，这个月全力以赴为你们招人，为你们解决人手不够的问题。放心吧！你们的任务也是我们的任务。”

结果一：问题被事先预防或被消灭在萌芽状态。

结果二：影响团队合作的某个问题得到彻底解决或根除。由于是从对方的角度、整个团队目标的角度考虑问题，本次的良好合作将出现良好的循环，此类问题也将得到防止或大大降低。

结果三：团队价值得到提升。

结果四：双方的工作目标均得以达成。

拓展训练

一、选择题

1. 下属请示工作，如果你有拿捏不准的时候，应该说（　　）。

A. 好，就这么办

B. 不行，这件事我不同意

C. 这件事，我抽空好好想想，明天再给你答复

D. 行，没问题

2. 有时为了加快信息的传递，财务部的主管会计与等级比他高的销售经理之间需要进行沟通，这是（　　）。

A. 上行沟通　　B. 下行沟通　　C. 平行沟通　　D. 斜向沟通

3. 激发良性沟通的技巧有（　　）。

A. 鼓励冲突　　B. 积极沟通

C. 引入竞争　　D. 变革组织

4. 自由放任的领导，行使权力的特点有（ ）。

A. 群体成员可以自行其是

B. 每个成员都能认真地倾听其他人的意见

C. 全体成员共同承担责任和获得荣誉

D. 领导者很少评论其他人

5. 好团队的特点有（ ）。

A. 明确的目标　　B. 共同的角色

C. 良好的沟通　　D. 有效的授权

6. 避免冲突策略通常采取的手段有（ ）。

A. 承认一部分问题，但忽略更重要的问题，使得冲突模糊化

B. 保持长期关系的规则

C. 否认冲突存在

D. 论及意见一致的方面和可以让步的方面

7. 拖延冲突策略通常采取的手段有（ ）。

A. 拖延冲突的处理时间

B. 使用正式的规定、等级制度或其他方式控制过程来限制冲突方的行为

C. 否认冲突存在

D. 承认一部分问题，但忽略更重要的问题，使得冲突模糊化

8. 西游记团队中，孙悟空在团队中扮演（ ）角色。

A. 实干者　　B. 创新者　　C. 凝聚者　　D. 监督者

9. 既紧急又重要的工作采取（ ）方式解决。

A. 合作　　B. 妥协　　C. 竞争　　D. 迁就

二、判断题

工作需要团队，学习是自己的事，不需要团队或同伴。（ ）

三、简答题

1. 你想加入三国魏、蜀、吴哪个团队？说说你的理由。

2. 一个团队如果人人都是精英，大家性格、观念、想法都比较一致，这个团队一定是好团队，你认同这句话吗？

3. 你如何理解“团队赢才是真的赢”这句话？

参 考 文 献

[1] 陈桃源，朱晓蓉．职场沟通与交流能力训练教程［M］．2版．北京：高等教育出版社，2014.

[2] 黄漫宇．商务沟通［M］．北京：清华大学出版社，2016.